JINGGANGSHAN
JINGZHUN FUPIN
JINGZHUN TUOPIN

井冈山精准扶贫精准脱贫

刘晓山　谭诗斌　陈平路　◎著

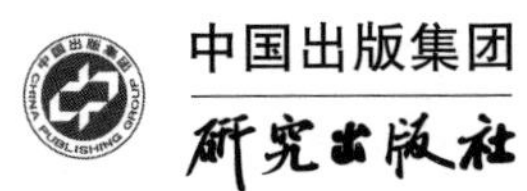

中国出版集团
研究出版社

图书在版编目 (CIP) 数据

井冈山 : 精准扶贫精准脱贫 / 国务院扶贫办
组织编写 . -- 北京 : 研究出版社 , 2020.11
ISBN 978-7-5199-0758-7

Ⅰ . ①井… Ⅱ . ①国… Ⅲ . ①扶贫 – 研究 – 井冈山市
Ⅳ . ① F127.564

中国版本图书馆 CIP 数据核字 (2019) 第 184508 号

井冈山：精准扶贫精准脱贫
JINGGANGSHAN：JINGZHUN FUPIN JINGZHUN TUOPIN

国务院扶贫办　组织编写

责任编辑：寇颖丹

研究出版社 出版发行
（100011　北京市朝阳区安华里 504 号 A 座）

河北赛文印刷有限公司　　新华书店经销

2020 年 12 月第 1 版　2020 年 12 月北京第 1 次印刷
开本：710 毫米 ×1000 毫米　1/16　印张：21
字数：280 千字

ISBN 978 – 7 – 5199 – 0758 – 7　定价：46.00 元

邮购地址 100011　北京市朝阳区安华里 504 号 A 座
电话（010）64217619　64217612（发行中心）

“中国扶贫书系”编审指导委员会

《井冈山：精准扶贫精准脱贫》编写组

主　　编：刘晓山　谭诗斌　陈平路

主要执笔：洪绍华　王忠贤　罗　光　王　静　郑长军

统　　稿：谭诗斌

目　录

概　要

为了真实记录我国脱贫攻坚波澜壮阔的生动实践，全面宣传打赢脱贫攻坚战的历史性伟大成就，深入评估县域脱贫攻坚的多方面影响，丰富发展中国特色扶贫开发理论的实践支撑，国务院扶贫开发领导小组办公室组织开展了“新时代中国县域脱贫攻坚研究”工作。井冈山市被列为全国第一批县域脱贫攻坚研究的贫困县（市）之一。

井冈山是中国革命的摇篮，是全国著名的革命老区，也是国家扶贫开发工作重点县和罗霄山集中连片特困地区片区县。在战争年代，井冈山老区人民前赴后继、舍生忘死，为中国革命胜利作出了巨大牺牲与奉献。中华人民共和国成立以后，特别是改革开放以来，党中央、国务院和江西省委、省政府及吉安市委、市政府，对井冈山老区人民的生活福祉和脱贫致富极为关心、关怀和高度重视，对井冈山的发展建设给予了长期资金倾斜和政策支持。井冈山历届党委、政府为让老区人民过上好日子，一届接着一届干，坚持实施扶贫开发，持续推进经济社会发展，使井冈山革命老区的面貌发生翻天覆地的变化。

脱贫攻坚战打响以后，井冈山市委、市政府始终坚持以习近平总书记关于扶贫工作的重要论述为指导，时刻铭记习近平总书记关于“井冈山要在脱贫攻坚中作示范、带好头”的殷切嘱托，不忘初心，牢记使命，坚持以人民为中心的发展思想，坚持把为老区人民谋福祉作为奋斗目标，坚持把脱贫攻坚作为头等大事和第一民生工程来抓，坚持精准扶贫、精准脱贫基本方略，以跨越时空的井冈山精神为动力，带领全市人民艰苦奋斗、苦干实干、团结互助、合力攻坚，取得了决战决胜脱贫攻坚的历史性成就。

经国务院扶贫办委托第三方评估，并经江西省人民政府批准，江西省人民政府于 2017 年 2 月 26 日向社会正式宣布，井冈山市退出贫困县行列，成为全国第一个脱贫摘帽的国家贫困县（市）。井冈山在全国率先脱贫摘帽具有标志性意义。它标志着井冈山老区人民实现了消除绝对贫困的历史壮举，标志着我国脱贫攻坚取得决定性进展，同时也拉开了全国国家级贫困县脱贫摘帽的帷幕。井冈山在全国率先脱贫摘帽，并率先迈上巩固脱贫攻坚成果新征程，在全国产生了很大影响。系统研究总结井冈山市打赢脱贫攻坚战、摆脱贫困的成功经验和有效做法，具有重要的现实意义。

一、井冈山市脱贫攻坚的价值意义

（一）体现了中国共产党人的初心坚守和使命担当

习近平总书记在中央扶贫开发工作会议上强调："消除贫困、改善民生、逐步实现共同富裕，是社会主义的本质要求，是我们党的重要使命。"习近平总书记还指出："新中国成立前，我们党领导广大农民'打土豪、分田地'，就是要让广大农民翻身得解放。现在，我们党领导广大农民'脱贫困、奔小康'，就是要让广大农民过上好日子。"打赢脱贫攻坚战，为人民谋幸福，让人民过上好日子，体现了中国共产党人的初心和使命，体现了我们党全心全意为人民服务的宗旨和执政为民的理念，体现了以人民为中心的发展思想。

在井冈山革命斗争时期，井冈山老区人民抛头颅、洒热血，为探索中国革命道路、夺取中国革命胜利，付出了巨大代价，牺牲革命先烈 4.8 万多人。革命胜利后，进入和平建设年代，加快恢复革命老区的战争创伤，倾斜支持老区经济社会发展，尽快提高老区人民的生活水平和生活质量，这是各级党委、政府的职责所在、使命所系。

井冈山市委、市政府坚持把脱贫攻坚作为重大政治任务和第一民生工程来抓，切实增强责任感、使命感和紧迫感，带领全市人民弘扬井冈山精神，咬定目标、克难奋进、苦干实干、决战决胜，加快补齐全面建成小康社会突出短板，决不让一个老区人民群众掉队。井冈山市之所以能打赢脱贫攻坚战，摆脱绝对贫困，其根本动力来源于我们党的初心和使命，其生动实践充分体现了中国共产党人“打土豪、分田地”、让广大穷苦大众翻身得解放、让人民群众过上好日子的初心坚守，体现了对消除贫困、改善民生、全面建成小康，进而逐步实现共同富裕的历史使命和政治担当。

（二）体现了习近平总书记关于扶贫工作的重要论述在基层的践行落实

党的十八大以来，习近平总书记对脱贫攻坚作出一系列新决策新部署，提出一系列新思想新观点，形成了习近平总书记关于扶贫工作的重要论述。习近平总书记关于扶贫工作的重要论述，是习近平新时代中国特色社会主义思想的重要组成部分，丰富发展了马克思主义反贫困理论，创新发展了中国特色的扶贫开发道路，为打赢脱贫攻坚战提供了理论指引和行动指南，为全球贫困治理贡献了中国智慧。

井冈山市委、市政府在带领全市人民打赢脱贫攻坚战实践中，始终坚持以习近平总书记关于扶贫工作的重要论述为根本遵循和行动指南，始终坚持用习近平总书记关于扶贫工作的重要论述武装全市党员干部头脑，统一思想行动，强化组织保证，促进真抓实干。结合井冈山市实际，落实精准方略，加大扶贫投入，广泛社会动员，激发内生动力，勇于开拓创新，坚持从严从实，注重落细落小，确保脱贫质量，确保脱贫成效获得群众认可，经得起实践和历史检验。井冈山市是全国率先脱贫摘帽、巩固脱贫成果的一个典型案例，其摆脱绝对贫困的历史性成就，是在习近平总书记关于扶贫工作重要论述指引下取得的，是全市广大干部群众努力践行和贯彻落实习近平总书记关于扶贫工作重要论述的结果。

（三）为老区贫困地区脱贫攻坚提供了“作示范、带好头”的实践样本

改革开放以来，井冈山市历届党委、政府坚持把让老区人民过上好日子作为奋斗目标，坚持以扶贫开发统揽经济社会发展全局，一届接着一届干。经过长期努力，井冈山革命老区贫穷落后面貌发生显著变化，绝大多数农村贫困人口温饱问题得到基本解决，老区人民生活一天天好了起来。尽管如此，在打响脱贫攻坚战之前的 2014 年，井冈山还有建档立卡农村贫困人口 1.69 万，贫困发生率 13.8%；有建档立卡贫困村 78 个，占行政村总数的 73.5%；井冈山仍是国家扶贫重点县、罗霄山特困地区片区县，区域性整体贫困问题没有得到根本解决。所有这些，成为井冈山革命老区全面建成小康社会的最突出短板。

2016 年春节前夕，习近平总书记怀着对井冈山这片红色土地的深深牵挂和对老区人民的深厚感情，冒着严寒到井冈山考察指导，看望老区人民，走访慰问贫困农户。他鼓励井冈山要在脱贫攻坚中作示范、带好头；并强调老区在全国建小康的征程中，要同步前进，一个也不能少，一个也不能掉队，都要共同迈入小康社会。这既是对井冈山广大党员干部的嘱托，也是对全国老区贫困地区广大党员干部的殷切希望。

井冈山市委、市政府通过认真学习领会习近平总书记视察井冈山的重要讲话精神，深刻认识到：井冈山在全国具有特殊的历史地位和政治影响，一直备受全国关注；井冈山脱贫攻坚进展如何、成效如何，老区人民获得感如何，这关系到能否向老区人民兑现“全面小康一个也不能少”的庄严承诺，关系到是否能让老区人民尽快摆脱贫困、过上好日子。井冈山市委、市政府决定：把“在脱贫攻坚中作示范、带好头”作为努力方向和

工作目标，立下愚公移山志，坚决打赢脱贫攻坚战，力图在全国率先垂范、作出榜样，不负总书记的嘱托，不负全市老区人民的期待。

几年来，井冈山市委、市政府坚持以习近平总书记关于扶贫工作的重要论述为根本遵循，坚决贯彻党中央、国务院关于打赢脱贫攻坚战的重大决策和总体部署，认真落实江西省委省政府、吉安市委市政府一系列工作部署要求，坚持精准扶贫、精准脱贫基本方略，带领全市人民不懈奋斗，从而创造了井冈山减贫史上的最好成绩，贫困发生率由 2014 年的 13.8%，下降至 2016 年的 1.6%，再下降至 2018 年的 0.25%。井冈山不仅在全国率先实现了贫困县脱贫摘帽目标，解决了区域性整体贫困，而且还创造性地探索了诸如“三卡识别、分类施策”精准扶贫工作机制、“三五制”巩固提高模式、“红色 +”旅游扶贫发展模式等经验、做法，为全国老区贫困地区脱贫攻坚提供了“作示范、带好头”的典型案例和实践样本。

二、井冈山市脱贫攻坚的基本经验

通过对井冈山市脱贫攻坚进行研究，我们认为，井冈山市打赢脱贫攻坚战的基本经验，主要有以下几条：

（一）坚持党的领导，发挥政治优势

井冈山市的实践充分证明，打赢脱贫攻坚战，一靠党的坚强领导；二靠社会主义制度可以集中力量办大事的优越性。这两者结合，形成我们国家减贫的最大政治优势。几年来，井冈山市委在贯彻脱贫攻坚“市县抓落实”过程中，始终坚持党对脱贫攻坚的统一领导，充分发挥各级党组织总揽全局、协调各方的核心作用，切实落实脱贫攻坚“一把手”负责制，扎实构建市、乡、村三级书记一起抓扶贫的政治格局，着力加强基层党组织建设，从而为脱贫攻坚提供了强有力的组织保证。正是由于发挥了最大的政治优势，才取得了消除绝对贫困的历史性成就，夺取了打赢脱贫攻坚战的全面胜利。

（二）坚持政府主导，统筹资源配置

井冈山市的实践充分证明，打赢脱贫攻坚战，必须在党的统一领导下，坚持政府主导，实行资源统筹配置。在井冈山，政府主导主要体现在市、乡两级政府对脱贫攻坚的行政推动，统筹规划布局、统筹资源配置、统筹部门协调、统筹执行落实。尤其高度重视将扶贫开发、脱贫攻坚纳入地方政府国民经济与社会发展规划，并根据发展规划制定具体的扶贫专项规划和年度实施计划。与此同时，根据具体项目计划，有针对性地实行政府公共扶贫资源的统筹配置和整合使用。

（三）坚持精准方略，提高扶贫实效

井冈山市的实践充分证明，打赢脱贫攻坚战，必须坚决贯彻落实习近平总书记提出的“六个精准”、“解决好四个问题”、实施“五个一批”的要求，坚持“两不愁、三保障”扶贫标准不动摇，在精准识别、精准施策、精准管理、精准退出等方面下“绣花”功夫，把党的实事求是思想路线和求真务实优良作风，自始至终贯穿到脱贫攻坚全过程，切实做到扶真贫、真扶贫、真脱贫，确保脱贫质量，提高脱贫实效。

（四）坚持广泛动员，形成攻坚合力

井冈山市的实践充分证明，打赢脱贫攻坚战，必须坚持党的群众路线，广泛动员全党全社会力量，形成强大攻坚合力。几年来，井冈山已经建立强有力的扶贫社会动员机制，主要体现在四个方面：（1）党员干部结对帮扶精准到户机制；（2）职能部门全力配合协同攻坚机制；（3）党政机关、企事业单位定点帮扶机制；（4）社会各界（如发达地区、军队、民营企业、社会组织、各界爱心人士等）结对共建、积极参与革命老区公益事业和发展建设的动员机制。

（五）坚持开发式扶贫，实行两项制度有效衔接

井冈山市的实践充分证明，打赢脱贫攻坚战，必须坚持开发式扶贫，

实行扶贫开发与社会保障两项制度有效衔接，对农村有劳动能力、无劳动能力和弱劳动能力的贫困家庭、贫困人口实行脱贫攻坚全覆盖。在此基础上，因人因户因贫困原因，分类施策、精准施策、对症下药、靶向疗法。只有这样，才能确保“精准扶贫，不落一人”。

（六）坚持传承红色基因，激发内生动力

井冈山市的实践充分证明，打赢脱贫攻坚战，必须在用好外力帮助的同时，坚持激发内生动力，才能形成强大攻坚合力。井冈山激发干部群众内生动力的最大优势和重要法宝是：传承红色基因，弘扬井冈山精神。2016 年 2 月，习近平总书记视察井冈山时指出：“井冈山时期留给我们最为宝贵的财富，就是跨越时空的井冈山精神。今天，我们要结合新的时代条件，坚持坚定执着追理想、实事求是闯新路、艰苦奋斗攻难关、依靠群众求胜利，让井冈山精神放射出新的时代光芒。”这是习近平总书记对井冈山精神的科学概括和最新阐释。作为井冈山精神的发源地，面对脱贫攻坚的时代重任，井冈山市委、市政府以深厚的为民情怀和自觉的历史担当，带领全市党员干部以井冈山精神为动力，传承红色基因和革命传统，脚踏实地战斗在脱贫攻坚第一线；引领广大干部群众不等不靠、艰苦奋斗、苦干实干、奋发有为，以实际行动在脱贫攻坚战场上建功立业，向党和人民交出了一份满意的答卷。

三、井冈山市脱贫攻坚的实践创新

井冈山市委、市政府坚持解放思想、实事求是，坚持以改革为动力，敢为人先、勇于创新，在脱贫攻坚实践中取得了较丰富的创新成果。为此，井冈山市荣获了 2018 年全国脱贫攻坚奖组织创新奖。我们认为，井冈山市最突出的实践创新有以下三个方面：

（一）创新精准扶贫工作机制

遵照习近平总书记关于“六个精准”“解决好四个问题”“五个一批”的重要论述，井冈山结合本市实际，从以下四个方面创新构建了具有井冈山特色的精准扶贫工作机制。（1）推出“三卡识别”方法，解决好“扶持谁”的问题。将贫困户按贫困程度细分为红卡特困户、蓝卡一般贫困户、黄卡脱贫边缘户，使因户因人分类施策更加精准、更有针对性。（2）建立“321”帮扶工作机制，解决好“谁来扶”的问题。即县处级以上领导干部帮扶 3 户，科级干部帮扶 2 户，一般党员干部帮扶 1 户，全市 3200 多名党员干部联系帮扶 4638 户贫困户；组织 25 个扶贫团、126 个驻村工作队，奔赴脱贫攻坚第一线，做到乡乡都有扶贫团，村村都有第一书记和驻村工作队，户户贫困户都有一名以上的帮扶责任人。（3）推行“五个起来”分类精准施策，解决好“怎么扶”的问题。即“有能力”的“扶起来”，“扶不了”的“带起来”，“带不了”的“保起来”，“住不了”的“建起来”，“建好了”的“靓起来”，确保精准扶贫全覆盖，不让一个贫困群众掉队。（4）实行“四卡合一、三表公开”，解决好“如何退”的问题。即把贫困户的“基本信息卡、帮扶记录卡、政策明白卡、收益登记卡”四卡合一，做到贫困户的家庭情况和收入状况清清楚楚。在村内公示公开红、蓝、黄三卡户《贫困户收益确认公开表》，严格进退程序，实现动态管理。“三卡识别”、“321”帮扶机制、“五个起来”、“四卡合一、三表公开”等，是井冈山结合本地实际探索出来的一套精准扶贫、精准脱贫工作机制，被实践证明是行之有效的。

（二）创新探索巩固脱贫攻坚成果“三五制”工作模式

井冈山市委、市政府从 2017 年 2 月率先摘帽开始，就一直在谋划和探索巩固脱贫攻坚成果的工作思路和路径方法。围绕“强基固本，提升能力，建立长效机制”工作目标，井冈山逐步形成了“坚持五个‘为’，实行五个全覆盖，提升五个能力”的“三五制”巩固提升推进模式。(1)坚持产业为根，实行特色产业全覆盖，提升“造血”功能和持续增收能力。(2)坚持立志为本，实行“志智双扶”全覆盖，提升内生动力和自我发展能力。(3)坚持机制为要，实行“遇困不返贫”保障机制全覆盖，提升脆弱性风险防范能力。(4)坚持强基为重，实行“两基”补强全覆盖，提升衔接乡村振兴的基础条件支撑能力(“两基”即贫困村与非贫困村的基础设施、基本公共服务)。(5)坚持党建为先，实行党建引领全覆盖，提升组织保障和乡村治理能力。正是通过实施落实“三五制”及10项巩固提升工程，井冈山在强基固本，提高能力，建立“稳定脱贫不返贫、促进致富奔小康”长效机制方面，取得了实实在在的效果。

(三)创新探索“红色+”旅游扶贫推进方式

井冈山是毛泽东、朱德等老一辈无产阶级革命家创立的全国第一个农村革命根据地，有着光辉、厚重的革命历史；井冈山还是一座绿色的宝库，有着旖旎、迷人的自然风光。这几年，井冈山市委、市政府坚持“红色最红、绿色最绿、脱贫最好”的价值目标追求，依托红色资源优势，走出了一条具有井冈山特色的“从红色旅游到红色培训、从红色旅游到乡村旅游、从红色旅游到全域旅游”(即“三从三到”)的旅游扶贫、富民强县的发展路子，构建“全景井冈、全域旅游”大格局。如今在井冈山，旅游业是第一大产业，其份额已占据了全市地区生产总值的“半壁江山”；旅游业成为吸纳就业人口最多的产业，从业人员多达4万余人。

四、本书的框架结构和主要内容

本书系统研究了井冈山市实施脱贫攻坚的两个阶段(脱贫摘帽阶段和巩固提高阶段)所取得的成效、做法、经验和创新成果。全书框架结构及主要内容为：第一章，红色沃土上的历史壮举。简要介绍了井冈山革命斗争史，井冈山市的基本情况、资源条件和生态环境；总结回顾了井冈山市扶贫开发历程的四个阶段，概要论述了井冈山市脱贫摘帽和巩固脱贫攻坚成果的主要做法与基本经验。第二章，以脱贫攻坚统揽经济社会发展全局。总结分析了井冈山市脱贫攻坚推动县域经济社会全面发展所取得的成效、做法和经验。第三章，三卡识别与分类精准施策。系统介绍分析了井冈山市贫困户三卡识别提出的背景、做法、程序，以及分类精准施策的政策体系、工作效果和创新价值。第四章，特色农业产业扶贫。重点介绍了井冈山市特色产业规划布局、产业扶贫支持政策、基础设施建设和产业扶贫带贫机制及效果等。第五章，基于“红色 +”的旅游扶贫。系统介绍研究了井冈山市的红色、绿色旅游资源优势，“三从三到”旅游扶贫发展模式，以及旅游扶贫效应与支持政策，对井冈山旅游扶贫的经验启示进行了研究探讨。第六章，基本公共服务与社会保障。重点研究了教育扶贫、健康扶贫、危房改造安居工程、最低生活保障等，并对井冈山市的创新性做法进行了总结分析。第七章，扶贫资源动员与社会扶贫。主要总结介绍了井冈山市扶贫资源整合、科技扶贫、“三联”军队扶贫、引资引企、爱心扶贫基金等创新做法。第八章，弘扬井冈山精神激发内生动力。系统总结了以井冈山精神为动力，激发广大干部群众的内生动力，实施“志智双扶”，发扬艰苦奋斗传统，崇尚勤劳致富光荣，打造脱贫攻坚精神高地的做法和经验。第九章，传承红色基因抓实党建扶贫。系统总结了井冈山市传承红色基因，加强党对脱贫攻坚的统一领导、建强基层组织、开展支部共建、完善乡村治理的做法和经验。第十章，迈上巩固提升脱贫成果新征程。重点总结研究了井冈山市巩固脱贫成果的“三五制”工作模式和十项提升工程，介绍了实行巩固提升与乡村振兴有机衔接的“五统筹、四衔接”的做法。最后，在对井冈山市脱贫攻坚研究的基础上，对 2020 年后的扶贫进行了一些初步探讨。

第一章　红色沃土上的历史壮举

井冈山是一座革命的山、战斗的山，是英雄的山、光荣的山。

90多年前，毛泽东、朱德等老一辈无产阶级革命家在井冈山开展艰苦卓绝的斗争，创建了第一个农村革命根据地，开辟了“农村包围城市、武装夺取政权”的中国革命道路。90多年后，在习近平新时代中国特色社会主义思想指引下，井冈山市委、市政府带领全市人民不忘初心、牢记使命、苦干实干、砥砺奋进，以跨越时空的井冈山精神为动力，举全市之力打赢脱贫攻坚战，在全国率先摘掉贫困县帽子，实现了在井冈山这片红色沃土上消除绝对贫困的历史壮举。

第一节　红色井冈：中国革命的摇篮

1962年3月，朱德委员长重上井冈山，挥毫写下五个大字：天下第一山。这是对井冈山在中国革命史上的历史地位和作用给予的最高定义。井冈山是中国革命的摇篮，是中华人民共和国的奠基石。在这里，毛泽东、朱德等老一辈无产阶级革命家开辟了一条适合中国国情的革命道路——井冈山道路，谱写了马克思主义中国化的理论开篇，铸就了跨越时空的井冈山精神。

一、开辟了适合中国国情的革命道路

1927年大革命失败以后，在关系党和革命事业前途与命运的关键时刻，中共中央在汉口召开“八七会议”。会议确定了实行土地革命和武装斗争的总方针，决定在工农运动基础较好的湘、鄂、粤、赣四省发动秋收起义。毛泽东出席了这次会议并提出了“枪杆子里出政权”的著名论断。1927年9月初，毛泽东领导的湘赣边界秋收起义爆发。秋收起义失利后，毛泽东审时度势，毅然决定暂时放弃攻打长沙的计划，率起义部队沿罗霄山脉南移，开始了革命重心由城市向农村的伟大转移。1927年9月底，毛泽东率工农革命军进驻江西永新县三湾村，进行了著名的“三湾改编”：将原来的一个师缩编为一个团；成立各级士兵委员会，实行民主管理制度，在政治上官兵平等；将党的支部建立在连上，奠定了党对军队绝对领导的坚实基础。1927年10月，毛泽东率部队到达罗霄山脉中段井冈山地区，拉开了创建中国第一个农村革命根据地的序幕。1928年4月，毛泽东率工农革命军与朱德、陈毅率领的八一南昌起义的部分部队在宁冈砻市胜利会师，井冈山革命根据地进入全盛时期。1928年12月，彭德怀、滕代远率红五军主力来到井冈山与红四军会合，进一步加强了井冈山的武装力量，开辟了井冈山革命斗争的新局面。

井冈山革命斗争从1927年10月到1930年2月，虽然只有两年零四个月的时间，但就在这一时期，以毛泽东同志为主要代表的中国共产党人创建了党领导下的第一个农村革命根据地，点燃了工农武装割据的星星之火，经过艰苦探索找到了一条适合中国国情的革命道路——井冈山道路。这就是：以武装斗争为主要形式，以土地革命为基本内容，以农村革命根据地为根本依托，走农村包围城市、武装夺取全国政权的道路。井冈山，成为中国革命不断走向胜利的光辉起点。在中国革命的史册上，井冈山赢得了“中国革命摇篮”的美誉。

二、谱写了马克思主义中国化的伟大开篇

井冈山革命根据地的建立，是我们党把马克思主义基本原理同中国革命具体实践相结合、创立中国化的马克思主义的伟大开篇。作为马克思主义中国化伟大成果的毛泽东思想，初步形成于井冈山革命斗争时期。毛泽东总结了井冈山革命斗争的宝贵探索与实践经验，撰写了《中国的红色政权为什么能够存在?》《井冈山的斗争》《关于纠正党内的错误思想》《星星之火，可以燎原》等光辉著作。这些著作在工农武装割据、革命根据地建设、党的建设、军队建设、土地改革、群众路线等方面，提出了许多新的理论、思想、政策等。诸如党支部建在连队上，党对军队的绝对领导；党的群众路线，党内民主制度；人民军队建设与军事思想，军队纪律与官兵关系；农村土地改革方针政策等。这些都是毛泽东对井冈山革命斗争探索与实践的系统总结，是将马克思主义基本原理同中国革命具体实践相结合的理论产物。

毛泽东、朱德等老一辈无产阶级革命家在井冈山探索的革命道路和形成的革命思想、理论成果及宝贵经验，推动井冈山革命斗争由星星之火成燎原之势，逐步红遍了整个中国，直至取得中国革命的全面胜利。这表明，井冈山革命根据地是毛泽东思想开始形成的重要发祥地，是马克思主义中国化的伟大开篇。

三、铸就了跨越时空的井冈山精神

井冈山精神诞生于井冈山斗争时期，是我们党团结带领人民群众用鲜血和生命铸就的伟大精神，对中国革命历史进程产生了广泛而深远的影响，也是我们党团结带领人民夺取中国特色社会主义现代化建设伟大胜利

的强大精神力量。

2016 年 2 月，习近平总书记视察井冈山时指出："井冈山是中国革命的摇篮。井冈山时期留给我们最为宝贵的财富，就是跨越时空的井冈山精神。今天，我们要结合新的时代条件，坚持坚定执着追理想、实事求是闯新路、艰苦奋斗攻难关、依靠群众求胜利，让井冈山精神放射出新的时代光芒。"[①] 这是习近平总书记对井冈山精神的科学概括和最新阐释。

在艰苦卓绝的革命斗争中，井冈山人民为探索中国革命的道路付出了巨大代价，牺牲革命先烈 4.8 万多人。革命先辈用鲜血和生命孕育铸就的井冈山精神，跨越时空，激励着一代又一代革命者和建设者为人民过上好日子而努力奋斗。如今，井冈山保存下来的革命旧址遗迹 100 多处，其中全国重点文物保护单位 22 处、省级重点文物保护单位 35 处、市级重点文物保护单位 23 处。井冈山已经成为一座没有围墙的革命历史博物馆，成为人们坚定信念、陶冶情操、净化心灵、提升境界的精神家园，成为爱国主义教育和革命传统教育的重要基地。在今天，只要你踏上这块红土地，五百里井冈的每一处革命旧址、每一间老屋、每一片翠竹葱林，都会向你讲述曾经发生过的可歌可泣的故事，让你对中国革命摇篮和井冈山精神肃然起敬。

历届井冈山市委、市政府高度重视红色基因传承，时时教育广大干部不忘初心、牢记使命、继续前行，把跨越时空的井冈山精神作为推进井冈山现代化建设的强大精神支撑，作为打赢脱贫攻坚战的制胜法宝，作为带领老区人民为过上美好生活而努力奋斗的永恒动力源泉。

---

① 中共江西省委宣传部、中共江西省委党史研究室：《跨越时空的井冈山精神》，江西教育出版社 2017 年 4 月第 2 版，第 3 页。

第二节　绿色井冈：罗霄山腹地的生态家园

罗霄山，因三国东吴名将罗霄弃官隐居于此并深受当地百姓爱戴，为纪念这位将军而得名。它隐喻和传颂着爱家报国、追求真理、志洁行廉的精神品质。井冈山处于罗霄山脉中段腹地，境内著名的五指峰海拔 1438 米。井冈山既是全国第一个红色革命根据地，又是一片绿色宝地、生态家园。

井冈山绿色资源丰富，全山皆景。井冈山建置沿革几经变迁，地理区位环境日益优化，均与提高绿色资源的保护与开发程度相辅相成。井冈山的政治特色，催生其区划建置的频繁变动，目的是推动井冈山的治理与绿色发展。井冈山的地理区位环境的不断优化，非常有利于井冈山的交通便利与经济发展。丰富而持续增长的绿色资源，为井冈山人民的永续利用、脱贫致富带来了不尽的福音。这三者看似关联度不高，却实为互促关系，为井冈山人民构建了一个繁衍生息、美好舒适的生态家园。

一、行政区划沿革与地理位置

井冈山行政区划、建置沿革几经变迁。明、清时期，隶属江西吉安府永新、龙泉（现遂川）两县分治。井冈山革命斗争时期，湘赣边界形成“工农武装割据”态势，井冈山境内曾设“（永）新遂（川）边陲特别区”，直属湘赣边界工农兵政府领导。

中华人民共和国成立后，井冈山建置先后作了大小 17 次调整。其中大的调整主要有：1950 年 10 月，中共江西省委、吉安地委为加强井冈山革命老区建设，在茨坪设立井冈山特区，归遂川县管辖。1959 年 5 月，经国务院批准成立江西省井冈山管理局，驻茨坪，为江西省人民委员会的派出机构。1959 年 11 月，恢复宁冈县建置，以井冈山的行政区域为宁冈县的行政区域，宁冈县人民委员会与井冈山管理局合署办公，县治设茨坪。1961 年 12 月，宁冈县与井冈山管理局实行分治，宁冈县由吉安专区领导，井冈山管理局由省直辖。1981 年设井冈山县，由吉安地区管辖。1984 年 12 月，撤井冈山县，设立县级井冈山市，由吉安地区管辖。2000 年 5 月，经国务院批准，将宁冈县与县级井冈山市合并，组建新的井冈山市（即现在的井冈山市），由江西省直辖，吉安市代管。2005 年 11 月，成立井冈山管理局，为副厅级单位、吉安市派出机构，实行与井冈山市同一主职、两个牌子的管理体制。

井冈山市地处北纬 26°22′—26°48′，东经 113°48′—114°23′。市域南北长 50.1 公里，东西宽 52.3 公里，面积 1297.5 平方公里。东连江西省泰和、遂川两县，南邻湖南省炎陵县，西靠湖南省茶陵县，北接江西省永新县。井冈山市首府新城区（亦称“红星城”）距吉安市府驻地 101 公里，距南昌市 323 公里。井冈山市下辖茨坪、龙市、厦坪、古城、新城、大陇、拿山 7 个镇，黄坳、下七、长坪、茅坪、葛田、荷花、东上、睦村、鹅岭、柏露、坳里 11 个乡，自然保护区 5 个林场、白石垦殖场、井企集团和红星街道办事处。行政村 106 个，分场 10 个，村民小组（自然村、场队）913 个。2018 年底，全市总人口 17.09 万，其中乡村人口 11.99 万，农村劳动力 6.46 万。

二、资源禀赋与生态优势

井冈山市域东低西南高，西南为中山，东部为低山、丘陵、盆地，平均海拔达 381.5 米，最高海拔 1842.8 米。井冈山为亚热带湿润气候，因地势较高，地形复杂，形成“同山不同季，十里不同天”的气候特征，年平均气温 14.2℃，年降雨量 1780.9 毫米，年平均日照 1515.2 小时。2018 年末，全市实有耕地面积 14.41 万亩[①]，林地面积 158.73 万亩。

地下矿藏资源比较丰富。主要有瓷土、稀土、砂（岩）金、铀、钨、锡、铝、锌、镁、铜、硫铁、萤石、石墨、水晶、石棉、花岗岩、铌钽等矿种。其中瓷土、稀土为两大优势矿种。瓷土主要分布在东上乡的高凉寨村，荷花乡的大庙、大仓村，葛田乡的下古田村等地，总储量 2500 万吨，且品位高、质量好。按照井冈山瓷业生产加工需要，可开采使用 200 余年。稀土主要分布在大塘、下古田、东上、龙市、睦村等地，初步探明储量为 1159 吨，其中大塘矿区高达 415 吨，且品位高、配分好。

地表水利资源比较丰沛。井冈山市共有干支河流 14 条，龙江、郑溪两条主干流分别发源于黄洋界的西麓和东麓。境内干支河流总长 222.3 千米，河网密度 0.22 千米 / 平方千米。水能理论蕴藏量 13.2 万千瓦，可供开发 11.2 万千瓦，已开发利用 8.2 万千瓦；建有水库 22 座，总库容 8483 万立方米；山塘 214 口，总容量 1 万立方米。

地上生物资源富集。井冈山是亚热带动植物原生地之一。植物种类方面，已查明有高等植物 280 科 800 余属 3400 余种，被列入《世界自然保护联盟濒危物种红色名录》的有 10 种，列入《濒危野生动植物种国际贸易公约》附Ⅱ的有 38 种，列入《中国物种红色名录》的有 67 种，列入《中国国家重点保护野生植物名录》的有 23 种。森林资源方面，至今仍保留众多人迹未至或极少数人类活动的大片原始态或半原始态森林，是世界上最具代表性的山地亚热带常绿阔叶林区，具有全球同纬度迄今保存最完整的次原始森林 7000 多万平方米，还有省级保护的 78 种植物，如南方红豆杉、白豆杉、伯栎树、银杏、香果树、半枫荷、观光木等。有竹林 1066.7 万平方米，品种 100 多个。森林覆盖率高达 86%，活立木蓄积量近

---

① 1 亩约等于 666.67 平方米。

1000万立方米。动物种类方面，脊椎动物（不含鱼类）有468种，昆虫3000多种。区内分布有多种珍稀濒危动物，被列入《世界自然保护联盟濒危物种红色名录》的有13种，列入《濒危野生动植物种国际贸易公约》附Ⅱ的有17种，列入《中国物种红色名录》的有34种，列入《中国国家重点保护野生动物名录》的有25种。

井冈山境内有国家级自然保护区，总面积214.99平方公里。区内地势封闭，地形复杂，海拔1000米以上的山峰有50多座，山体巍峨，沟壑纵横，主峰坪水山海拔1779米。气候、植被、土壤垂直分异明显。属森林生态型自然保护区，主要保护对象是中亚热带湿润常绿阔叶林生态系统及珍稀野生动植物。

井冈山富饶的自然资源与独特的红色人文资源，构成了一幅美丽迷人的独特画卷。凡是到过井冈山的旅客，都有种“溶尽黄庐桃园色，何须跋涉访名川”的赞美和“井冈山下后，万岭不思游”的感叹。井冈山风景名胜区面积213.5平方公里。其山势雄伟、林海茫茫、溪流澄碧、瀑布成群、翠竹遍地、鹃花满山。早在1982年，井冈山就被批准为国家第一批重点风景区。境内有11大景区，76个景点，460多处景物景观和30多处保存完好的革命遗址。就自然风景而言，井冈山集雄、险、奇、秀、幽为一体，峰峦、山石、瀑布、溶洞、温泉、珍稀动植物、高山田园风光应有尽有。雄伟壮丽的山峦、浩瀚无垠的林海、气势磅礴的云涛、奇妙独特的飞瀑、瑰丽灿烂的日出，令人心旷神怡。夏无酷暑，冬无严寒，在层峦叠嶂、郁郁葱葱之间，春天，杜鹃盛开、争奇斗艳，使你仿佛置身花的海洋；夏天，瀑布银河、百花碎玉，送来一片清凉的世界；秋天，丹桂飘香、杉黄枫红，令人观之而兴起；冬天，漫天皆白、银装素裹，似如“北国风光”。井冈山是一个宜耕、宜业、宜居、宜游、宜学（培训）的好地方！

第三节　不忘初心：扶贫开发让老区人民过上好日子

习近平总书记说："我们中国共产党人从党成立之日起就确立了为天下劳苦人民谋幸福的目标。这就是我们的初心。我们党一开始就是为改变穷苦人民命运而带领他们进行革命的，当年打土豪、分田地，开展湖南农民运动、发动秋收起义、上井冈山，都是为了穷苦人民。"为天下劳苦人民谋幸福，让人民过上好日子，是中国共产党人的初心和矢志不渝的奋斗目标。让革命老区人民过上好日子，无论从老区人民的奉献牺牲、发展需要和群众愿望，还是从我党的性质、宗旨和与人民群众血肉联系而言，都显得理所当然和十分迫切。在战争年代，老区人民前赴后继、舍生忘死，为中国革命胜利作出了巨大牺牲与奉献。革命胜利后，进入和平建设年代，加快恢复革命老区的战争创伤，倾斜支持老区经济社会发展，尽快提高老区人民的生活水平和生活质量，这是各级党委、政府的职责所在、使命所系。

新中国成立后，特别是改革开放以来，井冈山历届党委、政府始终不忘初心，牢记使命，坚持以人民为中心，坚持为老区人民谋福祉，坚持把老区人民对美好生活的向往作为奋斗目标，以扶贫开发、脱贫攻坚统揽经济社会发展全局，带领全市人民弘扬井冈山精神，艰苦奋斗、勇于创新、励精图治，一届接着一届干。井冈山的扶贫开发历经 37 年，砥砺前行，为改变井冈山革命老区贫穷落后面貌，为让老区人民过上好日子，作出了历史性贡献。

从改革开放至今，井冈山的扶贫开发已经历四个发展阶段。

一、基本解决农村贫困人口温饱阶段（1982—2000 年）

1982 年，井冈山县和宁冈县均成立"革命老区建设办公室"，开始了有组织、有计划、有专项资金支持的扶贫开发工作。1994—2000年，井冈山与全国一道，同步实施《国家八七扶贫攻坚计划（1994—2000年）》，着力解决乡村通电、通水、通路、通信等基础设施建设问题，改善老区人民基本生产生活条件，同时对贫困群众发展农业生产给予一定扶持。《国家八七扶贫攻坚计划（1994—2000年）》的实施，使井冈山革命老区大部分农村贫困人口的温饱问题基本得到解决。

二、稳定解决农村贫困人口温饱阶段（2001—2010年）

新组建成立的井冈山市，按照《中国农村扶贫开发纲要（2001—2010年）》的战略部署，加快推进新一轮农村扶贫开发。这一阶段的扶贫开发奋斗目标是：尽快解决少数贫困人口温饱问题，进一步改善贫困地区的基本生产生活条件，巩固温饱成果，提高贫困人口的生活质量和综合素质，加强贫困乡村的基础设施建设，改善生态环境，逐步改变贫困地区经济、社会、文化的落后状况，为达到小康水平创造条件。

2001年，按照当时的国家贫困线标准，井冈山市的农村贫困人口为4.4万，贫困发生率为29.4%，巩固温饱成果的任务十分艰巨。经过10年努力，通过实施整村推进、片区开发、产业扶贫、雨露计划等主要项目形式的开发式扶贫，井冈山革命老区的贫困面貌发生明显变化，基本生产生活条件明显改善，特色产业发展格局初具规模，农民收入有了明显提高。到2010年底，全市106个行政村，村村通了水泥路，村村完成了农网改造任务，组组通了电，近40%的农民饮水困难问题得到解决，村村建起了村级卫生室；农民年人均纯收入由2001年的1294元，增加到2010年的3006元；一批茶叶、林果、山竹、药材等特色产业基地相继规划建设，特别是旅游开发被提上重要议事日程，在加大保护的同时，全面规划布局、招商引资、大手笔地进行开发建设。与此相联系的公路、铁路、机场等一批大型基础设施建设项目，先后纳入国家和江西省的规划并落地实施。

三、由片区综合扶贫向精准扶贫过渡阶段（2011—2014 年）

进入“十二五”时期，井冈山市被列为罗霄山集中连片特困地区的片区县之一。头两年，扶贫工作以片区综合扶贫为主，包括制定井冈山片区扶贫开发规划，启动实施一批破解制约井冈山片区发展“瓶颈”的重点项目工程等。

2013 年 11 月 3 日，习近平总书记视察湖南省湘西土家族苗族自治州花垣县十八洞村，首次提出了“精准扶贫”科学理念和战略思维，标志着我国扶贫开发开始进入精准扶贫、精准脱贫新阶段。从 2014 年初开始，井冈山市的扶贫开发也正式向精准扶贫新阶段转变。2014 年 1 月，井冈山市委、市政府为贯彻落实中共中央办公厅、国务院办公厅《关于创新机制扎实推进农村扶贫开发工作的意见》（中办发〔2013〕25 号），出台了《井冈山市扶贫帮扶到户工作方案》（井办发〔2014〕2 号）（以下简称《方案》）。该《方案》首次提出，将全市农村贫困户分成特困户（约占贫困人口数的 30%）和一般贫困户，要求对分类识别后的贫困户实行建档立卡，并因户因人、因贫困原因精准施策、扶贫到户。《方案》提出：“要针对帮扶对象的不同贫困成因，制定针对性强、组合式的帮扶措施。坚持开发式扶贫、产业化扶贫和就业扶贫等各种扶贫模式相结合，创新工作方式方法，做到精准到户、帮扶到户、扶贫效益到户。”

需要说明的是，井冈山市委、市政府于 2014 年 1 月出台了《井冈山市扶贫帮扶到户工作方案》，在全市全面推进建档立卡分类识别、精准施策，这一重大决策和工作推进，比 2014 年 4 月全国开始启动建档立卡精准识别工作要早 3 个月。这充分体现了井冈山市委、市政府敢为人先、勇于担当的首创精神。

四、精准扶贫精准脱贫攻坚阶段（2015—2020 年）

经精准识别，2014 年底，井冈山共有农村建档立卡贫困人口 1.69 万，贫困发生率 13.8%；共有建档立卡贫困村 78 个，占行政村总数的 73.5%。这是井冈山 2015 年开始实施精准扶贫、精准脱贫所面临的艰巨任务。井冈山的脱贫攻坚可细分为两个小阶段：一是脱贫摘帽决战决胜阶段（2015—2016 年）；二是巩固提升脱贫成果阶段（2017—2020 年）。

（一）脱贫摘帽决战决胜阶段（2015—2016 年）

井冈山市委、市政府坚持以习近平新时代中国特色社会主义思想为指导，坚持以习近平总书记关于扶贫工作的重要论述为根本遵循，时刻牢记习近平总书记在视察井冈山时提出的“井冈山市要在脱贫攻坚中作示范、带好头”的嘱托，坚决贯彻党中央、国务院关于打赢脱贫攻坚战的重大决策和总体部署，认真落实江西省委省政府、吉安市委市政府一系列工作部署，坚持精准扶贫、精准脱贫基本方略，带领全市人民只争朝夕、凝心聚力、克难奋进、苦干实干，全面打响了脱贫攻坚战。井冈山市委、市政府于 2015 年 5 月 11 日出台了《关于开展“党员干部进村户、精准扶贫大会战”的实施意见》（井管局字〔2015〕2 号），吹响了全市脱贫攻坚决战决胜的冲锋号角。2015 年至 2017 年 2 月，井冈山市采取了一系列超常规举措，以前所未有的力度推进脱贫攻坚，创造了井冈山减贫史上的最好成绩，贫困发生率下降至 1.6%，在全国率先实现了区域性整体脱贫、贫困县摘帽目标，谱写了反贫困的辉煌篇章。

（二）巩固提升脱贫成果阶段（2017—2020 年）

井冈山市委、市政府清醒地认识到，脱贫摘帽不是扶贫开发的终点，而是新的起点。从宣布率先脱贫摘帽的 2017 年 2 月开始，井冈山市的扶贫开发迅速转入巩固提升脱贫攻坚成果的新阶段。市委、市政府相继制定了实施规划、工作方案、支持政策和保障措施，对巩固提升脱贫攻坚成果、建立防止返贫长效机制、扎实推进乡村振兴、加快建成全面小康社会进行了全面部署和具体安排，开启了巩固提升脱贫成果、持续深入推进扶贫开发的新征程。

第四节　不辱使命：实现率先脱贫摘帽的历史壮举

2017 年 2 月 23 日，国务院扶贫办致函江西省扶贫开发领导小组，反馈第三方对井冈山市退出贫困县的专项评估意见。第三方评估结果表明，抽样群众认可度 99.08%，综合测算贫困发生率 1.6%。2017 年 2 月 25 日，江西省人民政府批复，同意井冈山市脱贫退出。井冈山率先脱贫摘帽，是一个具有里程碑意义的重大事件。它标志着井冈山老区人民实现了消除绝对贫困的历史壮举，标志着我国脱贫攻坚战取得决定性进展，拉开了全国贫困县脱贫摘帽的帷幕。井冈山市委书记刘洪在“2018 年全国脱贫攻坚表彰大会暨首场脱贫攻坚先进事迹报告会”上作大会典型发言，并参加全国脱贫攻坚先进事迹巡回报告团，向全国人民讲述井冈山脱贫攻坚的经验和故事。

一、习总书记嘱托激励井冈山脱贫攻坚作示范、带好头

2015 年 3 月 6 日，习近平总书记在参加十二届全国人大三次会议江西代表团审议时发表重要讲话，强调要着力推动老区特别是原中央苏区加快发展，决不能让老区群众在全面建成小康社会进程中掉队，立下愚公志、打好攻坚战，让老区人民同全国人民共享全面建成小康社会成果。

2016 年春节前夕，习近平总书记冒着严寒到井冈山考察指导，看望老区人民。这是习总书记继 2006 年、2008 年后第三次上井冈山，充分体

现了习近平总书记对井冈山这块红色土地的深深牵挂和对老区人民的深厚感情。他来到黄洋界脚下的茅坪乡神山村，了解基层组织建设、精准扶贫和老区群众生产生活情况，走访慰问贫困农户。习近平总书记提出“井冈山要在脱贫攻坚中作示范、带好头”；并强调老区在全国建小康的征程中，要同步前进，一个也不能少，一个也不能掉队，都要共同迈入小康社会。

习近平总书记这两次重要讲话，在江西省、吉安市、井冈山市引起了极大反响，成为江西省、吉安市、井冈山市“立下愚公志、打好攻坚战”的强大动力。特别是总书记寄予的“井冈山要在脱贫攻坚中作示范、带好头”的嘱托，对井冈山打赢脱贫攻坚战提出了更高的要求，赋予了更高的希望。

井冈山市委及时召开常委会议，认真学习领会习近平总书记的重要讲话精神。“作示范、带好头”，就是要求井冈山脱贫攻坚在全国率先垂范，作出榜样，树立标杆。这是总书记对井冈山的高度信任和殷切希望。井冈山市委、市政府的共识是：井冈山全体党员干部必须坚守初心、不辱使命，在脱贫攻坚中勇于担当。“作示范、带好头”，率先实现脱贫摘帽目标，这是由井冈山在全国的特殊位置和各项有利条件所决定的。（1）井冈山是“中国革命的摇篮”，是“中华人民共和国的奠基石”，在全国具有特殊的历史地位和政治影响，一直备受全国关注。（2）老区人民的事是天大的事。井冈山是国家扶贫开发重点县、罗霄山集中连片特困地区片区县，更是全国著名革命老区县，脱贫攻坚进展如何、成效如何，老区人民获得感如何，这是关系到能否向老区人民兑现庄严承诺、让老区人民尽快摆脱贫困过上好日子的头等大事。（3）经过多年的扶贫开发和经济建设，井冈山各个方面都发生了深刻变化，具有较为厚实的物质基础；农村贫困也得到较大缓解，农村贫困人口存量规模由建市初2000年的4.4万，减少到2014年末的1.69万，贫困发生率由29.4%下降到13.8%。（4）国家不断加大对老区贫困地区扶持力度，井冈山分享的老区建设政策、专项扶贫政策、涉农支农政策、产业发展政策、大型项目建设政策、公共服务均等化民生改善政策，以及社会帮扶、市场融资等，其政策机遇空前良好。（5）井冈山人民有着光荣革命传统，有敢为天下先的红色基因，有跨越时空的井冈山精神。这是决战决胜脱贫攻坚、率先脱贫摘帽的强大精神动力和制胜法宝。

二、井冈山率先脱贫摘帽是干出来的

多年来，国家对井冈山市给予了诸多政策扶持，社会各界给予了积极帮助，但这些只是外因和可利用的机遇条件。井冈山市率先脱贫摘帽，不是靠上面“给”的，不是靠国家政策“养”的，也不是靠社会“送”的；而是井冈山市委、市政府坚持以习近平总书记关于扶贫工作的重要论述为指导，带领全市人民感恩奋进、矢志不渝、不断拼搏、艰苦奋斗，一个项目接一个项目抓落实，一步一个脚印地把政策抓落地，一件事一件事地干出来的。

2015—2016年，是井冈山市攻坚摘帽决战决胜的两年，是工作力度最大、投入力度最强、干成事情最多、减贫成效最为显著的两年。2015年5月，井冈山市出台了《关于开展“党员干部进村户、精准扶贫大会战”的实施意见》（井管局字〔2015〕2号）（以下简称《实施意见》），要求全市党员干部围绕“在全省率先实现脱贫、不让一名困难群众掉队”这一总体目标，立下愚公志，打好攻坚战，让老区人民同全国人民一起，共享全面建成小康社会成果。《实施意见》对打好精准扶贫攻坚战的指导思想、目标任务、方法步骤、政策保障、目标考核、组织领导等作出全面部署安排。2016年7月，为贯彻落实习近平总书记“井冈山要在脱贫攻坚中作示范、带好头”的重要指示精神，井冈山市委、市政府印发《关于2016年脱贫攻坚实施意见》，并召开市、乡、村三级干部参加的千人大会，进一步统一思想、深化认识、形成合力，对决战决胜脱贫攻坚进行再动员、再部署，再添措施、再鼓实劲。

在脱贫攻坚期间，井冈山市干成了过去多少年想干没干成的事情：

——全市贫困村通村水泥路得到改造提升，贫困村组组通了水泥路，贫困户入户路全部实现硬化。农村安全饮水问题全部得到解决，光纤宽带进村入组，电商快递走进村庄。贫困村村庄环境得到全面整治，村容村貌焕然一新，具有地方特色的村落民居干净整洁，清爽明亮。

——农村危房改造多年任务两年完成。对全市农村11703户危旧土坯房全部进行了维修改造。特别是2016年，一年完成危改8520户，创造了农村危房改造安居工程的“井冈山速度”。

——全市20万亩茶叶基地、30万亩毛竹基地、10万亩林果基地的规划目标（简称“231”产业富民工程）正在加快推进；贫困户“一户一丘茶园、一户一片竹园、一户一块果园、一户一人务工”的目标正在实现。实施光伏发电项目89个，总装机容量12507.44千瓦，78个贫困村均实现村集体经济收入5万元以上目标。旅游业增加值已占据全市GDP的“半壁江山”。

——贫困人口基本公共服务和民生得到保障。立体式的教育扶贫，有力阻断贫困代际传递；多重医疗保障措施，有效遏制因病致贫返贫；文化扶贫把红色基因传承，打造成人民群众脱贫致富的“软实力”“硬支撑”。

经过几年的拼搏努力，井冈山市的脱贫攻坚取得了历史性成就。贫困发生率由2014年的13.80%下降至2016年的1.60%，低于中部贫困县退出标准0.4个百分点。经过2017—2018年的巩固提升，到2018年底贫困发生率仅为0.25%（见表1–1、图1–1）。

表 1-1　井冈山脱贫攻坚减贫情况（2014—2018 年）

指　标	2014 年	2015 年	2016 年	2017 年	2018 年
建档立卡贫困户（户）	4639	2139	539	206	116
建档立卡贫困人口（人）	16934	7172	1417	543	285
贫困发生率（%）	13.80	6.06	1.60	0.42	0.25
建档立卡贫困村（个）	78	78	35	6	0
脱贫出列村（个）	0	43	29	6	0

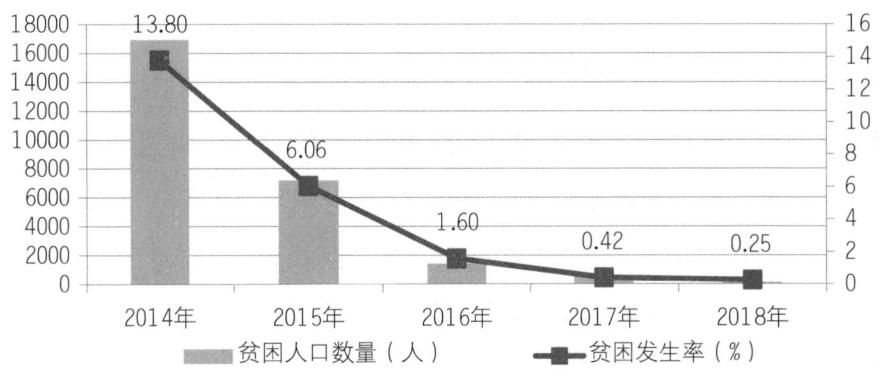

图 1-1　井冈山贫困人口减少情况（2014—2018 年）

三、具有井冈山特色的精准扶贫经验

遵照习近平总书记关于“六个精准”“解决好四个问题”“五个一批”的重要论述，井冈山结合本市实际，从以下四个方面精准发力，探索和积累了具有井冈山特色的脱贫攻坚经验。

——创新推出“三卡识别”方法，解决好“扶持谁”的问题。即在精准识别建档立卡时，将贫困户按贫困程度细分为红卡特困户、蓝卡一般贫困户、黄卡脱贫边缘户，使因户因人分类施策更加精准、更有针对性。

——全面建立“321”帮扶工作机制，解决好“谁来扶”的问题。即县处级以上领导干部帮扶3户，科级干部帮扶2户，一般党员干部帮扶1户，全市3200多名党员干部联系帮扶4638户贫困户；全市组成25个扶贫团126个驻村工作队，奔赴精准扶贫第一线，做到乡乡都有扶贫团，村村都有第一书记和驻村工作队，户户贫困户都有一名以上的帮扶责任人。

——扎实推进“五个起来”分类精准施策，解决好“怎么扶”的问题。即“有能力”的“扶起来”，“扶不了”的“带起来”，“带不了”的“保起来”，“住不了”的“建起来”，“建好了”的“靓起来”，确保精准扶贫不落下一个贫困群众，确保全市贫困人口如期实现“两不愁、三保障”的脱贫目标。

——创新实行“四卡合一、三表公开”，解决好“如何退”的问题。即把贫困户的“基本信息卡、帮扶记录卡、政策明白卡、收益登记卡”四卡合一，做到贫困户的家庭情况清清楚楚，贫困户的实际收入明明白白。通过对红、蓝、黄三卡户《贫困户收益确认公开表》（三类户表）在有限范围内公示公开，严格进退程序，做到应进则进、应退则退，实现动态管理。

“三卡识别”、“321”帮扶机制、“五个起来”、“四卡合一、三表公开”等，是井冈山市委、市政府认真贯彻落实习近平总书记关于精准扶贫重要论述，结合本地实际在脱贫攻坚实践中摸索出来的一套精准扶贫、精准脱贫的工作经验，这些工作经验被实践证明是行之有效的，在井冈山脱贫摘帽攻坚过程中发挥了重要的支撑和引领作用。

第五节　继续前行：开启巩固提升新征程

2017年2月26日，江西省人民政府举行新闻发布会，宣布井冈山市在全国率先脱贫摘帽，退出贫困县。井冈山管理局工委书记、市委书记刘洪在新闻发布会上当即表示："率先脱贫摘帽不是我们的最终目标，让井冈山老区人民过上更加美好的生活，才是我们的奋斗目标。"井冈山市委、市政府把宣布脱贫摘帽看作新的起点，是脱贫攻坚的"转段"。从2017年2月26日开始，井冈山的脱贫攻坚正式迈入巩固提升脱贫成果新阶段。

一、凝聚共识，继续争当巩固提升排头兵

井冈山实现率先脱贫摘帽目标后，市委、市政府领导始终保持清醒头脑。2017年2月28日，井冈山市委召开四届三次全会，主要议题是统一思想认识，明确新的奋斗目标，共商巩固提升脱贫攻坚成果大计。针对部分干部存在"脱了贫、摘了帽，可以松口气"的思想情绪，市委书记刘洪强调，井冈山虽然已经脱贫摘帽，但这只是实现了一个阶段性目标，贫困人口的脱贫只是现行标准下的脱贫，实现"稳定脱贫不返贫"任务仍很艰巨。实现脱贫摘帽，如期全面建成小康社会，切实落实习近平总书记视察井冈山时提出的"老区在全国建小康的征程中，要同步前进，一个也不能少"的要求，还需继续努力，绝不可松劲，绝不可懈怠。

由此，井冈山各级领导达成了新的共识：牢记和践行习近平总书记的嘱托，不仅要在脱贫摘帽中"作示范、带好头"，而且更要在巩固提升中"作示范、带好头"，继续争当排头兵。井冈山市委提出，到2020年以前，将继续以脱贫攻坚统揽全市经济社会发展全局，通过推进巩固提升，破解影响"稳定脱贫不返贫"的各种难题，破解全面小康征程上的各种"拦路虎"，让改革发展成果更多更公平地惠及全体人民，让老区人民过上更加美好的生活。

二、以问题为导向，理性分析面临的新挑战新任务

井冈山市委、市政府对脱贫摘帽后的全市扶贫工作形势和经济社会发展现状，作出如下基本判断：尽管井冈山已经整体脱贫摘帽，但欠发达的基本市情并没有根本改变；经济总量偏小，产业层次不高，经济整体实力不强，基本公共服务和民生保障与群众期待还有差距；巩固提升脱贫成果，确保贫困人口“稳定脱贫不返贫、小康路上不掉队”，面临的任务仍然艰巨。

在巩固提升脱贫攻坚成果方面，面临五个方面的短板、弱项需要补强：一是产业基础不牢，“造血”功能不强，脱贫户收入不稳的问题仍不同程度存在。二是确保脆弱性脱贫户“稳定脱贫不返贫”的长效机制有待健全。三是农村基础设施和基本公共服务仍相对滞后，发展不平衡、不充分问题依然存在。四是一些脱贫户的内生动力仍显不足，自我发展能力较差。五是基层组织建设和治理能力有待进一步加强。这五个方面，构成了井冈山巩固提升脱贫成果补短板、强弱项、夯基础、建机制的着力点和工作重点。

三、只争朝夕，全面部署和推进巩固提升

2017 年 2 月下旬宣布脱贫摘帽后，井冈山市委、市政府丝毫没有停顿，以只争朝夕精神，迅速“转段”启动实施巩固提升工程。经过一个多月的精心谋划，2017 年 4 月井冈山出台了《脱贫攻坚巩固提升实施意见》（井管局发〔2017〕1 号）。接着，2017 年 12 月出台了《关于创新机制扎实推进脱贫致富奔小康工作的实施意见》（井发〔2017〕21 号）。2018 年 3 月又出台了《关于巩固脱贫成果推进乡村振兴的工作意见》（井发〔2018〕1 号）。这三个《意见》是井冈山市关于巩固提升脱贫攻坚成果的顶层设计和行动指南，对巩固提升行动的指导思想、目标任务、工作重点、实施

路径、保障措施等，进行了科学规划和全面部署。

《脱贫攻坚巩固提升实施意见》提出了“三个巩固、四个确保”的目标任务。即巩固已脱贫人口不返贫、不掉队，巩固已退出的贫困村不滑坡，巩固已取得的脱贫成果，小康路上不落一人。确保脱贫户收入只增不减，确保扶贫人口整体素质不断提升，确保农村基本公共服务能力不断增强，确保基层组织建设乡村治理体系不断完善。这“三个巩固、四个确保”目标任务，明确了巩固提升脱贫攻坚成果的努力方向，体现了与实施乡村振兴战略的有机衔接。

为了实现三个《意见》既定的巩固提升工作目标，井冈山市委、市政府精心部署和扎实推进了十项巩固提升工程：即产业扶贫巩固提升工程，就业扶贫巩固提升工程，“志智双扶”巩固提升工程，基础设施巩固提升工程，搬迁扶贫和危改安居巩固提升工程，村庄整治及美丽乡村建设巩固提升工程，教育扶贫巩固提升工程，健康扶贫巩固提升工程，社会保障扶贫巩固提升工程，生态扶贫巩固提升工程。市委、市政府对每项巩固提升工程，都细化明确了目标任务、支持政策、责任单位、推进措施、考评办法等。

四、不断创新，探索“三五制”巩固提升模式

井冈山是在全国率先脱贫摘帽的，摘帽后如何巩固提升脱贫攻坚成果，全国没有先例，没有标杆，没有可借鉴的现成模式。巩固脱贫攻坚成果，关键在于“强基固本，提升能力，建立长效机制”。那么如何做到这一点？井冈山市委、市政府从 2017 年 2 月率先摘帽开始，就一直在思考、谋划和探索巩固提升脱贫成果的思路、重点和方法。

针对前述的五个方面的短板和弱项，井冈山在巩固提升脱贫攻坚成果的实践中，围绕“强基固本，提升能力，建立长效机制”，继续探索，不

断创新，逐步形成了具有井冈山特色的工作思路和基本做法。我们将井冈山推进巩固提升的工作思路和基本做法，归纳为“坚持五个‘为’，实行五个全覆盖，提升五个能力”（或简称为“三五制”巩固提升工作模式）：

——坚持产业为根，实行特色产业全覆盖，提升“造血”功能和持续增收能力。

——坚持立志为本，实行“志智双扶”全覆盖，提升内生动力和自我发展能力。

——坚持机制为要，实行“遇困不返贫”保障机制全覆盖，提升脆弱性风险防范能力。

——坚持强基为重，实行“两基”补强全覆盖，提升衔接乡村振兴的基础条件支撑能力（“两基”即贫困村与非贫困村的基础设施、基本公共服务）。

——坚持党建为先，实行党建引领全覆盖，提升组织保障和乡村治理能力。

正是通过实施落实“三五制”及十项巩固提升工程，井冈山在强基固本，提高能力，建立起稳定脱贫不返贫、力促致富奔小康的长效机制方面，取得了实实在在的工作成效。

第六节　井冈山精神：打赢脱贫攻坚战的重要法宝

2016 年 2 月，习近平总书记第三次考察井冈山时，将跨越时空的井冈山精神概括为“坚定执着追理想、实事求是闯新路、艰苦奋斗攻难关、依靠群众求胜利”，并嘱托要“让井冈山精神放射出新的时代光芒”。作为井冈山精神的发源地，井冈山市委、市政府带领全市人民传承红色基因，不减当年拼搏精神，积极响应党的号召，像当年先辈投身革命那样，投入这场没有硝烟的脱贫攻坚伟大战役中。井冈山人民经过艰苦努力，在全国率先甩掉贫困县帽子，率先迈入巩固脱贫成果、建成全面小康的新阶段，以实际行动让跨越时空的井冈山精神放射出新的时代光芒。

一、坚定执着追理想：力图“三最”打赢脱贫攻坚战

“坚定执着追理想”是井冈山精神的灵魂，是中国革命走向胜利的指路明灯和信念支撑。追理想，既要胸怀大志，追求远大理想目标；又要脚踏实地，瞄准现实奋斗目标。脱贫攻坚期间，井冈山根据本市实际，提出了一个十分响亮的“三最”现实奋斗目标，这就是“红色最红，绿色最绿，脱贫最好”。市委、市政府以这“三最”目标，来统一全市党员干部的步调行动和努力方向。

“三最”目标的含义是：（1）红色最红——就是要打好红色传承主动战，坚持红色引领、精神驱动，努力实现红色最红，让井冈山精神放射新光芒。（2）绿色最绿——就是打好蓝天保卫战，坚持绿色崛起、绿色发展，努力实现绿色最绿，让井冈绿色绿出新精彩。（3）脱贫最好——就是打好脱贫奔小康攻坚战，坚持以脱贫攻坚统揽经济社会发展全局，努力实现脱贫最好，让井冈山振兴发展迈上新征程。

追求“三最”目标，就是努力践行习近平总书记对井冈山的嘱托——“在脱贫攻坚中作示范、带好头”；追求“三最”目标，就是弘扬井冈山精神“坚定执着追理想”，在脱贫攻坚中充分体现初心坚守和使命担当；追求“三最”目标，就是要在脱贫攻坚中自我加压、追求卓越、拒绝平庸、争当排头兵。

这几年，在“坚定执着追理想”精神的指引下，在“为让老区人民过上美好生活”信念的支撑下，在“三最”目标的激励下，井冈山在脱贫攻坚中，坚持党的领导，坚持党建引领，坚持传承“支部建在连上”的红色

基因，把加强基层党组织建设和发挥党员先锋模范作用“挺在前面”。尤其是党建引领的“四个一”，成为井冈山打赢脱贫攻坚战的最宝贵经验：即“一个党组织一面旗帜”——坚持脱贫攻坚推进到哪里，党的组织工作就跟进到哪里，让一面旗带动一方脱贫致富；“一名党员一盏灯”——坚持脱贫项目实施到哪里，党员模范作用就出现在哪里，让一盏灯照亮一群人。“四个一”的理念和做法，使基层党组织和广大基层党员成为带领群众脱贫攻坚的中坚力量。

二、实事求是闯新路：敢为人先大胆实践求创新

“实事求是闯新路”是井冈山精神的核心内涵，也是我们党的一贯思想路线。在脱贫攻坚中，井冈山市委、市政府坚持一切从实际出发，坚持把贯彻落实党的扶贫方针政策与井冈山实际相结合，在“规定动作”上讲政治规矩，不打丝毫折扣，同中央保持高度一致；在“自选动作”上敢为人先，大胆实践，勇于创新。

正是因为秉承“实事求是闯新路”的精神，井冈山市委、市政府在落实精准扶贫、精准脱贫的方法、路径和机制方面，做了大量探索和积极创新，敢于走别人没有走过的路，形成了一系列的“井冈山经验”。如在脱贫摘帽攻坚期间，围绕解决好“扶持谁、谁来扶、怎么扶、如何退”的问题，探索了“三卡识别”、“321”帮扶机制、“五个起来”、“四卡合一、三表公开”等一系列比较系统的精准施策工作路子和经验。又如，在巩固提升脱贫攻坚成果期间，围绕“强基固本、提升能力、建立长效机制”，探索了“坚持五个‘为’，实行五个全覆盖，提升五个能力”的巩固提升工作思路和方法。上述这些扶贫创新成果，符合中央关于脱贫攻坚的大政方针和政策要求，被实践证明是行之有效的，具有一定的示范性、引领性和可复制性。

三、艰苦奋斗攻难关：崇尚实干求实效

“艰苦奋斗攻难关”是井冈山精神的基石，是我们党的取胜之道、传家之宝。在脱贫攻坚中，井冈山各级干部继承了我们党的艰苦奋斗优良传统，上上下下形成了一种“崇尚实干、力戒空谈、真抓实干、知难而进”的政治生态和工作氛围。几年来，井冈山各级干部下“绣花”功夫，努力不懈地把一项又一项扶贫政策“最后一公里”问题解决到位；把一个又一个扶贫项目的实施完成落实到位；把一个又一个帮扶措施“一户不落、一人不落”地落实到户、落实到人。正是因为秉承了“艰苦奋斗攻难关”井冈山精神，坚持脚踏实地、抓铁有痕、真抓实干，才得以滴水穿石，取得率先脱贫的历史性成就。

四、依靠群众求胜利：动员各方决战决胜合力攻坚

“依靠群众求胜利”是井冈山精神的本质，是我们党夺取革命胜利的法宝之一。脱贫攻坚战是一场气势恢宏的“人民战争”，没有人民群众的广泛参与，就不可能夺取胜利。在脱贫攻坚中，井冈山市委、市政府坚定执行党的群众路线，坚持依靠群众、动员群众、组织群众，举全市之力打赢了一场没有硝烟的攻坚战。

在动员党员干部广泛参与方面，组织开展“党员干部进村户、精准扶贫大会战”，通过实施“321”帮扶工作机制，动员了3200多名党员干部参与脱贫攻坚，做到“乡乡都有扶贫团，村村都有帮扶队，每户贫困户至少有一名帮扶责任人”。

在动员群众广泛参与方面，坚持贫困群众在脱贫攻坚中发挥主体作用；坚持扶贫同扶志、扶智相结合。通过红色讲习所、乡村大讲堂，讲好红色故事，讲好身边事，激发贫困群众内生动力，提高自我发展能力。坚

持自治、法治、德治“三治”结合，完善基层治理体系，发挥村民理事会和村规民约作用，营造基层扶贫良好社会氛围。

在动员社会力量广泛参与方面，井冈山组织党政机关、企事业单位、民营企业、社会组织等，参加驻村帮扶、结对帮扶等活动；积极争取驻井部队、单位、东部地区民营企业和社会爱心人士等，参与井冈山的扶贫开发、老区建设、爱心资助等；积极招商引资，拉动市域经济发展，助推产业扶贫。通过动员各方力量，构建起政府、市场、社会协力推进的“大扶贫、大攻坚”格局。

“人是要有一点精神的。”井冈山的实践充分证明，打赢脱贫攻坚战，不能仅仅靠物力财力投入，而应更加注重以人为本，更加注重精神动力支撑。在井冈山，这一精神动力的重要来源，就是跨越时空的井冈山精神。

第二章　以脱贫攻坚统揽经济社会发展全局

习近平总书记2015年11月27日在中央扶贫开发工作会议上强调："脱贫攻坚任务重的地区党委和政府要把脱贫攻坚作为'十三五'期间头等大事和第一民生工程来抓，坚持以脱贫攻坚统揽经济社会发展全局。"①贫困县要坚持以脱贫攻坚统揽经济社会发展全局，这既是党中央对贫困县党委、政府的政治要求，也是贫困县打赢脱贫攻坚战的不二选择。

井冈山市委、市政府坚定不移地同以习近平同志为核心的党中央保持高度一致，坚持以"五位一体"总体布局、"四个全面"战略布局和创新、协调、绿色、开放、共享的新发展理念为指导，坚持把脱贫攻坚作为全市的头等大事和第一民生工程来抓，以脱贫攻坚统揽经济社会发展全局，从而实现了率先脱贫的历史壮举，开启了巩固提升脱贫成果新征程。同时，也实现了全市经济社会的快速、协调、持续发展，显示了脱贫攻坚的"溢出效应"。

第一节　脱贫攻坚推动经济社会全面发展

《中共中央 国务院关于打赢脱贫攻坚战的决定》提出的脱贫攻坚总体目标是："到2020年，稳定实现农村贫困人口不愁吃、不愁穿，义务教

① 中共中央党史和文献研究院编：《习近平扶贫论述摘编》，中央文献出版社2018年8月第1版，第40页。

育、基本医疗和住房安全有保障。实现贫困地区农民人均可支配收入增长幅度高于全国平均水平，基本公共服务主要领域指标接近全国平均水平。确保我国现行标准下农村贫困人口实现脱贫，贫困县全部摘帽，解决区域性整体贫困。”这一总体目标，既涵盖了贫困人口稳定脱贫的“两不愁、三保障”扶贫目标，也涵盖了贫困地区“一高于、一接近”（农民人均可支配收入增长幅度高于全国平均水平，基本公共服务主要领域指标接近全国平均水平）的发展目标，还涵盖了“两个确保”（确保我国现行标准下农村贫困人口实现脱贫，消除绝对贫困；确保贫困县全部摘帽，解决区域性整体贫困）的综合目标。对于贫困县来说，实现这一总体目标，不能搞“单打一”，必须坚持以脱贫攻坚统揽经济社会发展全局，坚持精准扶贫与县域发展有机结合，坚持在扶贫中促发展、在发展中促扶贫。由于井冈山市委、市政府以脱贫攻坚总体目标为导向，在工作布局上做到上述“三个坚持”，所以这几年，不仅取得率先脱贫摘帽的历史性成就，而且充分发挥了脱贫攻坚的“溢出效应”，推动了全市经济社会的全面发展。

一、综合经济实力不断增强

（一）地区生产总值和人均 GDP 快速增长

2012 年，全市生产总值为 44.04 亿元；到实现脱贫摘帽目标的 2016 年，跃升到 62.88 亿元，与 2012 年相比，年均增长 9.31%。进入脱贫成果巩固提升阶段后，2018 年全市生产总值达到 76.45 亿元，与 2016 年相比，年均增长 10.26%；与 2012 年相比，年均增长 9.63%（见图 2-1）。2012—2018 年，井冈山生产总值年均增长速度比江西省平均水平（9.12%）高出 0.51 个百分点（见表 2-1）。在近几年经济下行压力增大情况下，井冈山市的生产总值保持了年均 9% 以上的增长水平。2012 年，全市人均生产总值为 26854 元；到 2018 年增加到 48944 元，比 2012 年增长 82.26%。

表 2-1　井冈山市与江西省地区生产总值增长比较（2012—2018 年）

年　度	井冈山市		江西省	
	生产总值（亿元）	比上年增长（%）	生产总值（亿元）	比上年增长（%）
2012	44.04		13023.81	
2013	49.53	12.47	14496.95	11.31
2014	54.65	10.34	15812.48	9.07
2015	57.57	5.34	16834.80	6.47
2016	62.88	9.22	18499.00	9.89
2017	69.40	10.37	20006.30	8.15
2018	76.45	10.16	21984.80	9.89
2012—2018 年年均增长率（%）	9.63		9.12	

数据来源：江西省数据引自相关年度《江西统计年鉴》和江西省统计局网站；井冈山数据引自井冈山市各年度统计公报。

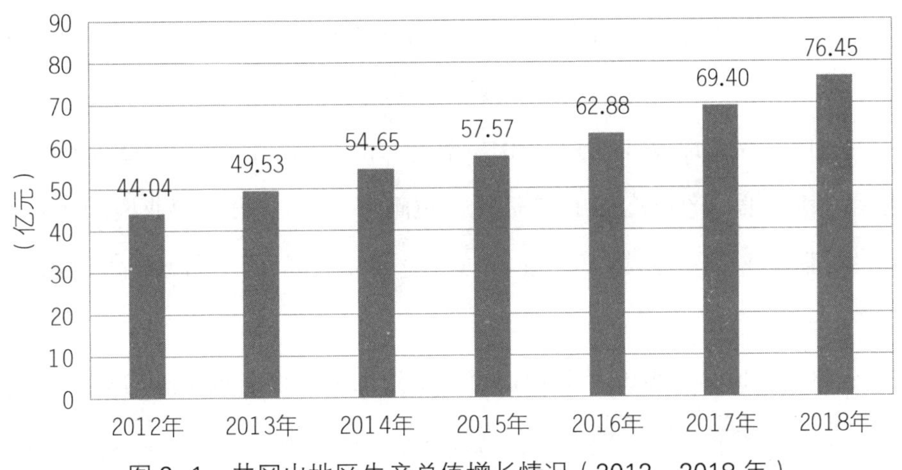

图 2-1　井冈山地区生产总值增长情况（2012—2018 年）

（二）第三产业特别是旅游业增长迅猛

2012年，井冈山市第一、二、三产业增加值分别为4.23亿元、16.42亿元、23.39亿元；三次产业比重为9.6∶37.28∶53.12。到2018年，第一、二、三产业增加值分别为5.38亿元、19.26亿元、51.81亿元，比2012年分别增长27.19%、17.29%、1.22倍；三次产业比重变动为7.0∶25.2∶67.8（见图2-2）。三次产业结构进一步向第三产业倾斜。

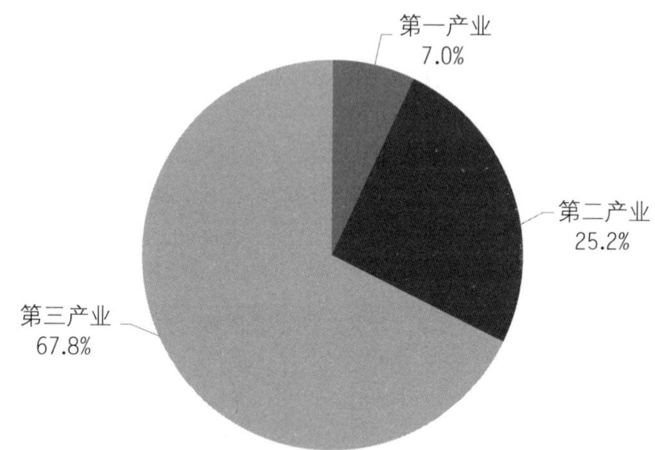

图2-2　2018年井冈山市三次产业比重结构

党的十八大以来（2012—2018年），井冈山的生产总值增加了32.41亿元，其中第一产业增加1.17亿元，贡献率3.6%；第二产业增加2.82亿元，贡献率8.7%；而第三产业却增加了28.42亿元，贡献率高达87.7%（见表2-2）。

表2-2　2012—2018年井冈山市三次产业对生产总值增加的贡献率

三次产业	全市生产总值增加（亿元）	三次产业贡献率（%）
第一产业	1.17	3.6
第二产业	2.82	8.7

续表

三次产业	全市生产总值增加（亿元）	三次产业贡献率（%）
第三产业	28.42	87.7
全市合计	32.41	100.00

以上数据分析表明，无论从三次产业比重，还是从生产总值增加贡献率来看，井冈山的第三产业发展规模已处于绝对优势。目前，井冈山旅游业在第三产业增加值中已占 70% 以上，在全部生产总值中占 50% 以上。

由图 2–3 可以看出，2001—2018 年，井冈山的旅游总收入和游客接待量均呈现“井喷式”增长态势。2018 年，井冈山游客接待量达 1839.1 万人次（高峰时每天突破 10 万人），实现旅游总收入 150 亿元；分别是 2001 年的 17.3 倍和 29.8 倍，是 2012 年的 2.17 倍和 2.39 倍。2018 年，游客人均消费达到 815.66 元，比 2001 年（470.97 元）和 2012 年（740.33 元）分别增加 344.69 元和 75.33 元。这说明，井冈山的旅游业在“留得住客”方面有了很大进展。

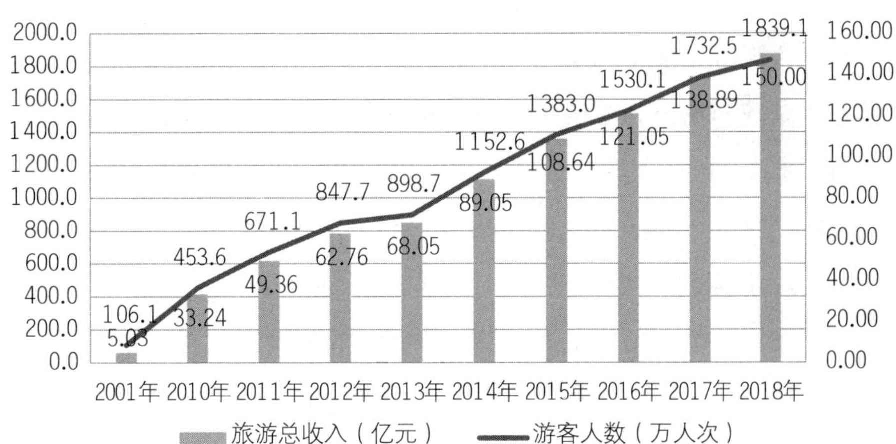

图 2–3　井冈山游客人数与旅游总收入（2001—2018 年）

井冈山旅游产业的迅速崛起，得益于国家从2004年开始大力推进红色旅游（国家自2004年开始已经出台了三期《全国红色旅游发展规划纲要》），井冈山抢抓机遇，走出了一条从红色旅游到红色培训、乡村旅游、全域旅游的发展路子。井冈山荣获了国家级重点风景名胜区、中国优秀旅游城市、世界生物圈保护区、国家5A级旅游景区、全国文明风景旅游区、国家生态旅游示范区、中国研学旅游目的地、中国十大最具投资潜力旅游目的地、江西省重点景区服务质量第一名、江西省旅游发展十佳县（市、区）、江西省最美旅游名片、江西省旅游强县、江西省全域旅游示范区等一系列美誉，旅客满意度连续六年在江西省重点景区排名第一。

更为重要的是，旅游产业迅猛发展为更多人（包括贫困人口）提供了就业机会。据井冈山市相关部门统计，井冈山旅游业的从业人员多达4万余人，占总人口近四分之一。红色旅游、红色培训同乡村旅游的融合发展，极大地增加了农民群众包括贫困群众的就业增收机会。课题组实地调查发现，有许多建档立卡贫困户通过参与乡村旅游业（包括开民宿店、办农家乐、出售农产品等），收入大幅增加，迅速摆脱了贫困。

（三）特色农业发展与工业转型调整步伐加快

农业产业仍是农村贫困人口脱贫增收的主要依托，是产业扶贫的重要载体。脱贫攻坚期间，井冈山市委、市政府根据本地资源优势，提出到2020年“打造20万亩茶叶、30万亩毛竹、10万亩名优果业”的发展目标，实施“231”产业富民工程。截至2018年，全市特色基地面积已达到29.42万亩，按乡村人口计算，人均达到2.6亩的水平。

近年来，井冈山市的工业经济正在加快转型调整、提质增效、扩能提档，注重打造“1+4”的特色经济发展格局，即以旅游产业为重点，狠抓总部经济、休闲经济、会展经济、电商经济的发展。全市现已先后引进15家总部企业，年上缴税收过亿元。电子信息、食品加工、竹木加工、陶瓷创意四大传统产业在不断转型调整、提质增效；新能源、新材料等新兴产业正在加快培育和引进。井冈山市红星城工业园区，正成为新引进项目和乡镇“飞地经济”项目聚居地，高新企业陆续入驻，有望成为井冈山市工业振兴的新引擎。正在加快实施的服务业高质量发展三年行动计划，有力地推动了现代服务业与现代制造业的深度融合，促进了旅游、文体、康养、民宿等幸福产业的发展。

（四）财政收入稳步增长

2018 年，全市实现财政收入 9.38 亿元，其中公共财政预算收入 6.06 亿元，分别比上年增长 13.0% 和 13.9%。2018 年全市人均财政收入 5505 元，比 2011 年的 3132 元增加 2373 元，年平均增长 8.4%。从变动趋势看，全市财政收入经过 2013—2015 年一段低谷后，从决战贫困的 2016 年以来的近 3 年，增长幅度又明显加快（见图 2-4）。

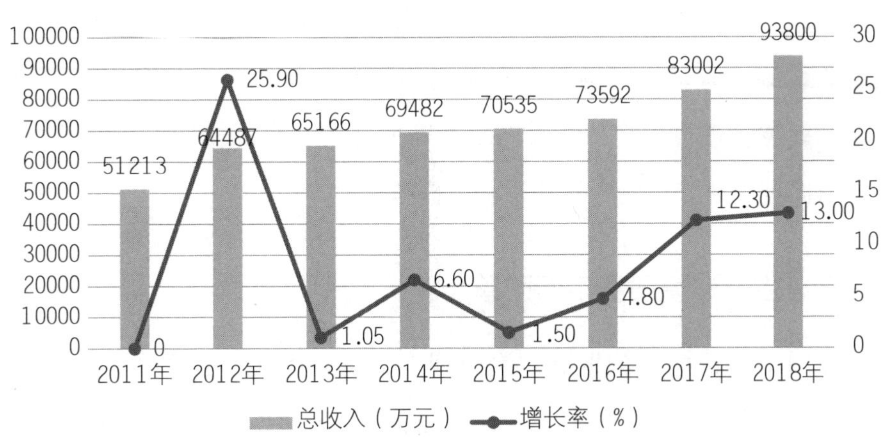

图 2-4　井冈山市财政总收入及增长情况（2011—2018 年）

二、基础设施条件不断完善

经济发展，基础先行。改革开放以来特别是 2000 年新井冈山市成立以来，井冈山的基础设施、基本公共服务设施建设日趋完善，极大地方便了人们的生活，有力地促进了经济社会发展。

围绕城乡一体化建设目标，持续改善交通条件，以高速公路、铁路、国道、机场为主骨架的立体交通网络已经形成。井冈山机场的改造升级，有力地促进了旅游产业的快速发展。市域铁路、高速公路横贯东西。全市乡村公路普遍提档达标，2019 年全面完成所有通组道路硬化，大部分农户入户路实现硬化，成规模的特色农业产业基地修建了配套基地公路。与周边省市（县）的公路连接及提质工程在加快推进。贯穿南北的宜井遂（江西宜春—井冈山—遂川县）高速公路的连通，东西走向的渝井厦（重庆—井冈山—厦门）高速铁路的立项建设，使井冈山的交通条件提高到一个新的水平。

全市以每年 6000 亩左右的速度推进土地整理。与基本农田相配套的河堤坡坝维修改造和渠系水网建设进程加快，全市各项水利设施配套齐全。居民安全饮水设施普遍得到改造，安全饮水计划基本实施到位。燃气及电力设施完善，供应畅通。农村电网改造到村入户，户户用上了动力电。光纤宽带进村入户，宽带网络覆盖率达到 98%，村村建有电商网点，有力地促进了地方特色产品外销和电商扶贫。

三、生态环境质量不断改善

井冈山市长期坚持做好“治山理水、显山露水”大文章，坚持“净水、净土、净空”保卫战，为“让清净整洁彰显在城乡每一个角落”的目标而努力。通过依托载体、细化内容、强化措施，加快改变城乡面貌。全市生态环境治理能力和治理体系不断完善，“绿水青山就是金山银山”的理念深入人心，广大群众参与生态环境建设的自觉性、主动性不断增强，生态文明建设正向着纵深领域推进，人民群众对生态环境、城乡面貌变化的满意度不断提高。

通过多种载体和途径持续推进村庄环境整治、美丽乡村建设。继实施贫困村整村推进后，抢抓美丽乡村建设、乡村振兴战略机遇，狠抓绿化美化、污水治理、垃圾处理、杂物清理、厕所革命、房屋修饰、河道整治等系列工程建设。参照 3A 级乡村旅游标准，着力打造 6 条美丽乡村示范带、2 个美丽示范乡镇、6 个美丽示范村、10 个美丽精品示范点和 1000 个美丽示范庭院；出台了《井冈山市“清净整洁”集中整治专项活动方案》《井冈山市农村“三拆一清一降”专项整治活动方案》；城乡垃圾处理一体化率达到 98%，完善了农村生活垃圾第三方治理考核评价机制，推进农村生活垃圾治理常态化、长效化管理。通过采取系列措施，全市农村现已呈现出山上柳绿花红、山下稻菽飘香，道路通畅明亮、庭院整洁美观，小河流水潺潺、春风扑面而来的美丽家园、生态家园、幸福家园的景象。

坚持森林保护、荒山绿化、见缝植绿，使全市森林覆盖率高达 86%，城镇人口人均绿地面积达到 43 平方米。狠抓节能降耗，使全市每万元 GDP 能耗下降到 0.26 吨标煤。坚持污染治理，PM2.5 平均浓度仅为每立方米 22 微克，辖区空气质量保持一级标准，优良率稳定在 100%；地表水考核断面水质达标。实施“以亩产论英雄”的资源节约导向型发展模式，推进亩均税收、亩均工业增加值、单位增加值能耗排放考核制度，提高资源利用效率。抢抓“第三批国家新型城镇化试点县”机遇，利用纪念井冈山革命根据地创建 90 周年庆典、中央电视台 2019 年春晚井冈山分会场的举办，以及平时开展的各大型旅游宣传活动的机会，推动环境治理，提高现代文明城市水平。

经过不懈努力，井冈山市的绿色生态环境处于全国一流水平。成功创建“国家生态文明建设示范市”，连续 7 年通过国家重点生态功能区县域生态环境质量考核，两度荣获“国家卫生城市”称号，成功入选“全国文明城市”提名城市。井冈山被列为江西省第二批“生态文明先进示范市”，荣获江西省“生态文明建设十大领跑县”称号，井冈山风景名胜区被认定为江西省首批“低碳旅游示范区”。

四、基本公共服务全面提升

（一）教育培训事业均衡发展

井冈山的教育事业围绕“人人有学上，人人上好学，人人都学好”的目标，进入优先发展、协调发展、促进公平、提高质量的阶段。中小学校校舍改造任务顺利完成，各类学校硬件建设全面提升；包括乡村在内的学前教育得到加强，中小学布局不断优化，高中教育进入普及阶段，中职教育同步发展。

成人教育培训事业蓬勃发展，特别是具有井冈山特色的红色教育培训成效显著。近几年，红色培训的空间不断拓展，内容不断延伸，市场不断规范，服务不断提升，在全国处于领跑位置。2018 年，共举办红色培训班 8720 期，培训学员达 52.28 万人次，同比分别增长 11.54% 和 13.23%。井冈山已成为红色教育培训的全国样板，是全国红色景区红色培训人数最多、形式最活、效果最好的地区。旅游教学与培训的内容不断拓展，规模质量年年攀升，全市旅游服务能够保持第一的水平，与旅游教育培训、学员履岗素质不无关系。就业技能培训、返乡创业培训的针对性、时效性不断得到改进与提高，其中创业培训力度加大。如 2018 年，吸引 641 人返乡培训创业，并发放创业担保贷款 4854 万元，促进返乡人员创办市场主体 374 个，带动就业 1760 人。

（二）医疗卫生条件和医疗保障全面提高

医疗卫生硬件建设不断提速，三级医疗网络健全完善。市人民医院和市第二人民医院实行了改扩建，市中医院的迁建工程抓紧推进。乡镇医院普遍提档升级，村卫生计生室规范化建设加快推进，贫困村卫生计生服务室覆盖率达到100%。集医疗、预防、保健于一体的市乡村三级医疗卫生服务体系基本健全，城乡居民的医疗保障水平不断提升。

（三）科技文化事业同步推进

通过采取规划引领、人才引进、政策激励等措施，近几年，井冈山的科技创新能力加强，科技对经济的贡献率处于逐年上升趋势。经过努力，井冈山市已先后获得“全国科技进步考核先进县”“科技富民强县专项行动计划试点县”“江西省依靠科技转变经济发展方式示范县”“江西省知识产权富民强县示范县”等多项荣誉。

城乡文化设施比较完善，市级文化艺术中心、乡镇综合文化站、村级文化书屋及文化广场基本健全。每年组织开展形式多样、喜闻乐见的群众文化惠民活动，深受百姓喜爱；每年组织开展与旅游发展相关的旅游文化节，效果显著；以红色文化培训、演艺为特色的文化产业正在蓬勃兴起。

（四）社会保障日趋完善

城乡居民基本医疗保障体系和基本养老保险制度逐步完善，保障水平逐步提升。农村贫困人口基本医疗保险和基本养老保险参保率，在政府资助下达到100%。对建档立卡贫困人口实施多重保障的健康扶贫倾斜政策，大幅减轻了贫困人口的医疗费用负担，有效遏制了因病致贫返贫。扶贫开发与农村最低生活保障两项制度实行有效衔接，努力做到“应扶尽扶、应保尽保”，市政府对建档立卡“红卡”特困户，实行低保倾斜政策，提高兜底保障水平。失业保险、社会救助等保障制度进一步完善。

五、人民生活水平显著提高

通过这几年的脱贫攻坚，井冈山市不仅稳定实现贫困人口“两不愁、三保障”，而且农民人均可支配收入增长幅度明显高于全国、全省平均水平，城乡居民的生活水平和生活质量普遍提高，获得感、幸福感日益增强。

脱贫攻坚扩大了农民收入来源，促进农民收入水平显著提升，较大幅度地缩小了与全省、全国平均水平的差距。按2013年国家住户调查统计改革可比新口径，2018年井冈山市农村居民人均可支配收入达10583元，比2013年增加4726元，五年年均增长12.56%，比同期江西省和全国的年均增幅，分别高出2.83个和3.4个百分点（见表2–3）。由于增长幅度超过了江西和全国的增长幅度，所以井冈山的农村居民人均可支配收入水平，与江西和全国平均水平的差距逐步缩小。2018年，井冈山农村居民人均可支配收入占江西省平均的比率，由2013年的64.4%上升到73.2%，提高了8.8个百分点；占全国平均的比率，由2013年的62.1%上升到72.4%，提高了10.3个百分点（见表2–3）。

井冈山市的城镇居民人均可支配收入稳定增长。2018年达到34469元，与2013年相比，五年增长52.23%；增长幅度比同期全国平均水平（48.3%）高3.93个百分点；比同期江西省平均水平（52.89%）略低0.66个百分点。但井冈山市城镇居民人均可支配收入绝对水平，这几年一直比江西省平均水平高（见表2–4）。

表2–3　井冈山农村居民人均可支配收入增长与全国及江西省比较（2013—2018年）

年　份	井冈山（元）	江西平均（元）	全国平均（元）	占江西比率（%）	占全国比率（%）
2013	5857	9089	9430	64.4	62.1
2014	6799	10117	10489	67.2	64.8
2015	7687	11139	11422	69.0	67.3
2016	8577	12138	12363	70.7	69.4

续表

年　份	井冈山（元）	江西平均（元）	全国平均（元）	占江西比率（%）	占全国比率（%）
2017	9556	13242	13432	72.2	71.1
2018	10583	14460	146614	73.2	72.4
五年年均增长（%）	12.56	9.73	9.16	提高 8.8 个百分点	提高 10.3 个百分点

数据来源：农村居民人均可支配收入全国数据引自相关年度《中国住户调查年鉴》；江西省和井冈山市数据引自相关年度《江西统计年鉴》。表中百分比数据由本课题组计算。

表 2-4　井冈山市城镇居民人均可支配收入增长与全国及江西省比较（2013—2018 年）

年　份	井冈山（元）	江西（元）	全国（元）
2013	22643	22120	26467
2014	24794	24309	28844
2015	26951	26500	31195
2016	29215	28673	33616
2017	31798	31198	36396
2018	34469	33819	39251
五年增长（%）	52.23	52.89	48.30

数据来源：全国数据引自相关年度《中国住户调查年鉴》；江西省和井冈山市数据引自相关年度《江西统计年鉴》。

六、社会治理体系逐步健全

井冈山市委、市政府在全力推进脱贫攻坚、经济建设的同时，十分重视社会治安综合治理，大力创建平安和谐社会，为脱贫攻坚、经济建设和居民生活提供安全保障。井冈山市 100% 的景区景点和 95% 的居民小区，连续六年“零发案”，公众安全感满意度测评在江西省 100 个县市区中，已连续三年位列第一，四度蝉联全省平安建设最高荣誉——“平安杯”奖。

加强基层法治建设，引导全民学法守法，对城乡居民持续进行普法教育，印发社区群众易于理解、喜闻乐见的法律法规宣传资料进入村级文化室，上村级文化墙；组织宣讲辅导、巡回演出，向群众传播法律知识。持续开展平安乡村、平安街道、平安景区和和谐庭院、和谐邻里创建活动。加强诚信体系建设，强化全社会的规则意识、契约意识，提升诚信水平，诚实守信的社会风尚在逐步形成。加强乡村治理：在加强村“两委”班子建设的同时，普遍建立村级理事会并充分发挥其作用，提高了村民群众的自治能力。通过大力弘扬和积极培育文明乡风、良好家风、淳朴民风，促进乡村文明不断进步。

第二节 以脱贫攻坚统揽发展全局的井冈山经验

作为脱贫攻坚任务较重的国家级贫困县，如何在实践中贯彻落实习近平总书记关于“坚持以脱贫攻坚统揽经济社会发展全局”的指示精神，井冈山的做法和经验值得借鉴。

一、一条红色主线贯穿始终

这条红色主线就是井冈山红色文化，是跨越时空的井冈山精神，是为人民谋幸福的初心坚守。这是信仰之基，思想之魂，力量之源；是奋斗的旗帜，制胜的法宝。无论过去、现在和未来，无论在经济建设、政治建设、文化建设还是在社会建设、生态文明建设诸方面，井冈山都始终将传承红色基因、弘扬井冈山精神作为一条红线贯穿始终、贯穿各个方面。在以脱贫攻坚统揽发展全局的伟大实践中，从决策部署、思想发动到行动举措，无不体现红色文化引领、井冈山精神传承，并与时代发展紧密相连。

历届井冈山市委在重大决策、重大部署中，都把“高举红色旗帜、弘扬井冈山精神”作为基本指导思想，作为强大动力。特别是党的十八大以来，井冈山市委、市政府先后提出并逐步形成“红色传承、绿色发展”“红色引领、绿色崛起”“红色最红、绿色最绿、脱贫最好”的战略思想和奋斗目标，体现了对红色基因传承、对井冈山精神弘扬的一步步深化、一步步推高，一步步与脱贫攻坚实践联系得更加紧密。

在井冈山这几年的党代会、人代会、脱贫攻坚动员会暨总结表彰会等大型会议上，在市委、市政府主要领导的每份工作报告中，都用专门篇幅反复讲红色文化，反复讲井冈山精神，反复讲初心坚守和使命担当。为的是不断深化认识、统一思想，进而转化成脱贫攻坚、乡村振兴和全面小康建设的巨大能量。正如市委书记刘洪同志于 2017 年 2 月 28 日在市委四届三次全会暨脱贫攻坚总结表彰大会上所讲的那样：“井冈山市在全国取得了又快又好的扶贫成果得以充分证明，所有困难在跨越时空的井冈山精神面前都显得苍白无力！”

红色文化、井冈山精神在传承中发展、在发展中深化。井冈山市委、市政府结合新时代伟大事业，结合经济转型调整、脱贫攻坚、党风廉政建设等，深入研究红色文化、井冈山精神的时代价值和指导意义，特别是与社会主义核心价值观的融合，在井冈山市释放出“感恩奋进”的时代力量，让红色文化、井冈山精神大放异彩。党的十九大以来，井冈山市紧跟中央步伐，探索红色文化、井冈山精神与新时代的融合发展、引领发展，牢固树立脱贫攻坚、全面小康“作示范、带好头”、争当排头兵的使命感、责任感。

井冈山长期开展以红色文化、井冈山精神为主导的思想政治工作，在脱贫攻坚中发挥了不可估量的作用。广大干部群众“精气神”足了，充满活力，充满激情，主动工作，积极工作，用心工作，奋力攻坚。井冈山各级干部的执行力很强，井冈山群众民风淳朴，人人都有“感恩奋进”的情怀，这与永续传承红色基因、永续弘扬井冈山精神密不可分。

二、头等大事摆在头等位置

自脱贫攻坚战打响以来，井冈山市委、市政府始终把打赢脱贫攻坚战作为重大政治任务，作为党委、政府的“头等大事”和“第一民生工程”，增强政治担当、责任担当和行动自觉，强化各级各部门党政主职负总责，层层传导压力，压实各级责任。市委、市政府每半个月专题研究一次脱贫攻坚工作。市委书记、市长每个月至少有5个以上工作日用于扶贫。市委书记遍访贫困村，乡镇党委书记和村党组织书记、第一书记遍访贫困户。

为确保全市现行标准下农村贫困人口实现脱贫、消除绝对贫困，确保摘掉贫困县帽子、解决区域性整体贫困，这几年，市委、市政府始终坚持把脱贫攻坚摆在头等位置、作为一号工程不动摇，在议事日程、发展布局、工作部署、规划编制、资源配置、投入安排、组织保障等方面，都给予了重点部署、重点安排和重点倾斜。

三、规划统揽体现举纲张目

这几年，井冈山市委、市政府的经济社会发展规划、全局性工作计划和综合性实施方案、实施意见等，如市委、市政府出台的《关于创新机制扎实推进脱贫致富奔小康工作的实施意见》《关于巩固脱贫成果推进乡村振兴的工作意见》《井冈山市国民经济和社会发展“十三五”规划》等，在努力体现“创新、协调、绿色、开放、共享”新发展理念的基础上，有两个明显特征：

（一）举纲脱贫攻坚

在各种规划、计划、方案、意见中，都把打赢脱贫攻坚战作为发展的第一要务，列为第一民生工程，处于“纲”的统揽位置或中心地位。

（二）张目经济社会发展诸方面

通过脱贫攻坚“纲举目张”效应，谋划布局各行业部门、各产业门类协同发展、同步发展。并且，每个行业部门和产业门类，围绕脱贫攻坚都有行业规划、专项计划和实施方案。这些行业规划、专项计划和实施方案的实施落地，既做实了各行业扶贫工作，也促进了各行业、各产业的自身发展。

四、精准扶贫与区域发展互联互动

井冈山的实践告诉我们：对于贫困县来说，“精准扶贫到村到户到人”与“县域经济社会整体发展”，这二者是一个互联互动的统一体，而不是矛盾对立物；二者是脱贫攻坚的两个方面。

首先，从脱贫攻坚目标来看。《中共中央 国务院关于打赢脱贫攻坚战的决定》中提出的总体目标是：“到 2020 年，稳定实现农村贫困人口不愁吃、不愁穿，义务教育、基本医疗和住房安全有保障。实现贫困地区农民人均可支配收入增长幅度高于全国平均水平，基本公共服务主要领域指标接近全国平均水平。确保我国现行标准下农村贫困人口实现脱贫，贫困县全部摘帽，解决区域性整体贫困。”《中共中央 国务院关于打赢脱贫攻坚战三年行动的指导意见》对脱贫攻坚目标进行了重申：“确保现行标准下农村贫困人口实现脱贫，消除绝对贫困；确保贫困县全部摘帽，解决区域性整体贫困。”上述脱贫攻坚目标包含了两个层次目标：一个是针对贫困人口的目标；另一个是针对贫困县贫困地区的目标。针对贫困人口，要确保现行标准下农村贫困人口实现“两不愁、三保障”脱贫目标，消除绝对贫困，就必须坚持精准扶贫、精准脱贫方略，因人因户施策，实行“靶向疗法、精确滴灌”。针对贫困县，要确保贫困县摘帽，实现“一高于、一接近”，解决区域性整体贫困，就必须在实施精准扶贫到村到户到人的同时，着力推进区域性经济社会整体发展、整体进步。只有这样，才能解决贫困县贫困地区的区域性整体贫困。

其次，从精准扶贫与区域发展内在联系来看。落实精准扶贫到户到人，确保贫困人口实现“两不愁、三保障”，这本身就需要通过发展区域性特色支柱产业、通过区域经济增长，给贫困人口提供更多就业增收机会；本身就需要通过加强交通、电力、水利、信息化等基础设施建设，来改善贫困群众的基本生产生活条件；本身就需要通过发展教育、医疗卫生、安全住房、民生保障等基本公共服务社会事业，来实现“三保障”，消除多维贫困。一方面，精准扶贫到村到户到人，不可能“孤军奋进”，它需要区域经济和社会事业发展作支撑、当后盾、作平台。另一方面，精准扶贫到村到户到人，也为区域经济和社会事业发展，特别是农村经济和农村社会发展，提供了难得的机遇和发展引擎。井冈山的实践证明，大量扶贫资金投入和扶贫项目实施，不仅有效解决了贫困人口的精准脱贫问题，而且有效改变了广大农村特别是贫困村的贫穷落后面貌，为农村全面小康和乡村振兴奠定了坚实基础。

这些年，正是因为井冈山正确处理了精准扶贫与区域发展的关系，坚持以脱贫攻坚统揽经济社会发展全局，实行二者协同推进、联动发展，所以取得了在全国率先脱贫摘帽和区域经济社会全面快速发展的可喜成绩，交出了一份满意答卷。

五、统筹安排讲求精细配套

在井冈山，“坚持以脱贫攻坚统揽经济社会发展全局”并不是一句空洞口号，也不是大而化之停留在一般规划愿景上，而是作为一项系统工程，统筹安排、细化分解到各个领域、各个部门、各项工程、各个具体项目。每一项具体工作、具体工程项目（如十大巩固提升工程），都有完整的实施方案和实施细则，有具体目标、主要任务、操作程序、资金保证、进度计划、组织措施、管理办法、考核要求等。这些细化安排，环环紧扣、主次分明、前后连贯、相互配套，具有很强的可操作性。

总之，井冈山市无论是脱贫摘帽、巩固提高，还是国民经济和社会发展，从市级决策部署、规划设计、政策支持、机制创新、督查追责、组织保障等，到市直部门、乡镇街办、大中型企业的实施方案，再到村级规划、村组落实意见等，其工作举措成龙配套，而且纵向、横向都比较客观、连贯、系统、精细、清晰，这是井冈山市以脱贫攻坚统筹全面发展的“秘诀”之一。

六、承前启后一届接着一届干

井冈山的基本市情决定了它的发展需要有一定的定力。根据事物变化和客观实际，实事求是、与时俱进地完善发展战略，这是必需的；任何不切实际的“标新立异、推倒重来”的“穷折腾”，势必影响区域经济社会的健康发展、持续发展。这些年，井冈山市委、市政府一直秉承“承前启后、继往开来”的理念，对脱贫攻坚、对市域经济发展，没有出现“一个师傅一道法”的现象。

这种科学决策、有序设计、承前启后、连贯推进的工作思路和执政理念，从每届党代会报告、每年政府工作报告，以及井冈山市国民经济和社会发展“十二五”“十三五”规划等重要文件中可见一斑。这既保持了发展定力，又体现了开拓进取、改革创新。正是由于坚持一届接着一届干，一张蓝图绘到底，才有了今天井冈山的跨越式、可持续的良好发展局面。

第三章　三卡识别与分类精准施策

打赢脱贫攻坚战的基本方略是精准扶贫、精准脱贫。实施精准扶贫、精准脱贫基本方略，必须以习近平总书记“六个精准”“解决好四个问题”“五个一批”重要论述为指导，建立起一整套精准扶贫工作机制。其中，两个环节至关重要：一是扶贫对象的精准识别；二是在精准识别的基础上实行精准施策。井冈山市率先脱贫摘帽的主要经验之一，就是在建立健全精准扶贫工作机制中，认真落实国家关于建档立卡工作的规定要求，并结合本市实际，创造性地提出并开展贫困户“三卡”精准识别和“五个起来”分类施策，从而确保了扶贫对象识别精准，因户因人施策精准，为全市率先脱贫摘帽扣好了“第一粒扣子”并取得精准帮扶实效，打下了坚实基础。

第一节　贫困户三卡分类精准识别

从 2014 年开始，国家在全国范围内开始建立精准扶贫工作机制，推行扶贫对象精准识别、精准施策、精准退出、动态管理建档立卡工作。井冈山市的红卡、蓝卡、黄卡贫困户概念和识别机制，正是在全国全面推进扶贫建档立卡过程中创新提出和率先实践的。

一、建档立卡精准识别工作背景与基本要求

（一）建档立卡精准识别的顶层部署

2013 年 11 月，习近平总书记考察湖南省湘西土家族苗族自治州花垣县十八洞村，首次提出“精准扶贫”理念。这一理念，抓住了新形势下做好扶贫工作的要害。2013 年 12 月，中共中央办公厅、国务院办公厅印发《关于创新机制扎实推进农村扶贫开发工作的意见》（中办发〔2013〕25 号），明确提出“建立精准扶贫工作机制”，对建档立卡工作作出如下部署：“国家制定统一的扶贫对象识别办法。各省（自治区、直辖市）在已有工作基础上，坚持扶贫开发和农村最低生活保障制度有效衔接，按照县为单位、规模控制、分级负责、精准识别、动态管理的原则，对每个贫困村、贫困户建档立卡，建设全国扶贫信息网络系统。”

为贯彻落实中办发〔2013〕25 号文件精神，2014 年 4 月，国务院扶贫办印发《扶贫开发建档立卡工作方案》（国开办发〔2014〕24 号），专项部署扶贫建档立卡工作，标志着全国范围内贫困户、贫困村精准识别建档立卡工作的全面展开。国务院扶贫办要求，2014 年底前，在全国范围内建立贫困户、贫困村、贫困县的电子信息档案，并向贫困户发放《扶贫手册》。以此为基础，构建全国扶贫信息网络系统，为精准扶贫工作奠定基础。

纳入全国扶贫开发建档立卡信息系统进行监测管理的扶贫对象，主要有三个层次：贫困户、贫困村和贫困县。其中，需要进行精准识别的扶贫对象有两大类：一是贫困户，二是贫困村。尤其是精准识别贫困户，是建档立卡工作的重中之重。在广大农村特别是贫困地区农村，如何将贫困户从全体农户中精准识别出来，这是一项政策性很强、涉及面广、工作量大、基层矛盾挑战较多、难度很大的具体工作。

（二）对贫困户实行精准识别的重要性和必要性

为什么要对贫困户实行精准识别？其目的是提高扶贫的针对性、有效性，为将传统的“大水漫灌”扶贫方式转变为“精准滴灌”方式，提供“标的”对象或有的放矢“靶向”。具体来说，其重要性和必要性主要体现在三个方面：

1. 精准识别是为了找准精准扶贫工作对象。精准识别是精准扶贫的“第一颗纽扣”。显而易见，如果扶贫工作对象错位，“第一颗纽扣”扣错了，那么一切扶贫政策措施将落实不到真正的扶贫对象身上，这样的扶贫活动和扶贫投入将是低效的或无效的，甚至很有可能出现扶富不扶贫，加剧农村贫困状态和社会不公平现象。

2. 精准识别是为精准施策提供对策依据。精准识别不仅仅是把贫困户从农户中找出来，而且还要对贫困户进行“贫困诊断”，分析贫困状况，找准致贫原因，摸清帮扶需求，为一家一户量身定制扶贫措施，“对症下药、靶向疗法”，因户因人精准施策，提供决策信息和对策依据。

3. 精准识别是为精准脱贫评估提供跟踪指向。贫困地区贫困人口是否实现脱贫目标，不仅要看贫困县、贫困村，更重要的是要看贫困户。对于贫困户来说，精准识别是脱贫攻坚的起点，精准施策是脱贫攻坚的过程，精准脱贫是脱贫攻坚的结果。有了精准识别，就可以对已识别出来的贫困户进行跟踪评估，看贫困户是否实实在在地得到政策扶持，是否实实在在地发生生活变化，是否切实达到了“两不愁、三保障”的脱贫目标。精准识别将扶贫对象相对固化，政策指向和评估指向将自始至终保持一致性。

（三）贫困户精准识别的基本要求

国务院扶贫办的《扶贫开发建档立卡工作方案》及各省的相关文件，对贫困户的精准识别工作提出了一些基本的规范性要求。

1. 识别标准。国家要求，以农户收入为基本依据，同时综合考虑住房、教育、健康等情况。全国统一的贫困户收入水平识别标准，是以2010年不变价2300元国家农村扶贫标准为识别标准。住房、教育、健康等情况，按是否达到“三保障”要求以及是否出现长期的、高额的支出性贫困现象进行综合识别。国家允许各省、自治区、直辖市在确保完成国家农村扶贫标准识别任务的基础上，结合本地实际，按本省标准开展贫困户识别工作。若省级识别人口规模大于国家发布数的，可在国家发布数基础上上浮10%左右。识别出来的扶贫对象全部纳入全国扶贫信息网络系统统一管理。

2. 识别程序。贫困户识别的基本程序是：（1）农户自愿申请。（2）行政村召开村民代表大会进行民主评议，形成初选名单。（3）由村委会和驻村工作队对初选名单进行核实，并在村内进行第一次公示。（4）经第一次公示无异议后，上报乡镇人民政府；乡镇人民政府对各村上报的初选名单进行审核后，确定全乡（镇）各村贫困户名单，并在各行政村进行第二次公示。（5）经第二次公示无异议后，报县扶贫办复审，复审结束后在各行政村公告。

3. 大数据甄别。运用部门信息共享大数据技术手段，对拟纳入建档立卡信息系统的农户进行逐户甄别，看是否有“硬伤”，以确保扶贫对象的精准性。如江西省扶贫和移民办《关于进一步精准识别贫困户贫困村的指导意见》（赣扶移综字〔2015〕80号），规定对以下七种情况的农户，在精准识别评议贫困户时，原则上予以一票否决：（1）在集镇、县城或其他城区购（建）商品房、商铺、地皮等房地产（不包括搬迁移民扶贫户）或现有住房装修豪华的农户；（2）拥有家用小汽车、大型农用车、大型工程机械、船舶等之一的农户；（3）家庭成员有私营企业主，或长期从事各类工程承包、发包等营利性活动的，长期雇用他人从事生产经营活动的农户；（4）家中长期无人，无法提供其实际居住证明的，或长期在外打工，人户分离的农户；（5）家庭成员中有自费出国留学的；（6）因赌博、吸毒、打架斗殴、寻衅滋事、长期从事邪教活动等违法行为被公安机关处理且拒不改正的农户；（7）为了成为贫困户，把户口迁入农村，但实际不在落户地生产生活的空挂户，或明显为争当贫困户而进行拆户、分户的农户。同时，江西省规定有以下情况的，从严审核和甄别：（1）家中有现任村委会成员的农户；（2）家庭成员中有在国家机关、事业单位、社会团体等由财政部门统发工资，或在国有企业和大型民营企业工作，收入相对稳定的农户；（3）购买商业养老保险的农户；（4）对举报或质疑不能做出合理解释的农户。

二、三卡分类识别的提出与完善

（一）贫困户分类识别思路的初步提出

2014年1月，井冈山市委、市政府为贯彻落实中共中央办公厅、国务院办公厅《关于创新机制扎实推进农村扶贫开发工作的意见》（中办发〔2013〕25号）和中共江西省委办公厅、江西省人民政府办公厅《关于全面推进农村扶贫帮扶到户工作的意见》（赣办发〔2013〕13号）精神，出台了《井冈山市扶贫帮扶到户工作方案》（井办发〔2014〕2号）（以下简称《方案》）。《方案》对全市扶贫对象建档立卡工作进行了部署，要求“各乡镇、村要结合统计调查部门的贫困人口分布情况及农户收入状况，公正、公平、公开地做好贫困户的甄别、核实、调整工作，分特困户（占贫困人口数的30%）和一般贫困户分别确认上报”。《方案》要求对识别出来的扶贫对象户和低保户，建立科学规范的纸质档案和电子档案，做到户有卡、村有簿、市乡有电子档案。

我们注意到，《方案》首次提出将建档立卡贫困户分成特困户（约占贫困人口数的30%）和一般贫困户，这一识别思路为后来井冈山市完善

“三卡识别”工作机制奠定了基础。并且，《方案》对分类识别后的因户制宜、精准施策进行了跟进，提出了以下具体要求：“要针对帮扶对象的不同贫困成因，制定针对性强、组合式的帮扶措施。坚持开发式扶贫、产业化扶贫和就业扶贫等各种扶贫模式相结合，创新工作方式方法，做到精准到户、帮扶到户、扶贫效益到户。”

（二）三卡识别概念的正式提出和完善

井冈山市的三卡识别，是在 2014 年贫困户精准识别建档立卡工作基础上，对建档立卡贫困户按贫困程度进行的再识别、再细分。细分类别为红卡户、蓝卡户、黄卡户三类。井冈山对这“三卡户”的界定是：

1. 红卡户，即深度贫困户，亦称“无力无业户”。家庭及主要成员基本特征是，年老体弱、因病因残丧失或基本丧失劳动能力，属村中最穷、贫困程度最深的特困户。

2. 蓝卡户，即一般贫困户，亦称“有力无业户”。家庭及主要成员基本特征是，有一定的劳动能力，但没有可靠的产业基础和稳定的收入来源，且家庭贫困程度较深的普通贫困户。

3. 黄卡户，即边缘贫困户。家庭及主要成员基本特征是，有劳动能力，家庭收入水平处于贫困线边缘，贫困程度较轻的贫困户；或新近脱贫且仍面临一定返贫风险的建档立卡户。

“红卡户”“蓝卡户”概念，是井冈山市委、市政府为深入贯彻落实习近平总书记 2015 年 3 月 6 日在参加十二届全国人大三次会议江西代表团审议时的重要讲话精神，于 2015 年 5 月 11 日出台的《关于开展“党员干部进村户、精准扶贫大会战”的实施意见》(以下简称《实施意见》)中正式提出的。

《实施意见》要求全市党员干部立下愚公志，打好攻坚战，让老区人民同全国人民一起，共享全面建成小康社会成果。《实施意见》对打好精准扶贫攻坚战的指导思想、目标任务、方法步骤、政策保障、目标考核、组织领导等作出全面部署。《实施意见》提出：围绕“在全省率先实现脱贫、不让一名困难群众掉队”这一总体目标，在精确掌握“红卡户”“蓝卡户”的基础上，打好精准扶贫攻坚战。

《实施意见》对“红卡户”“蓝卡户”的精准识别工作作出具体部署，要求各驻村工作队和派驻单位党员干部在调查摸底的基础上，采取“询、看、访”的方式，按照“一准、两清”的程序，对贫困户进行复核。“一准”，即精准识别，把帮扶对象弄准确，与乡（镇、场）共同确定，进行最后公示；“两清”，即把贫困原因摸清，把帮扶思路厘清。通过制作“红卡”“蓝卡”的形式，采集户主姓名、家庭基本信息、贫困成因、收入现状等相关信息，完善贫困户建档立卡信息系统。

“黄卡户”的概念，是2015年井冈山市按照江西省扶贫主管部门要求，对2014年建档立卡数据进行“回头看”而提出的。通过“回头看”，将一部分有劳动能力、家庭收入水平处于贫困线边缘、贫困程度较轻的贫困户，或2014年已列入脱贫且仍面临一定返贫风险的建档立卡贫困户，作为“黄卡户”继续给予政策扶持。

红、蓝、黄三卡户分类识别的提出和落实，克服了建档立卡贫困户“一笼子”识别（即所有贫困线下的贫困户经识别后都进“一个笼子”）不精细的弊端，为接下来实行因户因人、因贫困原因、因贫困类型精准施策创造了先决条件，扣好了“第一颗纽扣”。

第二节　以程序公正确保三卡识别结果公正

为确保农村贫困户精准识别，国务院扶贫办印发的《扶贫开发建档立卡工作方案》，对贫困户识别的基本程序作出了相应规定。这一程序简称

“一申请、一评议、三审制、两公示一公告”，是国家的“规定动作”。井冈山市的贫困户“三卡识别”工作，是在遵循或完成国家“规定动作”的同时，根据本地实际提出“村内最穷、群众公认、赋权基层、乡镇平衡、市级把关、公开透明”的原则，采取“12345”方法来加以认定。“12345”即：“一访（走访调查农户）、二榜（村组和圩镇张榜公示）、三会（村民代表会议、村‘两委’会议、乡镇班子会议）、四议（村民小组提议、村民代表评议、村‘两委’审议、乡镇党政班子会决议）、五核（村民小组核对、村‘两委’初核、驻村工作队核实、乡镇仲裁小组核查、乡镇党政班子审核）。”这是一种赋权增能方法，体现了基层民主和群众参与原则，从而确保了贫困人口识别的精准度和群众公认度。

一、贫困户三卡识别的基本程序

井冈山的“三卡识别”操作程序主要有十个工作步骤，我们称其为“十步工作法”。具体如下：

（一）宣讲识别政策

召开村民户主代表大会，原原本本地宣传讲解关于贫困户的识别标准、识别程序、评议规则，以及国家相关扶贫政策，让村民家喻户晓，让户主人人明白。

（二）农户自愿申请

在宣讲贫困户识别政策和相关扶贫政策基础上，由农户自愿提出贫困户资格评议申请。设定农户自愿申请这一程序，主要基于两点：（1）基于福利理论假设——每个人是对自己或家庭福利状况的最好判断者。自己和家人收入状况如何，生活过得怎么样，农民自己最清楚、最有发言权。（2）基于权利尊重——尊重农户的选择权利和自主意愿。选择申请贫困户，意味着选择政府和他人提供帮助。但并不是所有的困难家庭都愿意戴上“贫困户”的帽子。基于以上两点，井冈山在识别贫困户过程中，坚持由农户自主作出选择，由农户自主决定是否向村里提出贫困户资格评议申请。

（三）村组评议推荐

在农村，村民小组是一个基层社区共同体，是一个熟人社会。村民小组各家各户世代生活在一起，相互比较了解，大家对各家各户的人员构成、收入能力、健康状况、生活境况等比较熟悉。因此，村民小组的农民对本组农户中，哪些相比较而言要贫困些，哪些符合贫困户识别条件，最有发言权，只要是秉公评议、秉公推荐，一般识别比较精准。因此，井冈山市的贫困户识别，在农户自愿申请基础上，设置了“村民小组评议推荐”程序。这一程序的设置有 3 点考虑：一是考虑村民小组是一个熟人社会，农户间相互比较熟悉，精准识别有了可靠的基础；二是尊重了农民和农村最基层组织的民主参与权利；三是推荐结果能尽量体现“村内最穷、群众公认”的原则，可最大限度地减少或避免基层社会矛盾。

（四）村级核查提名

由村“两委”、驻村工作队对各村民小组民主推荐上报的贫困户名单进行入户核查。对拟提名贫困户的家庭成员、土地资源、劳动能力、收入状况、吃饭穿衣、用水用电、住房安全、子女就读、医疗健康、低保养老、致贫原因等方面的情况，进行全面深入仔细的核查核实。核查完成之后，由村“两委”、驻村工作队研究商议，形成一份提交村民代表大会民主评议的贫困户提名及三卡户分类讨论名单。

（五）村民民主评议

根据《村民委员会组织法》，召开村民代表大会，由村“两委”、驻村工作队向参会村民代表说明贫困户提名名单的产生过程、核查结果及三卡分类依据等。村民代表对提名名单进行民主评议，充分发表意见。在民主评议基础上进行投票表决，以确定贫困户初选名单及三卡分类名单。

（六）村级初审公示

由村“两委”、驻村工作队开会研究，对村民代表大会民主评议、表决通过的贫困户初选名单及“三卡”分类，进行村级初审。然后，将初审通过的名单在村内进行张榜公示，征求群众意见，接受群众监督。

（七）乡镇核查仲裁

各村将公示后的贫困户及“三卡”分类初选名单上报乡镇。乡镇收到上报名单后，由乡镇成立扶贫仲裁委员会予以核实，并对有疑问的通过核查后予以仲裁。成立乡镇扶贫仲裁委员会，是2015年4月井冈山市扶贫开发领导小组在《井冈山市扶贫开发建档立卡复查工作方案》中提出的。乡镇扶贫仲裁委员会的成员，一般由乡镇分管扶贫领导、纪委书记、司法所长、扶贫专干、乡镇法律顾问、驻村第一书记和村党支部书记代表，以及有威望、处事公道的乡贤村民等组成。乡镇扶贫仲裁委员会的主要职责是：（1）对各村上报的贫困户名单进行再次核实。（2）对贫困户名单公示过程中，群众反映的问题进行核查，并提出仲裁意见。（3）对村级贫困户识别过程中政策界限不清、拿捏不准或有争议的问题，给予权威解答或提出仲裁意见。乡镇扶贫仲裁委员会实行“一人一票”民主决策制，而不是由少数乡镇领导人说了算。成立乡镇扶贫仲裁委员会仲裁解决贫困户精准识别过程中的“疑难杂症”，是井冈山市的一个创新。这一创新，从制度机制设计上保障了贫困户识别程序的公正性和识别结果的精准性。

（八）乡镇审核公示

各村上报的贫困户及“三卡”分类名单，经乡镇扶贫仲裁委员会核实或核查仲裁后，形成正式名单，提交乡镇党委、政府领导班子会议进行审核。然后，将审核通过的名单在各行政村进行第二次公示。

（九）市级复审公告

各乡镇将第二次公示无异议的贫困户及“三卡”分类名单，上报井冈山市扶贫主管部门进行复审。市扶贫主管部门复审结束后，将名单在各行政村进行公告。

（十）统一分类建卡

公告结束后，由各乡、村按市里统一制式，对红卡户、蓝卡户、黄卡户分别填写、发放或户内张贴《三卡分类贫困户基本信息表》《三卡分类扶贫手册》《三卡分类结对帮扶公示卡》《三卡分类贫困户收益确认公示表》，以便分类施策，并接受群众监督。

上述10道程序和步骤见图3-1。由此可见，井冈山市贫困户“三卡”识别的操作流程和工作线路十分清晰。

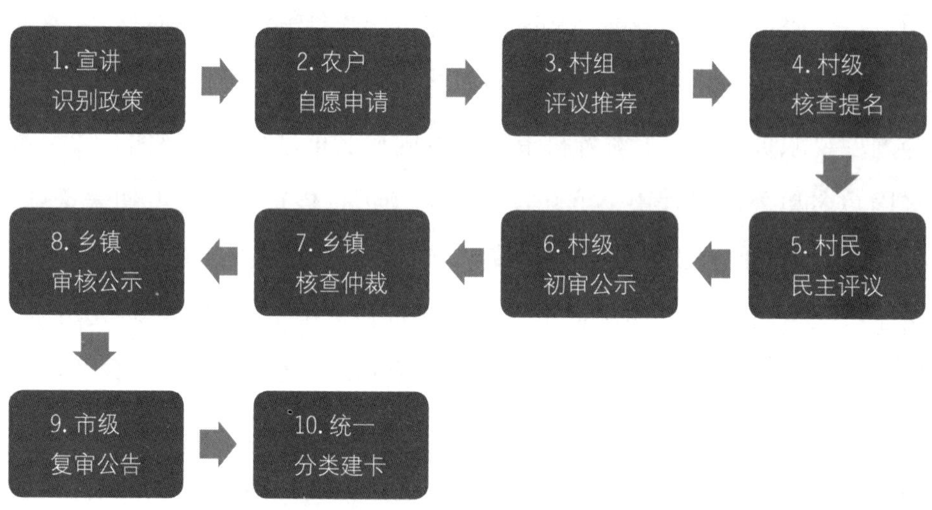

图3-1 井冈山市贫困户“三卡”识别基本程序（十步工作法）

同时，为了确保贫困户精准识别，井冈山市还规定了“三个严禁、五类对象不准”：即严禁优亲厚友，严禁提供虚假信息，严禁拆户、分户和空挂户；对购买家用或商用汽车、购买商品房、建豪华住宅、家有国家公职人员、经商办企业五类对象，不准纳入建档立卡贫困户对象。

二、程序公正保证了识别结果公正

井冈山的贫困户识别及“三卡户”分类，不仅在识别标准上是严格按国家规定执行的，而且在操作程序上也是公正、公开、透明的。从前述的10道程序来看，其程序公正主要体现在四个方面：（1）维护了农民群众在基层社区活动中当家做主的政治权利，体现了民主参与和农民群众的主体地位。（2）识别评议过程是自下而上独立进行的，尊重了本村群众的意愿和自主选择，最大限度地避免了来自外部的不正当干预或干扰。（3）建立了村、乡、市三级审核机制，体现了民主基础上的集中决策。（4）政策信息和审核结果是公开透明的，并进行“两公示一公告”，便于接受群众监督，形成一种监督机制和纠错机制。

在2014年贫困户精准识别建档立卡工作基础上，2015年上半年井冈山市结合“回头看”，按照上述10道程序或“12345”方法，对全市建档立卡贫困户进行了三卡户再识别、再细分。最终识别的结果是：2014年底，全市纳入建档立卡贫困户4638户16934人。其中，红卡户（深度贫困户）1483户5014人，分别占总数的31.98%、29.61%；蓝卡户（一般贫困户）2218户7787人，分别占47.82%、45.98%；黄卡户（边缘贫困户）937户4133人，分别占20.20%、24.41%（见表3-1）。

由于井冈山市的贫困户三卡识别，遵循了“村内最穷、群众公认、赋权基层、乡镇平衡、市级把关、公开透明”的原则，用程序的公正性保证了识别结果的公正性和精准性，各乡村基层和广大农户对识别公布的三卡贫困户名单均表示认同，没有发生明显的社情矛盾。

表3-1 井冈山市建档立卡贫困户三卡分类识别结果
（2014年底）

三卡户分类	户数（户）	占贫困户总数比重（%）	人数（人）	占贫困人口总数比重（%）
红卡户：深度贫困户	1483	31.98	5014	29.61
蓝卡户：一般贫困户	2218	47.82	7787	45.98
黄卡户：边缘贫困户	937	20.20	4133	24.41
全市建档立卡贫困户合计	4638	100.00	16934	100.00

说明：
（1）红卡户即深度贫困户——年老体弱、因病因残丧失或基本丧失劳动能力的特困户。
（2）蓝卡户即一般贫困户——有一定的劳动能力且家庭贫困程度较深的贫困户。
（3）黄卡户即边缘贫困户——有劳动能力、家庭收入水平处于贫困线边缘、贫困程度较轻的贫困户，或新近脱贫且仍面临一定返贫风险的建档立卡户。

第三节 实行三卡户分类扶持精准施策

精准识别贫困户，精准诊断致贫原因，是为了瞄准建档立卡贫困户，实行精准帮扶、精准施策、对症下药。井冈山市在精准识别三卡贫困户的基础上，对贫困户的致贫原因做了深入分析，有针对性地制定和出台了一系列精准扶贫到户到人的政策措施，实行分类施策。本书将井冈山的到户到人扶持政策分成两大类别：一类是针对所有建档立卡贫困户的统一扶持政策；另一类是针对红卡、蓝卡、黄卡户，体现有差异的分类扶持政策。这种政策结构，体现了“有统有分、统分结合、政策叠加、精准发力”的工作思路。

一、井冈山贫困人口构成与致贫原因

经精准识别，2014 年底井冈山共有农村建档立卡贫困人口 16934 人，其中普通贫困人口（即未纳入低保、五保贫困人口）13058 人，占贫困人口总数的 77.11%；低保贫困人口 3783 人，占 22.34%；五保贫困人口 93 人，占 0.55%。也就是说，井冈山市的建档立卡贫困人口中，有 77% 以上需要采取扶贫开发方式，而不是靠低保、五保兜底方式来解决他们的精准脱贫问题。

那么，井冈山市建档立卡贫困人口的主要致贫原因是哪些呢？据对建档立卡信息系统数据统计分析，井冈山市 4638 户贫困户的主要致贫原因（每个贫困户只单选一条原因）的排序如下：第一位是因病致贫，2565 户，占贫困户总数的 55.3%；第二位是因残致贫，848 户，占 18.3%（因病因残共占 73.6%）；第三位是缺劳动力，424 户，占 9.1%；第四位是缺技术能力，287 户，占 6.2%；第五位是因学致贫，161 户，占 3.5%；第六位是缺生产资金，149 户，占 3.2%；第七位是自身动力不足，112 户，占 2.4%。井冈山市因这七条原因而致贫的贫困户，共占贫困户总数的 98%（见表 3–2 和图 3–2）。也就是说，“三因四缺”（因病、因残、因学，缺劳动力、缺技术能力、缺生产资金、缺内生动力）是 98% 的贫困户的主要或首要致贫原因。而其他致贫原因贫困户，如因灾、缺土地、交通条件落后等，共计占比仅 2%。对致贫原因的分析，对于制定有针对性的扶贫到户政策，有着重要的导向意义。

表3-2　井冈山市建档立卡贫困户主要致贫原因排序（2014年）

主要致贫原因排序	主要致贫原因贫困户数量（户）	主要致贫原因贫困户占比（%）
1. 因病致贫	2565	55.3
2. 因残致贫	848	18.3
3. 缺劳动力	424	9.1
4. 缺技术能力	287	6.2
5. 因学致贫	161	3.5
6. 缺生产资金	149	3.2
7. 自身动力不足	112	2.4
8. 因灾致贫	55	1.2
9. 其他致贫原因	16	0.4
10. 交通条件落后	11	0.2
11. 缺土地	9	0.2
全市合计	4638	100.0

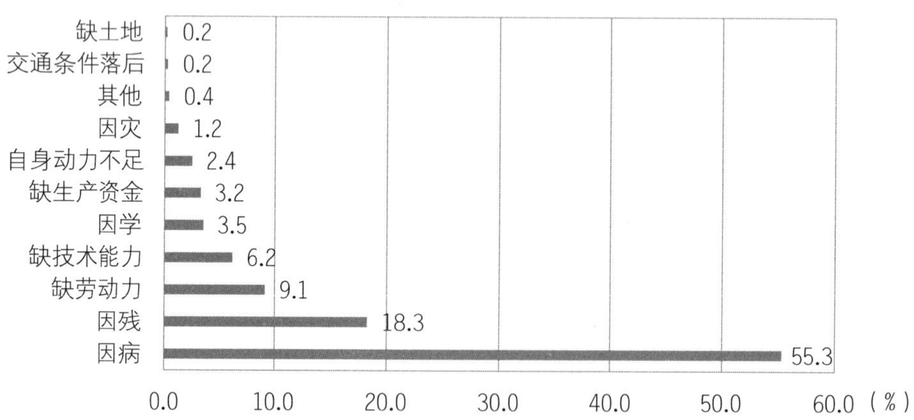

图3-2　井冈山市建档立卡贫困户主要致贫原因排序（2014年）

为了比较分析井冈山市“三卡户”的基本特征和致贫原因，本课题组对井冈山市10个行政村61户贫困户进行了随机抽样访谈问卷调查。这61户贫困户的分类构成是：红卡户30户120人；蓝卡户27户101人；黄卡户4户17人。由于黄卡户数量太少，所以我们只对红卡户、蓝卡户的特征和主要致贫原因进行分析比较。由表3-3可看出：（1）红卡户的家庭人口5人及以上户占比为36.7%，比蓝卡户高出14.5个百分点，说明红卡户家庭人口相对要多一些。（2）红卡户65岁以上老年人口占比为19.2%，比蓝卡户高出5.3个百分点，说明红卡户的老年贫困现象比蓝卡户严重。（3）红卡户、蓝卡户的第一、第二致贫原因，均为因病、因残。也就是说，红卡户90%的是因病因残致贫。（4）红卡户缺劳动力致贫户占比为6.7%，蓝卡户占比为7.4%，二者只相差0.7个百分点。（5）蓝卡户因学致贫占比14.8%，而红卡户因学致贫占比为0，说明蓝卡户子女就读人数多，因学致贫更为突出。

表3-3 井冈山市随机抽样访谈问卷红卡蓝卡贫困户特征数据
（调查日期：2018年12月20日至24日）

贫困户类型	家庭人口5人及以上户占比（%）	65岁以上老年人口占比（%）	主要致贫原因占比（%）						
			小计	因病	因残	因学	缺劳动力	缺资金	其他
红卡户	36.7	19.2	100	63.3	26.7	0	6.7	0	3.3
蓝卡户	22.2	13.9	100	55.6	11.1	14.8	7.4	3.7	7.4

尽管随机抽样访谈问卷调查贫困户样本偏少（仅仅61户），但从一定程度上还是可以说明一些问题。比较分析结果初步表明：（1）井冈山市的“三卡”识别尤其是红卡户、蓝卡户的分类识别是精准的，体现了对红卡户、蓝卡户的特征定义。（2）这种“三卡”分类识别，至少从致贫原因和

家庭人员特征上，对于政府采取因户、因人、因贫困原因施策，实施有针对性、差异性的精准扶贫，提供了较精确的靶向。这对于提高扶贫政策措施的有效性十分重要。

二、针对建档立卡贫困户的统一扶持政策

井冈山市针对所有建档立卡贫困户的到户到人统一扶持政策，主要有以下 9 项：

（一）产业发展奖补

对建档立卡贫困户发展特色产业项目且规模达到 1 亩以上，财政给予以下奖补政策：①发展茶叶种植，每亩奖补 1200 元。②实施毛竹林低产改造，每亩奖补 100 元。③发展井冈蜜柚、柰李、黄桃种植，每亩奖补 1000 元。④发展猕猴桃，标准架（水泥桩）种植每亩奖补 3000 元，普通架（木竹桩）种植每亩奖补 2000 元。

（二）扶贫小额信贷

对建档立卡贫困户发展生产缺资金，在符合扶贫小额贷款授信用信条件情况下，金融机构给予 3 年期 10 万元以内的基准利率贷款，财政按基准利率给予贴息。

（三）就业扶持

对建档立卡贫困户青壮年劳动力就业和技能培训，给予以下扶持：①提供公益性就业岗位，岗位补贴标准每月 300 元 / 人。②贫困户劳动力参加技能培训，给予 300 元 / 人补助；农村种养技术培训补助标准参照技能培训标准。③贫困户劳动力参加职业技能培训并取得国家技能等级证书的，每人每证补 1000 元。④贫困户劳动力自主创业可获 10 万元贴息贷款；贫困户大学生自主创业可获 20 万元免息贷款。⑤贫困劳动力外出务工给予每年一次交通补贴，其中省外务工 500 元 / 人，省内跨县（市、区）务工为 300 元 / 人。

（四）扶贫搬迁

建档立卡贫困户扶贫搬迁，补助标准每人不低于 2 万元（财政资金 0.8 万元 / 人，融资资金 1.2 万元 / 人）。

（五）教育资助

对建档立卡贫困户子女在各教育阶段就读，给予以下资助：①学前教育资助。在公办幼儿园和普惠性民办幼儿园就读，按每人每年 1500 元发放学前教育资助金。②义务教育资助。实施贫困家庭寄宿生生活补助，小学生每人每年 1000 元，初中生每人每年 1250 元；对建档立卡贫困户子女在享受寄宿生生活补助的基础上，由市财政每人每年再补 500 元。③高中教育资助。贫困户子女就读高中免交学费。按每生每学年 2500 元、2000 元或 1500 元标准发放国家助学金。④职业教育资助。贫困户子女就读中职、高职院校，每学年给予雨露计划补助 3000 元，连续补三年。⑤高等教育资助。对考入全日制普通高等院校的建档立卡贫困户子女，分别按第一年 5000 元、第二年 3000 元的标准给予补助；对当年录取普通高校的新生和高校在读的学生，实行应助尽助、应贷尽贷，提供每年 8000 至 12000 元额度的生源地助学贷款，并实行在校期间国家财政贴息的优惠政策；对考取大学的贫困户子女补助路费，省内的补助 500 元，省外的补助 1000 元。

（六）基本医疗保险参保资助

建档立卡贫困户家庭成员参加城乡居民基本医疗保险，对其个人缴费部分给予全额资助。2015 年资助 90 元 / 人；2016 年资助 120 元 / 人；2017 年资助 150 元 / 人；2018 年资助 180 元 / 人。

（七）医疗保障支付倾斜

对建档立卡贫困人口统一实行六道医疗保障政策：①基本医疗保险倾斜。②大病保险倾斜。③医疗附加险。④重症疾病医疗保险。⑤意外伤害保险。⑥门诊医药费用支付倾斜。通过实行六道医疗保障，有效解决建档立卡贫困人口的因病致贫、因病返贫问题。

（八）农村低保定标补助

对建档立卡贫困人口中的低保人口，与其他农村低保人口一样，按规定实行四档补贴标准。如 2017 年低保四档补贴标准为每人每月 165 元、195 元、230 元、305 元；2018 年低保四档补贴标准为每人每月 185 元、220 元、260 元、340 元。

（九）新农保参保代缴

对建档立卡贫困人口参加新型农村社会养老保险，个人缴费部分由市财政给予代缴。2015—2018 年，财政统一代缴每人每年 100 元。

以上 9 个方面到户到人精准扶贫政策（参见表 3-4），针对所有符合条件的建档立卡贫困户，它与是否属于红卡户、蓝卡户或黄卡户无明显差异。所以，我们称之为“统一扶持政策”。当然，享受这些政策的基本前提条件是，他们必须是建档立卡贫困户。

表 3-4　井冈山市建档立卡贫困户的到户到人统一扶持政策

精准扶贫政策项目	针对所有建档立卡贫困户的到户到人统一扶持政策主要内容
产业发展奖补	建档立卡贫困户发展特色产业 1 亩以上财政奖补政策： ①发展茶叶种植每亩奖补 1200 元 ②毛竹林低改每亩奖补 100 元 ③发展井冈蜜柚、柰李、黄桃种植每亩奖补 1000 元 ④发展猕猴桃，标准架（水泥桩）种植每亩奖补 3000 元，普通架（木竹桩）每亩奖补 2000 元
扶贫小额信贷	对建档立卡贫困户发展生产缺资金，在符合扶贫小额信贷授信用信条件情况下，金融机构给予 3 年期 10 万元以内的基准利率贷款，财政按基准利率给予贴息

续表

<table>
<tr><th colspan="2">精准扶贫
政策项目</th><th>针对所有建档立卡贫困户的
到户到人统一扶持政策主要内容</th></tr>
<tr><td colspan="2">就业扶持</td><td>①公益性就业岗位扶贫补贴每月 300 元 / 人
②贫困户劳动力参加技能培训补助 300 元 / 人，农村种养技术培训补助标准参照技能培训标准
③贫困户劳动力参加职业技能培训并取得国家技能等级证书，每人每证补 1000 元
④贫困户劳动力自主创业可获 10 万元贴息贷款；贫困户大学生自主创业可获 20 万元免息贷款
⑤贫困劳动力外出务工给予每年一次交通补贴，其中省外务工 500 元 / 人，省内跨县（市、区）务工为 300 元 / 人</td></tr>
<tr><td colspan="2">扶贫搬迁</td><td>建档立卡贫困户扶贫搬迁补助标准每人不低于 2 万元（财政资金 0.8 万元 / 人，融资资金 1.2 万元 / 人）</td></tr>
<tr><td rowspan="5">教育
资助</td><td>学前
教育</td><td>建档立卡贫困户子女在公办幼儿园和普惠性民办幼儿园就读，按每人每年 1500 元发放学前教育资助金</td></tr>
<tr><td>义务
教育</td><td>实施贫困家庭寄宿生生活补助，小学生每人每年 1000 元，初中生每人每年 1250 元；对建档立卡贫困户子女在享受寄宿生生活补助的基础上，由市财政每人每年再补 500 元</td></tr>
<tr><td>高中
教育</td><td>建档立卡贫困户子女就读高中免交学费；按每生每学年 2500 元、2000 元或 1500 元标准发放国家助学金</td></tr>
<tr><td>职业
教育</td><td>建档立卡贫困户子女就读中职、高职院校，每学年给予雨露计划补助 3000 元，连续补三年</td></tr>
<tr><td>高等
教育</td><td>①对考入全日制普通高等院校的建档立卡贫困户子女，分别按第一年 5000 元、第二年 3000 元的标准给予补助
②对当年录取普通高校的新生和高校在读的学生，实行应助尽助、应贷尽贷，提供每年 8000 至 12000 元额度的生源地助学贷款，并实行在校期间国家财政贴息的优惠政策
③对考取大学的贫困户子女补助路费，省内的补助 500 元，省外的补助 1000 元</td></tr>
<tr><td colspan="2">基本医疗保险
参保资助</td><td>2015 年资助 90 元 / 人；2016 年资助 120 元 / 人；2017 年资助 150 元 / 人；2018 年资助 180 元 / 人</td></tr>
<tr><td colspan="2">医疗保障
支付倾斜</td><td>对建档立卡贫困人口统一实行六道医疗保障政策：①基本医疗保险倾斜；②大病保险倾斜；③医疗附加险；④重症疾病医疗保险；⑤意外伤害保险；⑥门诊医药费用支付倾斜</td></tr>
<tr><td colspan="2">农村低保
定标补助</td><td>对建档立卡贫困人口中的低保人口，与其他农村低保人口一样，按规定实行四档补贴标准。如 2017 年低保四档补贴标准为每人每月 165 元、195 元、230 元、305 元；2018 年低保四档补贴标准为每人每月 185 元、220 元、260 元、340 元</td></tr>
<tr><td colspan="2">新农保参保代缴</td><td>2015 年、2016 年、2017 年、2018 年政府统一代缴 100 元 / 人</td></tr>
</table>

三、与三卡识别挂钩的分类扶持政策

为了加大对深度贫困人口的扶持力度，井冈山市除了出台针对所有建档立卡贫困户的到户到人统一扶持9项政策以外（前述），还专门制定了与“三卡识别”挂钩的到户到人分类扶持政策，重点向红卡户深度贫困人口倾斜，实行差异化扶持，以确保全市贫困程度不同的建档立卡贫困户都能在规定的时间内如期实现稳定脱贫。

井冈山市出台的与三卡户挂钩的到户到人分类扶持政策，主要有以下6项：

（一）产业发展资金扶持

对红卡户、蓝卡户、黄卡户发展特色产业，分别给予额度不同的一次性财政扶贫资金扶持。其中，红卡户每户10000元，蓝卡户每户5000元，黄卡户每户4000元。资金使用方式，既可用于自营发展特色产业，也可用于与专业合作社合作发展特色产业。

（二）资产收益扶贫

对无能力使用财政产业发展资金自营发展特色产业的，本着贫困户自愿原则，将财政产业发展资金投入相关企业、专业合作社，并量化为股份，实行资产收益扶贫。对于蓝卡户、黄卡户，原则上只允许入股到本村的农民专业合社，每年按本金的8%—10%对蓝卡户、黄卡户分红。同时，要求蓝卡户、黄卡户的劳动力到合作社基地务工。对于红卡户（深度贫困人口），视家庭人员和劳动力情况，既可以入股本村的农民专业合作社，也可以参加委托投资，统一由专业投融资机构负责投资营运，每年按本金的10%左右对红卡户分红。

（三）扶贫搬迁补助

建档立卡贫困户扶贫搬迁统一补助标准每人不低于2万元（财政资

金 0.8 万元 / 人，融资资金 1.2 万元 / 人）。而对红卡户的倾斜政策是，凡自愿搬迁到“爱心公寓”统建楼的每户补助 5 万元，并同时享受 8000 元 / 人的移民搬迁直补和危房改造补助。

（四）普通高中国家助学金资助

井冈山市的统一政策是，对家庭经济困难的学生就读普通高中，按每生每学年 2500 元、2000 元、1500 元标准发放国家助学金。同时，井冈山市还规定，对红卡户子女就读普通高中，按最高标准即每生每学年 2500 元发放国家助学金。至于蓝卡户、黄卡户的高中生，由各学校视具体情况确定国家助学金的发放标准。

（五）低保提标倾斜补助

由于红卡户为深度贫困户，家庭成员多为年老体弱、重病重残人员，大部分丧失或基本丧失劳动力，所以需要加大政策兜底力度。井冈山市从 2015 年开始，出台了针对红卡户的低保提标倾斜补助政策。具体内容是：2015—2017 年，对于红卡户家庭的低保人口，除执行统一的低保四档补贴标准以外，市财政在此基础上每人每月提标 40 元；对于红卡户家庭的非低保人口，市财政安排市级低保每人每月补助 100 元。2018 年又提高了补助标准，即对于红卡户家庭的低保人口，除执行统一的低保四档补贴标准以外，市财政在此基础上每人每月提标 60 元；对于红卡户家庭的非低保人口，市财政每人每月贴助 120 元市级低保金。

（六）医疗附加险

2015 年，政府按 100 元 / 人投保标准为红卡户家庭成员购买医疗附加险。2016 年，政府按 120 元 / 人投保标准为红卡户、蓝卡户家庭成员购买医疗附加险。2017 年、2018 年，过渡到对所有建档立卡贫困户家庭成员购买医疗附加险。

上述 6 项分类扶持政策（参见表 3–5），体现了对三卡识别建档立卡工作成果的运用，体现了井冈山市委、市政府对红卡户深度贫困人口的重点关注、倾斜扶持和政策跟进。

表3–5 井冈山市与三卡识别挂钩的到户到人分类扶持政策

政策项目	精准扶贫到户到人统一扶持政策	精准扶贫到户到人三卡分类扶持政策		
		红卡户	蓝卡户	黄卡户
产业发展资金扶持	产业发展财政资金扶持	财政一次性给予每户10000元资金扶持	财政一次性给予每户5000元资金扶持	财政一次性给予每户4000元资金扶持
资产收益扶贫	财政扶持资金入股分红	红卡户融资投资资产收益扶贫，每年分红10%左右	专业合作社入股，每年分红10%左右	专业合作社入股，每年分红8%—10%
扶贫搬迁补助	贫困户扶贫搬迁补助8000元/人	红卡户搬迁“爱心公寓”统建楼每户补助5万元，同时享受8000元/人的移民搬迁直补和危房改造补助	享受统一政策	享受统一政策
普通高中国家助学金资助	按每生每学年2500元、2000元、1500元标准发放国家助学金	红卡户按最高标准发放国家助学金	视家庭情况确定国家助学金发放标准	视家庭情况确定国家助学金发放标准
低保提标倾斜补助	2015—2017年实行低保四档补贴标准	①红卡户低保人口每人每月本市提标40元；②红卡户非低保人口每人每月政府补贴100元	对于低保人口实行低保四档补贴标准	对于低保人口实行低保四档补贴标准
	2018年实行低保四档补贴标准：每人每月185元、220元、260元、340元	①红卡户低保人口每人每月提标60元；②红卡户非低保人口每人每月政府补贴120元	对于低保人口实行低保四档补贴标准	对于低保人口实行低保四档补贴标准

续表

政策项目	精准扶贫到户到人统一扶持政策	精准扶贫到户到人三卡分类扶持政策		
		红卡户	蓝卡户	黄卡户
医疗附加险	2015 年	按 100 元 / 人为红卡户购买医疗附加险	—	—
	2016 年	按 120 元 / 人为红卡户购买医疗附加险	与红卡户政策相同	—
	2017 年按 120 元 / 人为贫困户购买医疗附加险	享受统一政策	享受统一政策	享受统一政策
	2018 年按 200 元 / 人为贫困户购买医疗附加险	享受统一政策	享受统一政策	享受统一政策

专栏 3–1　井冈山市加大红卡特困户低保兜底力度

案例研究课题组对井冈山市 10 个行政村的 61 户贫困户进行了随机抽样访谈问卷调查。这 61 户构成是：红卡户 30 户 120 人，其中低保户 25 户、低保人口 38 人；蓝卡户 27 户 101 人，其中低保户 8 户、低保人口 8 人；黄卡户 4 户 17 人。据课题组调查核实，2017 年，25 户红卡低保户中的 38 名低保人口，均享受了井冈山市政府的每月提标 40 元（相对一般低保人口月补助水平）的倾斜政策；25 户红卡低保户中的 65 名非低保人口，均享受了井冈山市政府的每人每月倾斜补助 100 元的特惠政策。这两项政策的叠加，加大了对红卡低保特困户的兜底力度。

第四节 巩固提升阶段的建档立卡动态管理

对于已经脱贫摘帽的贫困县来说，到2020年以前的巩固脱贫成果阶段，仍属脱贫攻坚期，仍需继续坚持精准扶贫方略。坚持精准扶贫，就必须坚持对贫困人口实行建档立卡管理。巩固脱贫成果阶段的建档立卡扶贫对象共有三类：（1）经确认和验收，已脱贫人口。（2）尚未脱贫人口（存量贫困人口）。这类人口，在中部地区贫困县（市）属贫困发生率2%以内的贫困人口；在西部贫困县（市）属贫困发生率3%以内的贫困人口。（3）返贫人口（增量贫困人口）。返贫人口有两种情况：一是原来属于已脱贫的建档立卡贫困人口，由于种种原因而重新返贫；二是原来不属于建档立卡贫困人口，由于种种原因而返贫。

巩固提升阶段建档立卡动态管理，主要关注后两种对象：（1）对尚未脱贫存量贫困人口，经过进一步扶持后达到脱贫标准的，按相关规定和程序，作脱贫退出处理。（2）对返贫增量贫困人口，按相关规定和程序，列为新增贫困人口。井冈山的巩固提升阶段的建档立卡动态管理，重点瞄准的也是这两种对象。

一、建档立卡动态管理原则

井冈山市提出的巩固提升脱贫成果阶段建档立卡工作原则是“应进则进，应退则退，程序公开，常态调整”。

（一）应进则进

在巩固脱贫成果期间，总有少量低收入人口或已经脱贫人口，因特殊困难原因或家庭变故而重新陷入贫困，对符合建档立卡贫困人口条件的，按规定程序履行相关核批手续，该进则进，该纳入建档立卡系统的就纳入。

（二）应退则退

对剩余尚未脱贫的存量贫困人口（井冈山市 2017 年 2 月宣布脱贫摘帽时，尚有贫困发生率 1.6% 的存量贫困人口），只要是经过进一步扶持，而达到脱贫标准的，只要是经过确认验收程序，该退出就退出，该销号就销号。

（三）程序公开

对新进入的贫困人口，坚持“农户申请、群众公认、村级初审、乡镇审核、县级核定”的程序，实行“两公示、一公告”，并利用信息化资源共享平台进行“硬伤”数据比对核查。所有程序与三卡识别“十步工作法”一样，做到程序公正、程序公开。

（四）常态调整

对应进则进贫困人口即返贫人口，实行常态化的申请、核查、审定和确认，不搞扶贫对象“一定几年不变”，至少半年动态核查调整一次，少数特殊对象一个季度核查调整一次。

二、新进对象瞄准脆弱性困难人群

井冈山规定，巩固提升阶段新纳入建档立卡系统的贫困人口，侧重于因家庭出现天灾人祸致贫、因学举债致贫、因病缺劳致贫等困难群体。我们将此类人群称为脆弱性困难人群。这类人群的基本特点是：（1）原本并不是贫困人口，或者原来虽然是贫困人口但已经确认脱贫。（2）家庭受到某种或某些风险冲击，这些风险可能是：突发的自然灾害、患重症大病、残疾、丧失劳动能力、家庭成员遭遇不测事件等。（3）家庭缺乏抵御上述风险的能力，并由此而导致家庭收入骤减，刚性支出剧增，基本生活得不到保证。

井冈山在巩固提升阶段，将脆弱性困难人群作为重点人群纳入建档立卡系统，并给予扶贫政策扶持，这是一种实事求是的态度，也是符合巩固提升阶段建立防止返贫长效机制的工作理念。毫无疑问，脆弱性困难人群是发生返贫现象的高危人群，因为他们收入水平低，资产积累有限，抗风险能力较差，一遇到突如其来的风险冲击或家庭不测，就容易陷入生活困境，甚至重新返贫。建立防止返贫的长效机制，就必须优先考虑将这部分人群纳入建档立卡系统，给予精准扶贫政策扶持，让他们在遭遇风险困难时而不致返回绝对贫困，即“遇困不返贫”。

三、贫困核查制度化信息化

在巩固提升阶段，井冈山围绕建立一套制度化、信息化的贫困核查机制，开展了一些工作。

（一）贫困对象分类核查制度化

对家庭收入状况或生活水平一年内变化不大的无劳动力保障扶贫对象，或主要劳动力因患大病、重残、丧失劳动能力等保障对象，每年核查一次。对其他保障对象至少每半年核查一次，或部分需要重点核查的保障对象一季度核查一次，及时将收入和生活水平高于贫困标准的人员退出贫困对象范围。

（二）部门信息共享联动核查

加强扶贫、民政、人社、卫计、教育、残联、交通、工商、房管等部门数据互通共享，运用信息化技术手段，定期对贫困对象的家庭收入、家庭结构、病残、就业等情况，以及是否有买房、购车、开公司等“硬伤”情况进行核查。根据核查结果及时调整，做到贫困对象“按标认定、精准认定”。

（三）推动平台系统信息化

井冈山正在抓紧完成 APP 软件注册和完善相关信息，以提高全市精准扶贫运作效率。着手开发贫困户信息二维码，将贫困户收支台账、家庭基本信息、帮扶责任人信息、信息数据采集等多个方面的信息制成二维码，通过手机“扫一扫”，便可了解他们的建档立卡资料。

四、建立适应常态管理的扶贫工作体系

井冈山市采取得力措施，强化市、乡、村三级扶贫机构建设，配齐配强扶贫队伍。全市设立乡镇扶贫工作站25个，行政村扶贫工作室115个（含农村社区）；配备了懂政策、精业务、会办事、熟操作的市、乡、村三级扶贫专干165人，并加强了对扶贫干部的培训，提高综合素质、政策水平和业务能力。

2017年2月转入巩固提高阶段以后，井冈山市按照“一个也不能少”的要求，对所有农村人口进行全面梳理，重点围绕脆弱性困难人群进行了再识别、再核实，做到“应进则进、不落一人”。按照“两不愁、三保障”的脱贫标准，将符合建档立卡条件的新贫困户，特别是对因天灾人祸致贫、因学举债致贫、因病缺劳致贫等困难群众，全部纳入建档立卡范围。其中，2017年新识别贫困户44户139人；2018年新识别贫困户12户49人。同时，按照“是否享受政策、是否转变思想观念、是否提高发展能力、是否实现稳定增收”的要求，达标一户，验收一户，脱贫一户，确保“贫困在库、脱贫出库”。2018年实现脱贫91户262人，剩余未脱贫116户285人，贫困发生率下降至0.25%。

第五节　三卡识别分类施策的创新价值与启示

井冈山市“三卡识别”、分类施策的创新实践，不仅为井冈山市率先脱贫摘帽奠定了坚实基础，而且具有一定的理论、实践和推广价值，给予了我们一些启示。

一、充分落实习近平总书记精准扶贫重要论述

2014 年 3 月，习近平总书记在参加十二届全国人大二次会议贵州代表团审议时，对精准扶贫的内涵作出重要诠释："精准扶贫，就是要对扶贫对象实行精细化管理，对扶贫资源实行精确化配置，对扶贫对象实行精准化扶持，确保扶贫资源真正用在扶贫对象身上、真正用在贫困地区。"① 2015 年 6 月，习近平总书记在贵州举行的部分省区市扶贫攻坚与"十三五"时期经济社会发展座谈会上强调："扶贫开发推进到今天这样的程度，贵在精准，重在精准，成败之举在于精准。搞大水漫灌、走马观花、大而化之、手榴弹炸跳蚤不行。要做到六个精准，即扶持对象精准、项目安排精准、资金使用精准、措施到户精准、因村派人（第一书记）精准、脱贫成效精准。"② 2015 年 11 月，习近平总书记在中央扶贫开发工作会议上阐明了精准识别与精准施策的关系："精准识别贫困人口是精准施策的前提，只有扶贫对象清楚了，才能因户施策、因人施策。"③ 而精准施策，就是要"坚持分类施策，因人因地施策、因贫困原因施策、因贫困类型施策"。④

井冈山市各级党委、政府正是遵循习近平总书记关于"精准识别贫困人口是精准施策的前提"的重要论述，创造性地提出和推行"三卡识别"。这一创新举措，不仅把贫困户及其致贫原因搞清楚了，把"扶持谁"搞清楚了，还根据贫困程度和贫困类型将贫困户细分为红卡户（深度贫困户）、

①② 中共中央党史和文献研究院编：《习近平扶贫论述摘编》，中央文献出版社 2018 年 8 月第 1 版，第 58 页。

③ 中共中央党史和文献研究院编：《习近平扶贫论述摘编》，中央文献出版社 2018 年 8 月第 1 版，第 59 页。

④ 中共中央党史和文献研究院编：《习近平扶贫论述摘编》，中央文献出版社 2018 年 8 月第 1 版，第 61 页。

蓝卡户（一般贫困户）、黄卡户（边缘贫困户）三个类别，从而为脱贫攻坚精准施策、分类施策打下了坚实基础。

井冈山市各级党委、政府正是遵循了习近平总书记关于“坚持分类施策，因人因地施策、因贫困原因施策、因贫困类型施策”的重要论述，将三卡识别与分类施策有效对接，实施了一系列针对贫困户、贫困人口的精准扶持政策措施，以及针对红卡户（深度贫困户）、蓝卡户（一般贫困户）、黄卡户（边缘贫困户）的分类扶持政策，切实做到了“扶贫对象精细化管理、扶贫资源精确化配置、扶贫人口精准化扶持”。井冈山市的实践证明，三卡识别及分类施策，是实现井冈山率先脱贫摘帽的关键举措和重要政策机制之一。

二、治理农村个性化多维贫困的有效路径

习近平总书记说：“扶贫开发推进到今天这样的程度，贵在精准，重在精准，成败之举在于精准。”如何理解习近平总书记这一论断？“扶贫开发推进到今天这样的程度”是指什么样的程度？我们的理解和认识是，经过改革开放以来的不懈努力，我国扶贫开发取得举世瞩目的重大历史性成就，我国农村贫困现象的发生规律及贫困人口基本特征，已经发生或正在发生重大变化。最突出的有两点：一是由过去大面积区域性的、高发生率的连片物质贫困，逐步转变为个性化、分散型的家庭多维贫困；二是由绝对的生存型贫困，逐步转变为相对的发展型贫困。

从致贫原因排序看，“三因四缺”（因病、因残、因学，缺劳动力、缺技术、缺资金、缺自身发展动力），是井冈山建档立卡贫困户排序为前七的主要致贫原因（见表 3–2、图 3–2）。这些因素均属于农村贫困家庭的个性化致贫原因。并且，这“三因四缺”充分体现了贫困户的多维贫困特征，而不仅仅是收入贫困或消费贫困。很显然，经过多年的发展和扶贫开

发，过去突出表现为农村基础设施建设滞后或贫困人口基本生产生活条件落后的共同贫困特征，已经得到大大缓解。如今，无论是全国还是井冈山，建档立卡贫困户的外部环境致贫原因，如交通条件落后、缺水、缺土地等，已不被贫困户和基层干部群众视为主要致贫原因，其在 11 项致贫原因排序中均靠后。总而言之，家庭个性化的多维贫困，已成为当今农村贫困现象的基本特点和贫困人口的主要特征。

鉴于家庭个性化的多维贫困，已成为当今农村贫困现象的基本特点和贫困人口的主要特征，那么，治理农村贫困家庭个性化的多维贫困，仅靠市场“涓滴效应”是不行的，靠传统的扶贫方式如区域瞄准、大水漫灌、大而化之和“手榴弹炸跳蚤”等也是不行的。只能在精准识别贫困对象、科学诊断贫困原因、精确分析贫困类型的基础上，采取个性化的与家庭多维贫困相对应的办法和举措，因户因人、因贫困原因、因贫困类型分类施策、精准施策，方能取得好的扶贫效果。井冈山市在脱贫攻坚中创新提出的三卡识别、分类施策，正是秉承这一思路，针对本市农村贫困户个性化的“三因四缺”等多维贫困特征，找到了治理农村贫困的有效路径，取得了“吹糠见米”的实际效果。

三、促进赋权增能、改善乡村治理的有益探索

面对农村贫困人口贫困特征日益个性化、多维化，如何依据贫困识别标准，在乡村全体农户、农民中，将真正的贫困农户、贫困人口识别出来，是一个公认的难题。也许人们会问，既然有了贫困标准（如我国现行的农村贫困标准是农民年人均纯收入 2010 年不变价 2300 元），为什么在基层搞贫困户精准识别还这么难？应当说，其原因是多方面的，其中有三点值得关注：

其一，我国现行的农村贫困标准，只是一个单维度的货币化的收入贫

困标准，而现阶段农村贫困特征日益个性化、多维化，仅靠单一的收入贫困标准来识别贫困人口，是远远不够或不精准的。如家庭劳动力体弱多病、发生灾难性医疗支出、子女读书经济负担重、住房不安全等，都是用收入贫困标准无法衡量的。这也是为什么现在各地在贫困识别中都积极主张要“一看房，二看粮，三看劳动力强不强，四看家中有没有读书郎”。

其二，即使是依据收入贫困标准来一家一户核算农民家庭收入，不仅工作量大，而且信息不对称、不透明，无法获得真实完整的收入数据信息。农民没有记账习惯，收入支付大多采取现金交易方式而非银行往来，因而贫困识别时收入算账完全靠回忆，说不清、道不明。再加上部分农民存在不愿露富的心理，所以收入算账只会少算、不会多算。在如此情况下，仅仅依据收入贫困标准采取家庭收入算账方式来识别贫困，其结果往往有较大偏差，难以令人信服。

其三，还有一个谁来识别、谁来算账的问题。如果完全靠上级组织派人或乡村社区外面来人来搞识别、来算账，一是不了解当地实际情况；二是容易使当地人产生戒备心理，不被他们信任。这对工作推进需要基层配合很不利。

井冈山市的三卡精准识别程序设计与实践行动，避免和克服了上述弊端，在坚持国家规定的识别程序基础上，进一步扩大赋权，对乡村赋予了更多更大的自主权、决策权和行动权，给村民群众提供了更多的民主参与机会。

第一，农民自愿申请，赋予了所有农户的自主选择权和申请权，体现了对农民正当权利的尊重。

第二，村民小组民主评议推荐、村民代表大会民主评议投票和两次名单公示征求意见，体现了村民自治制度的落实和村民对村里大事决策的参与权、话语权。同时，让村民民主评议识别贫困户，这本身是一种实事求是的态度和方法。因为，一个村组或行政村，就是一个农村社区生活共同体，村民世世代代生活在一起，村里人谁穷谁富，大家心中有数，至少比上面人、外来人要清楚。

第三，建立乡镇贫困识别仲裁制度，是井冈山市赋予乡村基层的一种解决争议的民主决策机制和自主行动权利。乡镇贫困识别仲裁委员会成员的构成及“一人一票”制，体现了赋权后的基层民主决策。

第四，贫困识别中“五核”程序，体现了井冈山市对基层组织的赋权。“五核”程序是村民小组核对、驻村工作队核实、村“两委”初核、乡镇仲裁小组核查、乡镇党政班子审核。这“五核”体现的是在村民民主参与基础上的基层决策集中制，体现的是基层组织自主决策权，同时也体现了基层对决策结果所应承担的责任。这一赋权机制，有力保障了贫困户识别的程序公正性、识别结果的精准性和村民群众的公认度。

赋权本身是一种参与的过程，是一种提升参与者能力的过程。井冈山市贫困户三卡精准识别的赋权增能实践，对提高村民（包括贫困群众）的发展能力、改善乡村治理体系有着积极促进作用。村民（包括贫困群众）在民主参与过程中，获得了学习政策、知识的机会，体验了民主评议过程，实践了话语表达，增强了自尊自信，这对于提高了个人素质能力十分有效。同时，乡、村、组这三级基层组织在贫困识别过程中，其政策执行力、群众工作能力和独立决策能力等都得到提升。更为重要的是，井冈山市的三卡精准识别赋权增能实践，体现了农民群众当家作主，增强了农民群众对基层组织的信任感，避免和消除了因贫困识别而可能产生的社会矛盾隐患，促进了农村社会的和谐稳定。

四、为精准扶贫扣好“第一颗纽扣”提供了可复制方案

继井冈山市三卡识别、分类施策付诸实施之后，近年来一些革命老区、

贫困地区学习借鉴井冈山经验，结合本地实际相继开展建档立卡贫困人口分类识别、分类施策的试验示范工作。井冈山的经验正在各地逐步推广。

例如，江西省吉安市“近水楼台先得月”，在所属县（市）最先推广井冈山市三卡识别、分类施策经验。2015—2016年，吉安市根据贫困户致贫原因和贫困程度，将建档立卡的贫困户分为黄卡户、红卡户和蓝卡户三类。第一类黄卡户，约4.5万户16.6万人，为有劳动能力、家庭经济收入处于贫困线边缘的农户。对这部分贫困户，重点扶持发展产业，开展技能培训，支持就业创业，做到每户有一个稳定增收的产业，或有一名稳定就业的成员。第二类红卡户，约2.6万户8.2万人，为有一定的劳动能力、家庭贫困程度比较深的农户。对这部分贫困户，重点采取龙头企业或合作社带动、帮助发展产业，同时采取政府购买服务或引导进园区务工等形式解决就业，并给予适当社会救助保障，做到扶持与保障相结合。第三类蓝卡户，约5.2万户12.4万人，为年老体弱或因病因残丧失劳动能力的贫困户和五保户。对这类贫困户，采取特惠制措施，以低保等社会救助政策“兜底”，让他们过上有尊严的生活。[①]

再如，据正北方网2017年8月31日报道，[②]内蒙古自治区乌兰察布市察右后旗学习借鉴井冈山“三色卡”做法，依据贫困程度、致贫原因和脱贫意愿，将贫困户按照红、黄、蓝“三色卡”分类管理。原则上家庭成员在65周岁以上、丧失劳动能力及患有大病、重度残疾的特困户为“红卡户”；未享受任何社会兜底政策，60周岁以下有完全劳动能力的贫困户为“蓝卡户”；介于“红卡户”和“蓝卡户”之间的为“黄卡户”。察右后旗根据“三色卡”贫困户分类，紧紧围绕“两不愁、三保障”，因户施策，多措并举，多管齐下开展帮扶工作。“红卡户”通过保障政策“兜起来”，

---

① 江西省扶贫办公室网：《吉安市精准扶贫工作机制改革探索》，2016年11月23日。

② 正北方网：《察右后旗：三色卡分类管理打好脱贫攻坚精准牌》，2017年8月31日。

“蓝卡户”通过产业扶持“富起来”，“黄卡户”通过生态补偿和民政、医疗救助等方式“带起来”。同时，依据红、黄、蓝“三色卡”贫困户的实际情况，科学制定了各类贫困对象稳定脱贫退出机制。

此外，据云南省纪委网站 2017 年 9 月 13 日报道，云南省曲靖市师宗县从 2017 年 7 月开始，在县乡两级设立贫困对象动态管理仲裁委员会，为贫困对象动态管理提供争议权威认定，为精准识别、精准扶贫提供制度保障（见专栏 3–2）。井冈山市自 2017 年 2 月在全国宣布率先脱贫摘帽后，其脱贫攻坚的成功经验正在逐步走向全国，被不少地方学习、借鉴。

专栏 3–2 云南师宗县设立贫困对象动态管理仲裁委员会

2017 年 7 月，云南省曲靖市师宗县印发《关于成立贫困对象动态管理仲裁委员会的通知》，成立县乡两级仲裁委员会，为贫困对象动态管理提供权威认定，为精准扶贫提供制度保障。县级仲裁委员会由县分管领导任主任，扶贫、财政、教育、人社、住建、卫生等部门主要负责人或纪委书记（纪检组长）任副主任，其他职能部门为成员。乡级仲裁委员会由乡镇主要领导任主任，成员由纪委、扶贫、财政等单位人员组成，并延伸至村（社）和驻村工作队。

仲裁委员会严格按照公平公正、实事求是的原则，按照“两不愁、三保障”的标准，准确掌握仲裁对象家庭收入、经济来源、人口结构、生活现状等情况，做到“情况清”“底子明”。乡级负责对本级错评、漏评、错退对象组织仲裁，并出具仲裁决定书，由县级仲裁机构进行认定，对仲裁结果统一备案管理。仲裁工作由受理、调查、仲裁、送达四个阶段组成，争议群众以口头或书面形式提出申请后，由乡级仲裁委员会受理并开展调查，查证有关证明材料后组织仲裁，形成仲裁决议书，并将仲裁结果按时送达仲裁对象。仲裁对象对乡级仲裁决议不服的，可向县级仲裁委员会申请仲裁，由县级仲裁委员会定期召开会议，对乡级仲裁进行复核认定或再次仲裁，并形成决议。

同时，师宗县以县乡两级仲裁机制为抓手，积极调动困难群众主动参与，着力增强群众信心和自立自强意识，坚决消除“富户戴穷帽”、争当贫困户等现象，做到过程公开、裁定精准、结果满意。

（摘自云南省纪委网站 2017 年 9 月 13 日报道）

第四章 特色农业产业扶贫

2016年7月，习近平总书记在宁夏考察扶贫时指出："发展产业是实现脱贫的根本之策。要因地制宜，把培育产业作为推动脱贫攻坚的根本出路。"井冈山市委、市政府以习近平总书记关于扶贫工作的重要论述为指导，秉承"产业为根"的思路，把培育发展特色农业产业和旅游产业作为推动脱贫攻坚的根本出路，作为实现贫困人口、贫困村精准脱贫的根本之策。

井冈山在脱贫攻坚中发展特色农业产业，面临基础弱、底子薄、可利用资源有限等诸多问题。针对这些问题，井冈山市委、市政府在分析资源禀赋条件的基础上，出台了《加快农业产业发展助推脱贫攻坚实施意见》（井管局办字〔2016〕16号）和《井冈山脱贫攻坚巩固提升实施意见》（井管局发〔2017〕1号）等文件。把脉产业发展之路，规划发展蓝图，出台政策措施，狠抓措施落实，推进特色产业发展壮大，力保产业扶贫目标实现。

第一节 因地制宜发展特色农业产业

发展培育以市场交换为目的的农业产业（而不是以自给自足为目的的温饱农业），需要遵循市场规律，注重发挥资源优势，根据市场需求把产业选准、把产业发展好。同时，还要充分发挥新型农业市场主体的带动作用。井冈山市委、市政府在分析资源禀赋条件的基础上，坚持因地制宜选准选好产业，坚持科学规划布局，坚持产业发展一年接着一年搞、一届接着一届干，不折腾、不懈怠，扶贫特色产业发展取得明显成效。

一、发展特色农业的资源禀赋条件

井冈山是一个典型的山区市。境内平均海拔达 381.5 米，主要山峰海拔多在千米以上，最高峰江西坳海拔高达 1842.8 米。井冈山属亚热带季风气候，四季分明，雨量充沛，年平均气温 14.2℃。境内有龙江、郑溪、拿山河、行洲河、大旺水等主要河流。耕地面积 14.41 万亩，人均耕地不足 1 亩，是一个人口数量不多、版图面积不大、耕地资源稀缺的县市。

井冈山有林地面积 158.73 万亩，境内森林覆盖率达 86%，具有全球同纬度迄今保存最完整的次原始森林 7000 多公顷，拥有南方红豆杉、白豆杉、伯栎树、银杏、香果树、半枫荷、观光木等省级保护的 78 种代表植物，是亚热带植物原生地之一。至今仍保留众多人迹未至或极少人类活动的大片原始态或半原始态森林，是我国亚热带森林系统核心区，是鄱阳湖流域重要的水源涵养区和生态屏障。

井冈山的资源禀赋特征，决定了井冈山发展特色农业，不可能搞大规模的土地集约型农业，只能适度开发利用山地林地资源，在发展生态农业、精细农业、优质农业和农旅融合方面做文章。

二、发展思路与“十三五”目标定位

井冈山市所确定的发展特色农业产业总体思路是：坚持“红色引领，绿色崛起”发展战略，立足本地实际，以新型农业经营体系为载体，以建设现代农业为方向，以构建现代农业产业体系为重点，推进农业转型升级，推进产业结构、科技创新、基础设施、经营主体、服务机制和管理方式的提升与发展，使特色农业成为井冈山实现脱贫攻坚的主要扶贫产业，并与旅游业相辅相成，共同作为井冈山脱贫致富的重要产业支撑。

井冈山市确定的特色农业产业发展目标是：发挥资源优势，重点围绕茶叶、毛竹、果业（井冈蜜柚、柰李、黄桃、猕猴桃）三大主导产业，做大产业基地，做强龙头企业，做优知名品牌，大力实施特色农业产业“231”富民工程，到2020年，重点打造20万亩茶叶、30万亩毛竹、10万亩果业产业基地（年度发展计划见表4–1）。同时，鼓励支持发展其他种养业，确保每个乡镇有一个产业示范基地，每个村有一个产业合作社，每户贫困户有一个增收项目，促进贫困户实现“一户一丘茶园、一户一片竹林、一户一块果园、一户一人务工”的“四个一”的产业发展目标；特色农业产业对贫困人口稳定脱贫增收的支撑作用增强，农业综合效益明显提高。

表4–1 井冈山“十三五”时期“231”特色产业富民工程目标计划

产业	到2020年发展目标	2016年（万亩）	2017年（万亩）	2018年（万亩）	2019年（万亩）	2020年（万亩）
茶叶	新种面积20万亩	2	4	6	6	2
毛竹	建设面积30万亩，其中低改10万亩	1.65（低改）	2.35（低改）	2.45（低改）	2.1（低改）	1.45（低改）
果业	新增面积10万亩	1	2	3	3	1
合计	60万亩	4.65	8.35	11.45	11.1	4.45

三、科学规划特色农业发展布局

井冈山根据自然条件、土地资源、劳动力资源分布和种植习惯，对特色农业产业发展进行了规划布局。

——按照“全域覆盖、带块结合”原则，打造茨坪、自然保护区下属林场、黄坳、下七、长坪井遂公路沿线茶叶示范带；打造厦坪、鹅岭、新城、古城、荷花、葛田、茅坪等乡镇茶叶示范场。

——在东上、鹅岭、大陇、茅坪、柏露、黄坳、下七、长坪、自然保护区下属林场等毛竹主产区，大力发展毛竹产业，打造毛竹产业示范带。

——按照果业种植的土壤、气候等条件，在年均温度不少于17.5℃、绝对最低温度在零下5℃以上的古城、拿山等乡镇场发展井冈蜜柚产业；在群众有种植习惯的睦村等乡镇场发展柰李产业；在海拔500—1400米的茅坪、黄坳等乡镇场发展黄桃产业；在沙壤土pH小于7的龙市、新城、长坪等乡镇场发展猕猴桃产业，打造泰井高速、井睦高速、230省道沿线万亩果业产业示范带。

——有种植油茶的传统的乡镇，如东上、睦村、葛田、荷花、柏露、鹅岭、坳里、古城等，主要引导农民种植高产油茶，力争形成10万亩油茶产业示范带。

——在新城区、龙市等城区周边乡（镇、场），主要发展果蔬产业，着力打造果蔬产业示范带。

——在泰井高速、井睦高速沿线及连接线，省道S230、井遂公路周边乡（镇、场），发展花卉苗木产业，形成花卉苗木产业示范带。

四、持续推进“231”特色产业发展

实施“231”特色产业富民工程，是井冈山市委、市政府于2016年4

月提出来的。这几年，市委、市政府始终把实施“231”富民工程作为重要抓手和发展重点，持续发力，强力推进，不折腾、不懈怠，坚持“一张蓝图绘到底”。

（一）做大做强茶叶产业

井冈山素有种植茶叶和产名茶的传统。产于海拔800余米云雾缭绕山间的“井冈翠绿”茶，早在1982年就被评为江西省八大名茶之一，1985年被评为全国优质茶。为了将井冈山茶产业做大做强，井冈山市采取了以下措施。

1. 加强标准化茶园建设。这几年，在黄坳、下七、长坪、鹅岭、新城、古城、葛田、睦村等乡（镇、场）新建5000亩高标准生态茶园，在茨坪和茅坪建设1000亩高山生态有机茶园，积极打造生态有机茶和高山云雾茶。引种了金观音、黄观音等高香型乌龙茶品种，丰富品种结构。完善新建茶园各项基础设施建设，确保栽植茶苗成活率。推进荒废茶园改造工作，改造低产衰老茶园1000亩，完成长古岭林场800亩荒废茶园改造，初步构建高标准生态茶园集群，使茶园基地面积达到3.16万亩。在涉茶主要乡镇设立3—5个茶叶专业合作社，带动农民开展茶树栽植和茶园建设工作。

2. 扶强茶叶企业品牌。完善企业科技创新体系，鼓励企业设立技术中心，加大新工艺、新技术、新产品研发力度，扶强井冈红、翠绿、碧玉、玉叶、毛尖5个茶品牌，培育江西省著名商标2个，在全国主要省会城市设立井冈山茶叶专营店，开展井冈山公共区域品牌创建培育工作。

3. 提升茶产业影响力。完成茶叶综合性交易平台一期建设工作并初步投入使用。鼓励优秀茶企积极参加国家级和各省市级茶博会，提升产品知名度。每年定期开展1次高标准的名优茶评选赛事活动，举办2—3次大规模的品牌推广等活动，提升茶产业影响力。以井冈翠绿、井冈红等为主要推介产品，积极参加国家级和省市级茶博会。加大“井冈山红色茶文化节”宣传力度，吸引全国各地涉茶企业积极参加，提升全市茶产业在全国的影响力。

4. 茶旅结合拓宽茶产业发展模式。结合红色旅游资源，拓宽茶产业发展模式。以五井为中心，建设井冈山茶文化生态观光园，完成建设井冈红茶博园和井冈翠绿茶博园的设计规划具体选址和招投标工作及一期建设工作，并初步投入使用。结合井冈山国家5A级旅游景区建设，完成井冈山“红色旅游—茶园观光”精品游线路的开发设计和宣传推广工作。

（二）加快发展毛竹产业

毛竹在井冈山历史悠久，面积很广。毛竹的经济价值和生态价值很高，拥有材用、食用、药用、观赏、饲用、绿化等众多功能。井冈山毛竹刚劲挺拔，资源丰富，利用毛竹加工的旅游产品有竹雕、竹画、竹瓶、竹扇、竹椅、竹席等。其中保健竹席是井冈山夏季旅游的主要商品，不仅量多，而且质量上乘，美观实用，价格适宜。井冈山五百里林海里，毛竹是重要的生态林品种之一。

为了加快毛竹产业发展，井冈山市出台了《关于加快毛竹产业发展的实施意见》，明确了毛竹产业发展目标，即“十三五”期间实施毛竹低改10万亩，每年新增5个连片千亩以上低改基地。到2020年建设2万亩高效笋竹两用林，全山毛竹林面积达到30万亩，实现竹产值达到10亿元。为实现这一目标，井冈山市采取以下推动措施。

1. 加大低产竹林改造力度。积极发展和定向培育笋用及笋竹两用林。加强竹林道路建设，降低竹林生产成本，促进竹林集约化经营。积极打造2—3家产业链完整、竞争力较强和知名度较高的龙头企业，带动林区贫困户实现就业创收、产业脱贫。

2. 合理布局毛竹加工企业。加大竹类资源开发利用力度，提升竹制品及笋资源加工利用水平。在新城区打造一个集毛竹生产、加工、销售及竹文化展示的产业园。培育发展 2—5 家资源利用率高、产品科技含量高、具有市场竞争力和一定规模的毛竹加工企业，促进本地分散的小型加工企业向产业园集聚。挖掘旅游竹工艺品市场潜力，丰富竹工艺品种类，提升竹工艺品的品位。

3. 加快竹产业融合发展。将竹产业与旅游、森林小镇、森林康养等相结合，创建“井冈翠竹”商标，建立井冈翠竹园。打造竹文化旅游精品，推动竹种植与竹文化、竹编工艺与竹创意设计深度融合，打造一批竹文化馆、竹创意园、竹工艺品特色街、竹文化主题公园、竹生活康养基地等文化旅游产品，让乡村游进竹林、看竹景、歇竹亭、品竹酒、吃竹鸡、尝全竹宴。培育建立兼具风景旅游区和林业产业示范园区功能的竹种园，让竹旅经济渗透井冈全域旅游。发展林下经济，围绕绞股蓝、铁皮石斛、青钱柳等中药材产业，打造 1—2 个千亩示范基地。采取“公司 + 基地 + 合作社 + 农户”的模式，推动形成“深度加工—生产肥料—竹下种养—回归竹林”的循环经济模式。

（三）大力发展优质水果业

井冈山根据资源特点、种植习惯和市场需求，把黄桃、猕猴桃、井冈蜜柚、柰李四果，作为重点发展的优质水果品种。井冈山市政府采取按新发展面积给予奖补的政策，鼓励农民和专业合作社，加快优质水果的发展。截至 2018 年底，全市已发展种植黄桃 5200 亩、猕猴桃 5100 亩、井冈蜜柚 1500 亩、柰李 1200 亩。

（四）支持其他产业发展

井冈山除了重点发展茶竹果产业外，还支持其他产业发展。积极引进种植企业发展无公害蔬菜产业，发展设施、高效蔬菜，全市蔬菜产业发展迅速。目前，井冈山蔬菜种植面积达 6 万亩，创建了两个标准化蔬菜示范基地。高山蔬菜、食用菌、芦笋、灵芝、山葵、铁皮石斛特色基地相继建成，面积达 6000 亩。先后引进井祥菌草、井冈融源、生力泰生物科技、瓯峰农业等多家集蔬菜生产、加工、销售于一体的实力企业落户市农业科技园。井冈山市政府支持发展以红米酒、食药用菌、畜牧家禽和特色养殖（娃娃鱼、石蛙、竹鼠）为主的地方性特色生态产业，发展花卉种植、生猪养殖、稻米种植等多种产业。

五、特色农业产业发展成效显著

（一）特色农业产业基地面积逐步扩大

到 2018 年，全市“231”特色产业基地面积达到 29.46 万亩。其中，茶叶种植面积 3.16 万亩，优质水果面积 3.3 万亩，毛竹面积 23 万亩。此外，还发展油茶面积 1.5 万亩，蔬菜面积 6 万亩。

（二）成立了一批农民专业合作社

到 2018 年，全市与特色产业发展直接挂钩的各种农民专业合作社共有 512 个，比 2014 年增加 235 个。这些专业合作社成为连接贫困户参与产业发展的组织平台。

（三）发展壮大了一批产业化龙头企业

到 2018 年，全市共有省级龙头企业 9 家，吉安市级龙头企业达到 12 家。新城镇引进了黄金谷农业开发有限公司，在枫梓村开发集茶叶种植、休闲旅游为一体的产业基地，预计投资 10 亿元，目前已流转土地 3900 余亩，完成茶叶种植 2000 余亩，正准备二期 5000 亩山场的流转。茅坪乡引进绿之源农林开发有限公司，在茅坪村新增黄桃种植 1200 亩。坳里乡引进井绿缘农业开发公司和禾润农林公司等公司及部分合作社，新增“一茶四果”基地 1398 亩。

（四）打造了一批优质农产品品牌

到2018年，全市共获得国家“三品一标”认证的优质农产品58个，其中获有机产品认证48个，绿色食品认证5个，无公害农产品认证3个，地理标志农产品认证2个。井冈山的优质农产品逐渐在全国叫响，特色农业产业成为拉动贫困群众增收的重要引擎之一。

第二节　促进特色产业发展的支持政策

为了促进特色产业加快发展，脱贫攻坚期间，井冈山市制定出台了一系列产业支持政策。主要包括财政奖补支持政策、金融服务支持政策、激励企业投资政策、产业与就业精准帮扶政策等。这当中，有些政策是国家或上级规定政策，但多数是井冈山市自己创新出台的扶持政策，从而加大了对产业发展的政策支持力度。

一、财政奖补支持政策

脱贫攻坚期间，井冈山市政府每年拿出1000万元财政资金，对新增扶贫产业基地进行奖补，每年整合5000万元涉农财政资金用于扶持特色农业产业发展。

（一）支持产业基地建设财政奖补政策

1. 茶叶产业。对符合相关技术规定和达到预期质量及效果的，新增连片种植茶叶50—100亩的，每亩奖补900元；100—200亩的，每亩奖补1000元；200亩以上的，每亩奖补1200元。以上奖补均按5：3：2的比例分三年拨付。对建档立卡贫困户发展茶叶1—5亩的，每亩奖补1200元。

2. 毛竹产业。对毛竹进行砍杂、垦复、施肥、留养、号竹等，对符合相关技术规定和达到预期质量及效果的，连片50亩以上的每亩奖补50

元。贫困户低改毛竹林（面积控制在贫困户毛竹林林权证面积以内），每亩奖补 100 元。

3. 果业产业。对符合相关技术规定和达到预期质量及效果的：（1）新增连片种植井冈蜜柚、柰李、黄桃 50—200 亩的，每亩奖补 500 元；200—500 亩的，每亩奖补 600 元；500—1000 亩的，每亩奖补 800 元；1000 亩以上的，每亩奖补 1000 元。建档立卡贫困户发展上述品种面积达到 1—5 亩的，每亩奖补 1000 元。（2）新增连片种植猕猴桃 50—100 亩的，标准架（水泥桩）每亩奖补 2000 元，普通架（木竹桩）每亩奖补 1500 元。发展 100 亩以上的，标准架（水泥桩）每亩奖补 3000 元，普通架（木竹桩）每亩奖补 2000 元。以上奖补均按 5∶3∶2 的比例分三年拨付。建档立卡贫困户发展猕猴桃 1—5 亩的，标准架（水泥桩）每亩奖补 3000 元，普通架（木竹桩）每亩奖补 2000 元。

4. 实行与带贫数量挂钩的奖补政策。对吸纳贫困户产业发展基金且确保兑现分红的农业经营组织，其发展的“一茶四果”产业基地，根据吸纳贫困户的多少，可部分或全部享受该产业最高档次奖补。具体测算方法为：吸纳贫困户户数乘以 5 后的亩数，作为获得最高档次奖补的基地面积，其余基地面积按相应面积规模标准分档次予以奖补。

5. 完善验收程序。围绕茶叶、毛竹、果业产业建基地、做品牌的农业产业化项目，首先由农业产业规模经营主体向乡、村和主抓产业部门申请，然后由市农业局牵头组织财政、扶贫等相关部门按照技术要求，于当年 6 月对茶叶、果业产业进行验收；由市林业局牵头组织财政、扶贫等相关部门按照技术要求，于当年 11 月对毛竹产业进行验收；最后由茶竹果产业发展领导小组审定，并报市政府审批后下发奖补资金。

2016—2017 年，井冈山市通过整合财政涉农资金支持“231”产业富民工程，两年共投入奖补 1848.38 万元，其中茶叶 357.21 万元，竹业

353.20万元，果业1137.98万元（见表4-2），有力支持了“231”产业基地的扩大与发展。

表4-2 2016—2017年井冈山扶持“231”特色产业财政资金投入情况

单位：万元

产业项目	2016年	2017年	2016—2017年合计
茶　叶	257.27	99.94	357.21
竹　业	218.22	134.98	353.20
果　业	734.16	403.81	1137.98
合　计	1209.65	638.73	1848.38

2017年进入巩固提升阶段后，井冈山对“231”产业奖补政策适当微调：一是对一般农户参与产业发展的补助规模由50亩调整到5亩（其他政策规定不变），两年后种植成活率达85%的，产业奖补两年内全部到位；二是为方便广大农户、降低成本和提高种植成活率，对在井冈山本地进行茶叶和果业育苗的，视具体情况，给予适当补助；三是对连片200亩以上的老茶园低产改造给予适当补助；四是对大陇、下七等乡镇存在的连片野生茶叶资源进行保护式抚育，给予适当补助；五是对管理较好的连片500亩以上的茶果（含油茶）产业基地，在挂果之前给予一定的抚育补助；六是对经营管理较好且带动贫困户较多的农民专业合作社视情况给予适当的补助。

（二）支持品牌创建财政奖补政策

1.“三品”认证。对通过无公害农产品认证的业主，每个品牌认证奖补2万元；对通过绿色食品认证的业主，每个品牌认证奖补3万元；对通过有机食品认证的业主，每个品牌认证奖补5万元。同一品牌获不同类别“三品”认证的，按最高标准奖补，不重复奖补。

2.品牌产品。对新获“中国驰名商标”“中国名牌产品”的业主，每个品牌奖补 10 万元；对获“江西省著名商标”的业主，每个品牌奖补 5 万元；对成功申报地理标志的业主，每个产品奖补 5 万元。

3. 龙头企业。对新获江西省级龙头企业称号的业主，每个奖补 5 万元；对新获国家级龙头企业称号的业主，每个奖补 30 万元。

二、金融服务支持政策

井冈山市根据农业生产风险大和农业产业融资难的特点，加大了农业保险和农业融资补助力度。一是为产业扶贫经营主体和贫困户购买“231”富民产业农业保险，消除后顾之忧。对贫困户自主发展产业规模在 1—20 亩（含 20 亩）的，用产业扶贫资金为其全额购买农业保险；对以带动贫困户为主的专业合作社且种植面积在 20 亩以上的，为其补贴 80% 的农业保险保费。二是推行扶贫产业贷款风险补偿机制，解决融资难问题。为以带动贫困户为主体的产业合作社和贫困户提供 10 万—20 万元产业发展贷款风险补偿金，撬动商业银行按 1∶5 或 1∶8 的比例，为产业合作社和贫困户提供生产贷款。三是推行扶贫小额信用贷款，撬动银行按 1∶8 的比例为贫困户发展特色产业提供生产贷款，协调合作银行及时发放贷款资金。四是建立产业发展贷款贴息机制。对贫困户发展特色产业的小额贷款，按基准利率给予全额财政贴息；对以带动贫困户为主体的专业合作社的农业产业贷款，按基准利率给予 50% 的财政贴息。2018 年，井冈山市通过“财政惠农信贷通”发放贷款资金 1.98 亿元，惠及各类新型农业经营主体累计 2787 人次，帮助 100 多个返乡人员实现了回乡创业梦想，带动 1 万多名农民（包括贫困农民）发展生产或就近就业。

三、激励企业投资政策

在税收政策方面。为鼓励企业到井冈山投资，井冈山市出台了一系列的税收优惠激励政策。对于入驻井冈山市新城区工业区的企业，享受企业所得税地方分成部分“免二三减半”的优惠政策；对国家鼓励类企业，在税收优惠政策执行期满后的三年内，经省级税务机关批准，按 15% 的税率征收企业所得税；对产品出口企业，在依照税法免征、减征企业所得税期满后，凡当年出口产品产值达到当年企业产品产值 70% 以上的，按税法规定的税率减半征收企业所得税，但减半后的税率不低于 10%；对先进技术企业，依照税法规定免征、减征企业所得税期满后，仍为先进技术企业的，可以按照税法规定的税率延长三年减半征收企业所得税；外资企业在投资总额内采购国产设备，如该类进口设备属于免税目录范围，可全额退还国产设备增值税并按有关规定抵免企业所得税；外资企业技术开发费比上年增长 10% 以上的，税务机关再按技术开发费实际发生额的 50% 抵扣当年度应纳税所得额；对在园区兴建标准厂房招租的单位或个人，其取得的收益可免征企业（个人）所得税地方分成部分，免征办法实行先征后返。

在行政审批方面。对入园企业实行“一条龙”服务、“一站式”审批、“一个窗口”办证，开设“绿色通道”，履行首问责任制和限期办结制。申办手续委托园区管理机构及引资单位代办，在材料齐全的前提下，属市内审批的须在 5 个工作日内办结；调解外商投资企业的经济纠纷以及其他民事纠纷，须先向市人民政府报告。未经市人民政府批准，各部门不得违法下令外资企业停产停业，不得查封、划拨外资企业的财产资金；凡在新城区工业区投资办厂的客商及其家属，免费在新城区落户，其子女在入托、入学、就业等方面享受城镇居民同等待遇；外商投资企业的中方人员其劳动人事关系可寄存在市人才交流中心统一管理，在职称晋升和技术等级评定、政策性调资、正常流动、继续教育、社会保险、出国政审等方面享受当地人员同等待遇；内资客商来新城区工业园投资享受与外商投资同等待遇。

在用地政策方面。为鼓励项目进新城区工业区，投资商若以国家规定的标准地价购买土地，可享受政府按照引进项目每亩固定资产投入额和企业产能规模情况合理补偿该项目公共设施建设费用的待遇。对投资规模大、科技含量高、吸纳劳动力强、财税贡献大的入园企业可以“一事一议”。新城区工业区的土地，实行统一规划、统一征地、统一开发、统一管理。凡在市新城区工业区投资兴业的生产性企业，可依法通过招、拍、挂等出让方式取得国有土地使用权。对以出让方式取得的土地使用权，可以依法转让、出租、抵押、继承和作价入股与其他企业合作、合营。

四、产业与就业精准帮扶政策

除前述的产业奖补政策、小额信贷贴息政策、农业保费补贴政策对贫困户给予倾斜支持以外，井冈山对建档立卡贫困户发展产业还给予以下政策扶持：（1）对红卡特困户和蓝卡贫困户发展产业，分别给予每户 10000 元和 5000 元额度标准支持，用于贫困户自营发展产业，或者贫困户参与农业专业合作社入股分红。（2）结合产业发展对贫困户开展免费技术培训，免费为其提供技术指导服务。（3）支持通过“公司 + 基地 + 贫困户”方式，或发展订单农业，或通过土地流转、土地入股等方式，参与合作社生产，并实现按股分红。

在就业方面进行精准帮扶。井冈山对贫困户就业给予了多项补贴。包括扶贫公益岗位补贴，标准为 300 元 / 人 / 月；贫困劳动力参加短期技能培训给予 300 元 / 人补助；贫困劳动力自主创业可获 10 万元财政贴息贷款；贫困户大学生自主创业可获 20 万元财政贴息贷款；吸纳贫困户的合作组织创业贷款额度最高可获 50 万元。对农村贫困劳动力参加有组织劳务输出的，给予一次性交通补贴，其中到省外务工为 500 元 / 人，省内跨县（市、区）务工为300元/人，每名农村贫困劳动力每年可享受一次。

第三节　改善产业发展基础设施条件

为改善产业发展条件，夯实产业发展基础，井冈山市从交通与物流、水利、电力、通信等多个方面加强基础设施建设，为产业发展打下了良好的基础。

一、交通与物流

井冈山市以发展现代交通运输为方向，着力构筑大通道、建设大动脉、疏通微循环，推动形成公路、铁路、航空等综合交通运输网络，打造全面覆盖赣西南、顺畅对接长珠闽的区域交通枢纽。

井冈山市正在构建以新城区为中心的南北和东西“十字”主道框架，建设重要对外连接通道，全面提升主干道等级和通行能力，形成“七纵二横”为骨架，乡村公路为基础的干支相连，布局合理，内连县、乡、村，外连遂川县、永新县、泰和县及湖南省，具有较高服务水平的交通运输网络。打通省际、县际、乡际、村际间的断头路，建设重要对外连接通道，辐射罗霄山区，构建罗霄山区快捷公路网路。改建井冈山市大陇镇至湖南省炎陵县十都镇公路工程。

加快“四好”农村公路和桥梁设施建设，扩大路网覆盖面，提高公路等级，完善路网结构，缩小城乡差距，解决“最后一公里”的民生工程。为确保农村公路安全畅通，完善公路网络，井冈山市改造了67座危险公路桥梁。继续推进国改农村公路建设，提高农村公路标准等级。重点实施通自然村（村小组）、林区公路硬化工程及跨境农村交通畅通工程，加快推进农村公路安保工程。

“十三五”期间，新建农村25户以上自然村四级公路3115.4公里，贫困村的自然村道路硬化已基本完成。按照“渠相通、路相连、旱能灌、涝能排、渍能降、机能进、物能运”的标准，加大对产业基地基础设施的建设力度，将农村机耕道规划和建设纳入全市路网体系，推动机耕道建管制度化、规范化，初步形成国、省、县、乡道与乡村机耕道、生产便道、联户路相结合的农村道路网。

2017年，投入630万元完成了35个贫困村组道路硬化；投入2691万元用两年时间完成非贫困村25户以上的自然村的道路硬化；投入1078万元用三年时间完成35个贫困村组道路上的42座危桥重建任务。利用井冈山被列为全省镇村公交示范县的契机，对所有农村客运班线进行公交化改造，实现全山所有乡镇通公交车的目标。

专栏4-1　以红色情怀铺就井冈山脱贫路

脱贫攻坚期间，井冈山以创建全国“四好农村路”示范县为契机，积极探索建好、管好、护好、运营好农村公路的新办法、新机制，闯出了一条贫困地区建设“四好农村路”的特色之路。

一、推动旅游提质，修好经济转型的发展路。井冈山市按照大交通、大发展的理念，优先发展农村公路建设，不断优化农村公路网络布局。重点打造全市4条美丽示范风景线的道路建设，高标准实施150个美丽乡村基础点和10个美丽乡村精品点的道路建设。在每个乡镇场定点2至3个村作为“四好农村路”示范村，通过以点带面，将“四好农村路”精品示范线“串珠成链”，打造成“四好农村路”精品示范带，形成推进全域旅游的强大引擎。

二、助力脱贫攻坚，修好致富小康的幸福路。围绕乡村旅游、茶叶、毛竹和果业等产业发展，井冈山市先后改建和兴修了茅坪神山等100多条直达园区、景区、城区的农村公路，被当地群众誉为致富路，带动了一批特色乡镇、乡村脱贫致富。做到用工向贫困户倾斜，在道路施工、公路养护中优先使用贫困户劳力。依托10个乡镇邮政营业网点、农村客运站和供销社等建设乡镇物流配送站，目前已建成4条邮路。如今，“电商＋扶贫”销售模式风生水起，电商脱贫站点覆盖所有乡镇，辐射35个贫困村，让井冈山的山货“触网”俏销。

三、服务红色培训，修好直通心灵的信仰路。井冈山提出，红色培训现场到哪里，路就修到哪里，教学实践点建在哪里，就把公路配套到哪里。重点推进红色资源较为丰富的村镇农村公路建设，通过“串珠成链”，促使红色培训现场教学点全域发展。目前全市300余家红色培训机构与乡镇实现全覆盖结对。

四、传承红色基因，修好凸显红色的文化路。在“四好农村路”建设中，把红色元素引入道路建设，把井冈山深厚的革命底蕴和井冈山精神通过多种形式展现在道路的方方面面。如在道路的重要节点竖立红色标识，在道路路口支起红色标牌，在挡土墙上书写红色标语。据统计，目前井冈山市在农村公路共设立红色标识、牌坊等红色印记1000余处，使得井冈山农村公路一路有“红”，游客能一路看“红”，到景区感受到“红”，参加红色培训接受“红”，彰显了井冈山“红色最红”的丰厚底蕴。

五、改善运营管护，修好便民惠民的连心路。井冈山建立“市有路政员、乡有协管员、村有护路员”的路产路权保护队伍，确保农村公路管理没有盲区、责任没有空白。如今，全市农村公路路况稳步提升，优良、中等路率达79.16%、路面技术状况指数达84%。各乡镇场结合镇村环境集中整治农村公路路域环境，加强绿化美化，打造畅安舒美的通行环境。井冈山市财政每年拿出 500 万元补贴镇村公交，建制村通客车率达 96%，通客车建制村 2 公里范围内候车亭覆盖率达 100%。

二、水利建设

井冈山市抢抓机遇兴修水利，水利建设项目成效显著。将国家下达的 1300 万元“小农水”重点项目资金，全部安排在 35 个重点贫困村。改造小型灌区 42 座，整治山塘 10 座，整治沟渠 96 千米，新建拦水堰 3 处，建成高标准农田 400 亩，改善灌溉面积 8000 亩，恢复耕地面积 3000 万亩，整体改善了贫困村的农田水利设施面貌。

针对防洪减灾能力不足问题，井冈山市加快实施水毁工程修复、中小河流治理工程建设。利用农发行 PSL 贷款（抵押补充贷款）项目筹措资金 2100 万元，投入全市 35 个重点贫困村，对所有水毁河堤进行修复，新修河堤 28 公里，整治渠道 60 公里；实施中小河流治理工程，新增治理河段 17 公里，保护耕地面积 3 万亩，为贫困村防洪减灾，避免因灾返贫发挥了重要作用。

2017 年，井冈山市争取农发行贷款资金共计 2.9 亿元，用于水利建设和农村安全饮水工程。其中，投入资金 1183 万元，完成农村饮水安全巩固提升工程，涉及 35 个贫困村，受益人口 1.2 万余人（含 1720 户贫困户，5180 名贫困人口）；投入资金 1760 万元，完成了农田水利建设项目，改善灌溉面积 0.46 万亩，受益贫困户 775 户 2561 人；投入资金 1436 万元，完成了罗浮河道治理工程，浆砌石挡墙 1.8 公里，现浇 C15 砼挡墙 2.4 公里，河道清淤 1.62 公里，建机耕桥一座；投入资金 153 万元，完成国有公益性水利工程维修养护项目，包括井冈冲水库、灵坑水库、乔林水库、罗浮水库、足山水库及石市口水库；投入资金1362万元，实施了中州电站、长鸿电站、鹅岭电站、黄坳电站4座农村水电增效扩容改造工程。

全市484个小型水利工程已全部完成了登记造册，并核发了产权证，包括小型水库20座、堤防6座、小水电站63座、小型灌区212座、农村饮水安全工程78处和山塘105口。

三、农村电力

发展产业，电力是必不可少的能源基础条件。为了促进产业持续发展、农户持续增收，井冈山市大力推进电力基础设施建设。全市已完成中心村电网升级改造项目，实现25户以上的自然村（组）100%通三相生产动力电的目标。2017年，井冈山市投入2588万元，完成了第三批中心村部分中低压改造项目和龙市镇35千伏输变电工程项目；投入1197万元，完成10千伏线路25.4公里、10千伏电缆1.3公里，新建环网柜2台、断路器3台，新建改造配变42台/5360千伏安、0.4千伏线路180.88公里。

启动2018年农村电网升级改造储备项目。根据电网设备运行和当地经济发展需求，全面梳理和启动农村电网升级改造储备项目。推进水电新农村电气化、小水电代燃料工程建设和农村电网改造升级，实现城乡用电同网同价。农村水电增效扩容改造电站8座，扩容装机2760千瓦，年增农村水电发电量862万千瓦时。许多贫困户的家中用上了电冰箱、洗衣机、电热水器，生活质量显著提高。

四、通信网络与电商扶贫

提高广电通信网速。这几年，持续实施农村光纤网络资源的扩容和延伸，推广百兆高速光宽带的使用，扩大覆盖效果，逐步完成144个自然村的宽带建设。在继续做好现有4G网络的优化和偏远乡村补盲的同时，加快800M低频LTE 4G网络建设，实现全网覆盖。在已实现的广度覆盖的前提下，着力做好4G网络连续覆盖、深度覆盖、厚度覆盖。

通过改善网络基础设施，结合“互联网+”概念，搭建农村电商平台，拓宽销售渠道，帮助贫困村把资金、技术、管理“引进来”，把资源、产品、服务“卖出去”。目前，邮政公司与扶贫部门合作，建立了“村邮乐购·农村e邮”电商扶贫站点18个，让贫困户脱贫搭上了互联网的快车。黄坳乡e邮服务中心帮助贫困户销售竹荪、茶油、云耳、冬笋、小河鱼等产品13000多单，销售额150多万元，帮助100多贫困户人均增收1500余元。

第四节　产业扶贫方式与带贫增收机制

在产业发展中，贫困户如果单打独斗，常常会面临缺资金、缺技术、缺经营能力、缺销售渠道等难题，在风云变幻的市场中，抗击风险的能力较弱。如何有效防控风险，让产业扶贫更加精准高效，这就需要在龙头企业、专业合作社等新型农业经营的带动下，提高贫困户的组织化程度，参与到产业化经营链条中来。这里涉及一个关键性问题：如何在新型农业经营主体和贫困户之间，建立起一个稳定有效的产业扶贫带动方式和利益联结机制。

井冈山市在实践中探索建立了多种有效的产业扶贫方式和带贫增收机制，主要有订单农业、“土地租赁+基地务工”、农业园区就业、产业基地经营权返包、财政资金入股收益扶贫等项目。

一、订单农业扶贫

这是一种提高“有劳有业”贫困户组织化程度的产业扶贫方式。在井冈山地区，这一产业扶贫方式主要适用于分户经营的种植业、养殖业。订单农业扶贫方式的主要特点是：

1. 贫困户的产权和分户经营性质没有变。家庭承包土地的经营权仍然是贫困户的；贫困户仍是一个独立的农业生产经营单位，农业生产仍采取分户经营形式。

2. 贫困户不再是单打独斗的个体农业经营户，而是通过“订单农业合同”，与新型农业经营主体如龙头企业、农民专业合作社等，在某些产前、产中、产后环节建立起产业合作关系，从而提高了贫困户的农业生产组织化程度。

3. 这种产业合作关系，主要通过合同约定，形成“四统一”的联结机制。即由龙头企业或合作社负责向贫困户，统一提供优惠价格的种苗、生产资料（有的垫付或部分垫付生产资料资金）；统一提供免费的技术培训和技术服务；统一实行标准化生产与农产品质量监督管理；统一按保护价机制（有的甚至采取比一般农户更为优惠的价格）回收贫困户的农产品。

4. 从扶贫角度看，这种“四统一分（分户经营）”订单农业带贫方式的最大好处是：（1）解决了贫困户发展商品农业生产缺技术、缺规模和农产品难卖的问题，提高了贫困户的组织化程度，增强了抵御市场风险的能力，使农户小生产与大市场能较好对接。（2）有利于激发贫困户的内生动力，并通过参与生产过程提高自身发展能力。

例如，井冈山市井祥菌草生态科技股份有限公司是吉安市级龙头企业。2015 年，公司在厦坪镇厦坪村成立“井冈山连心食用菌种植专业合作社”，将全村所有（30户）贫困户纳入其中。公司为贫困户统一搭建种植大棚，统一提供菌棒等原材料，统一回收产品；贫困户负责大棚食用菌种植日常生产管理，获得食用菌种植产品销售收入。

二、“土地租赁 + 基地务工”扶贫

这一产业扶贫方式，在井冈山比较普遍。其主要特点是：

1. 贫困户将家庭承包的土地经营权，采取租赁方式向龙头企业、合作社进行流转让渡，贫困户获得土地租金。贫困户不再进行独立的土地农业生产经营活动。

2. 土地流转合同约定，龙头企业、合作社优先安排贫困户劳动力在基地务工，参加基地生产劳动或日常管理，获得务工薪金劳动收入。

3. 土地租赁大多采取实物计租方式，一般以每亩450—500斤稻谷产量的国家收购价（林地流转租赁价格要低一些），向农户支付土地流转租赁价格。

这种土地流转基地务工扶贫方式，对于农户或贫困户来说，没有什么风险，土地租金和务工收入比较稳定。但要求龙头企业、合作社的产业选择要准，带动能力要强。

例如，井冈山拿山镇鹏浩农业草莓基地，采取“土地流转 + 贫困户基地务工”扶贫模式。由鹏浩农业发展有限公司流转350亩土地，按每亩450斤稻谷支付土地租金，安置周边两个村46户贫困户劳动力长期在草莓基地务工，一天80元，一个劳动力年务工收入1.5万元左右。

三、农业园区就业扶贫

井冈山市在推进农业园区建设过程中，要求与精准扶贫紧密挂钩，优先解决贫困农民就业增收问题。如2017年，井冈山引进的高科技农业博

览园项目，该项目由瑞金叶坪现代九丰农业科技有限公司投资建设。地方政府与企业签订协议，要求在同等条件下，企业优先保证土地流转农户和贫困户在园区务工，特别要求尽可能安排有轻微残疾、年老的弱势劳动力在基地务工。项目建成后，吸纳当地农民在园区就业 350 人，其中贫困户劳动力 100 人（见专栏 4–2）。

专栏 4–2　九丰农业博览园二次分红与就业扶贫

位于井冈山拿山镇江边村的九丰农业博览园，是井冈山市重点引进的农业园区项目，由瑞金叶坪现代九丰农业科技有限公司投资建设，计划总投资 6 亿元，占地面积 1000 亩，主要由 60000 平方米的休闲观光厅和 500 亩的连体生产大棚组成。一期项目于 2018 年 2 月投入生产。项目核心区域分为“综合管理服务区、现代农业展示区、绿色果蔬生产区、智能化育苗示范区、蔬菜加工配送区、生态休闲体验区”六个部分，整个园区严格按照国家 4A 级景区要求建设，并结合井冈山产业特色、文化内涵、民俗特征及乡村风貌，打造集设施蔬菜种植、种子种苗培育、农业技术服务、农产品深加工、休闲旅游观光为一体的高科技农业博览园。

园区带贫增收方式：（1）村集体将农户土地统一流转入股园区企业，园区按每亩 500 斤稻谷（约 650 元）向村集体统一支付土地入股保底分红，然后由村集体向农户兑现土地流转收益。（2）农民的土地经营权入股园区企业后，除保底分红外，企业每年按年纯收益的 5% 进行土地入股的第二次分红。（3）企业拿出 350 个岗位，优先吸纳贫困户和土地流转农户在园区就业。

再如 2016 年，井冈山市新城镇推进创办的新城现代农业生态示范园，引进培育省级龙头企业 2 家、专业合作社 18 家、家庭农场 6 家，发展特色动物养殖，茶叶、猕猴桃、井冈蜜柚、哈密瓜、皇菊种植等近 2000 亩。示范园每年还可解决长期就业 200 余人、零散用工近 2000 人次，为贫困群众提供了在家门口就业的机会（见专栏 4–3）。

专栏 4–3　井冈山新城现代农业生态示范园就业扶贫

井冈山新城现代农业产业生态示范园位于新城镇。示范园充分发挥本地良好生态资源和井冈山旅游产业发展优势，立足原有农业产业基础，选择地形地貌适宜连片开发的 3000 亩残次林地，高标准规划设计了集餐饮、旅游、休闲、观光于一体的现代农业示范园。选择性引导多种农业产业从分散经营，走向集约化、规模化、高效化“抱团”模式，放大产业集聚效应，拓展产业发展空间，为贫困群众谋求可靠的脱贫路径。该园已吸引 82 户贫困户采取财政产业扶持资金入股，红卡户年可分红 2000 元，蓝卡户年可分红 500 元。

示范园规划设计有特色动物养殖区、茶叶种植区、猕猴桃种植区、瓜果采摘区、农家生活体验区等功能区，有针对性地引导本地能人、返乡创业人士谢玉龙等创办七溪岭家庭农场，在园内成立专业合作社，实现多种现代农业产业集聚发展。该园已引进培育省级龙头企业 2 家、专业合作社 18 家、家庭农场 6 家，发展特色动物养殖，茶叶、猕猴桃、井冈蜜柚、哈密瓜、皇菊种植等近 2000 亩。示范园每年可解决长期就业 200 余人、零散用工近 2000 人次，为贫困群众提供了在家门口就业的机会。

四、产业基地经营权返包扶贫

井冈山市出台了规范土地流转实施办法，对规模流转100亩以上所建设的产业基地，要求在产业基地产生效益前，由土地流转受让方——产业市场主体，确保土地出让方（农户或贫困户）土地租金收入；在基地产生效益后，在确保土地出让方租金收益的基础上，实现村集体、土地出让方、当地贫困户在基地的股份不低于10%，或者获得面积不低于基地10%的经营权，由村集体、土地出让方、贫困户三方共同经营，共享收益。

如新城镇枫梓村积极响应井冈山市委、市政府提出的“消灭撂荒土地，发展致富产业”的号召，引进井冈山黄金谷农业开发有限公司，开发利用5000亩撂荒山场，建设一个以黄金茶种植为主体，集农业观光、农事体验、生态休闲、自然景观等现代农业与休闲旅游有机结合的田园综合体。在土地流转时，枫梓村与公司签订协议，双方约定：基地产生效益后，在确保土地出让方租金收益的基础上，从黄金茶种植基地中拿出200亩，优先返包分配给村里的贫困户经营，确保每户一亩黄金茶，200亩分配剩余部分交由枫梓村集体经济组织管理经营，用于发展壮大村集体经济。这样一种产业基地经营权返包利益机制，避免了将土地“一股了之”“一租了之”，确保了贫困户和村集体长期受益。

五、财政资金入股收益扶贫

2015年，井冈山市被列为江西省资产收益扶贫试点县。试点中，主要采取产业发展财政补贴资金入股方式。市里对红卡特困户给予每户10000元的产业发展财政补贴资金扶持；对蓝卡贫困户给予每户5000元的产业发展财政补贴资金扶持；并实行全市红卡、蓝卡贫困户全覆盖。

对于蓝卡贫困户每户5000元的产业发展财政补贴资金，可采取自营产业补贴方式补给贫困户，但多数采取入股方式将这笔资金入股到本村农民专业合作社，实行资产收益分红，分红比例一般为8%—10%。由于蓝卡贫困户是有劳动能力的贫困户，原则上要求蓝卡户参与专业合作社基地生产劳动，避免福利主义资产收益“白拿钱”。对于红卡贫困户每户10000元的产业发展财政补贴资金，采取两种资产收益方式：一种是将这笔资金入股到本村农民专业合作社；另一种是委托市惠农宝产业投资有限公司进行投资管理。这两种资产收益方式的分红比例为10%左右。近几年，井冈山市的财政资金入股收益扶贫方式，使全市红卡、蓝卡贫困户获得了较稳定收益，得到了实实在在的政策实惠。

第五章 基于“红色+”的旅游扶贫

在井冈山，旅游业是第一大产业，其份额已占据了全市地区生产总值的“半壁江山”。旅游业是吸纳就业人口最多的产业，全市从事旅游业的就业人口达 4 万余人。大力发展旅游业，不仅对于拉动全市 GDP 增长、实现充分就业十分重要，而且对于实施产业扶贫，加快贫困村、贫困户稳定脱贫，长效增收十分重要。

这几年，井冈山市委、市政府以脱贫攻坚统揽经济社会发展全局，坚持实施“红色引领、绿色崛起”发展战略，注重发挥旅游资源优势，本着“做大旅游、做强工业、做优农业”的工作思路，依托红色旅游核心资源，走出了一条具有井冈山特色的“从红色旅游到红色培训、从红色旅游到乡村旅游、从红色旅游到全域旅游”的旅游强县富民的发展路子，也走出了一条具有井冈山特色的“红色 +”旅游扶贫路子。

第一节 旅游资源优势与发展规模

井冈山是一块红色的宝地，有着光辉、厚重的革命历史；井冈山是一座绿色的宝库，有着旖旎、迷人的自然风光。“四面重峦障，五溪曲水萦。红根已深植，今日正繁荣。”这是老一辈无产阶级革命家董必武于 1960 年访问井冈山时的赞美和评价。

一、享誉盛名的红色旅游资源

井冈山是“中国革命的摇篮”“中华人民共和国的奠基石”。从 1927 年 10 月到 1930 年 2 月，毛泽东、朱德等老一辈无产阶级革命家在井冈山创建了全国第一个革命根据地，与国民党反动派展开了艰苦卓绝的斗争。两年零四个月的井冈山斗争，为中国革命探索出一条成功之路——“农村包围城市、武装夺取政权”的井冈山道路；为后人留下了十分宝贵的精神财富——井冈山精神；也为后人留下了许多十分珍贵的井冈山革命斗争旧址遗迹。

在井冈山，迄今保存完好的井冈山革命斗争旧址遗迹达 100 多处，其中列为国家重点文物保护单位 22 处、省级重点文物保护单位 35 处、市级重点文物保护单位 23 处。著名的革命旧址和红色景点有茨坪毛泽东同志旧居革命旧址群、井冈山革命博物馆、井冈山革命烈士陵园、大井毛泽东同志旧居、茅坪八角楼、朱毛红军会师纪念馆、会师广场、黄洋界保卫战旧址、红军医院旧址、柏露会议旧址等。

巍巍井冈山，绵延五百里，犹如一个没有围墙的革命博物馆，成为人们陶冶情操、洗涤心灵的精神家园，成为爱国主义革命传统教育的重要阵地。井冈山先后被命名为“首批全国青少年革命传统教育十佳基地”“全国优秀社会教育基地”“全国爱国主义教育示范基地”；先后被列为全国“重点红色旅游区”和“红色旅游经典景区”。

井冈山是国家认定的第一批全国重点风景名胜区，集革命人文景观和优美自然风光于一体。井冈山风景名胜区共有茨坪、黄洋界、龙潭、主峰、杜鹃山、茅坪、龙市、桐木岭、鹅岭、仙口、湘洲 11 个景区。在这 11 个景区中，红色人文景观占据了主要地位（见表 5–1）。

表 5–1　井冈山风景区 11 个景区及主要红色人文景观

景　区	红色人文景观	绿色景点
茨坪景区	茨坪革命旧居旧址群、井冈山革命博物馆、井冈山革命烈士陵园、烈士墓等	南山公园、挹翠湖
黄洋界景区	黄洋界保卫战旧址、红军挑粮休息处旧址黄洋界荷树、八面山红军哨口工事旧址、双马石红军哨口工事旧址、雷打石革命旧址、大井革命旧址群、上井红军造币厂旧址、领袖峰景区等	荆竹山、百竹园
龙潭景区	小井中国红军第四军医院旧址、小井红军伤病员殉难处等	龙潭、金狮面等
主峰景区	红军游击洞	五指峰、集景峰、井冈湖、水口彩虹瀑等
杜鹃山景区	行洲中国红军标语群旧址、朱砂冲哨口工事旧址、黄坳毛泽东同志旧居	笔架山四景
茅坪景区	八角楼毛泽东旧居、中共湘赣边界“一大”会址、红四军士兵委员会旧址和陈毅同志旧居、中共井冈山前委和湘赣边界特委旧址（红军医院）、步云山练兵场旧址、中共湘赣边界“二大”会址、红军烈士墓、象山庵等	—
龙市景区	井冈山会师纪念馆、龙江书院、井冈山会师纪念碑、红四军建军广场旧址、古城会议旧址、井冈山根据地烈士陵园	—
桐木岭景区	桐木岭红军哨口工事	桐木岭、石燕洞、罗浮水库等
鹅岭景区	柏露会议旧址、新城战斗旧址、柏露战斗旧址等	玉鹅岭
仙口景区	—	长坪瀑布、热水洲温泉、仙口小三峡等
湘洲景区	—	蛤蟆落井、严岭嶂等

二、得天独厚的绿色旅游资源

井冈山不仅有丰富的革命人文景观，同时也有令人叹为观止的自然景观。当年郭沫若游览井冈山时曾感慨万千，挥笔留下了“井冈山下后，万岭不思游”的赞美诗句。

井冈山境内峰峦叠嶂、峪壑幽深、溪流澄碧、林木蓊郁，具有雄、险、秀、幽、奇的特色，可以春看杜鹃、夏享清凉、秋赏红叶、冬观冰凌，尤以雄险的山势、奇特的飞瀑、磅礴的云海、瑰丽的日出、烂漫的杜鹃花而蜚声中外。

——峰峦山石。井冈山的大小峰峦有500多座，平均海拔在千米以上，绵亘250公里。著名景点有五指峰、笔架山、五大哨口等，均以其雄、险、峻、幽蜚声中外。其中，五指峰作为井冈山的形象代表，成为第四套人民币百元面额背面图案主景，被载入中国人民币史册；井冈山诸多山峰大都怪石嶙峋，如金狮面的“人面岩”、“金龟击鼓”、桐木岭东侧的“石姬”、笔架山的“天烛”“群猴听训”等，无不形神皆备、栩栩如生。

——飞瀑流泉。井冈山的瀑布数量多、落差大、形态各异。据初步统计，有大小瀑布100多座。这些飞流急瀑夹峙在巍峨群山之中，显得格外雄奇壮丽和气势磅礴。

——气候宜人。井冈山属中亚热带湿润季风型气候，雨量充沛，气候宜人，夏无酷暑，冬无严寒，年平均温度为14.2℃。造就了一个清凉、清新的避暑气候。此外，漫山的云海、神奇的黄洋界“宝光”、山城冬季的雪景，更是气象万千，为井冈山平添了几分特色。

——生物多样性。井冈山从地质年代的第三纪以来，一直处在比较稳定的温暖湿润的气候环境下孕育发展，又未受到第四纪大陆冰川的影响，因而保存了大量的动植物种质资源，是亚热带动植物的原生地和集中分布区之一，多种野生动物栖息于此，更是珍贵植物的“家园”，因此素有“动植物家园”、“绿色钻石”和“天然氧吧”之称。由于井冈山森林垂直分布明显，除了有大面积典型的中亚热带常绿阔叶林外，在低海拔的沟谷有热带、南亚热带生物区系，在高海拔的峰峦又有暖温带、温带生物区系。因此，生物种类繁多，区系复杂，物种珍稀，其中许多属于国家重点保护的动植物。

——田园风光。井冈山山峦重叠，由西南向东北绵延数十公里。大片次原始森林，幽深静谧，清新湿润的空气沁人肺腑，晶亮清澈的溪水清凉甘甜，人处其间感受视、听、嗅三种体验，仿佛置身远古时代，莫不清心去浊，返璞归真。各式梯田顺山势而上，层层叠叠，弯弯曲曲，田间翠竹环绕，古朴的村舍民居点缀在清溪翠林间，形成一幅幅清秀淡雅的山水画，这种高山田园风光为国内名山大川所罕见，为度假旅游、乡村旅游提供了难得的场所。

——奇异洞穴。井冈山的地貌类型包括泥盆纪砂岩地貌、寒武纪与奥陶纪变质岩地貌、志留纪花岗岩地貌、泥盆纪碳酸盐喀斯特地貌等。如梨坪的石燕洞，发育在泥盆纪灰岩当中，深千米，因常年栖息石燕而得名，大洞小洞相连，形成洞中有洞的奇景。当地民谣“水打梨坪门前过，田里无水干死禾”，正是井冈山喀斯特地貌区特征的生动写照。

——井冈山国家自然保护区。井冈山自然保护区于1981年设立；2000年，经国务院办公厅批准设立为国家级自然保护区。井冈山保护区主要保护对象为中亚热带湿润常绿阔叶林生态系统及其生物多样性。区内植被素有“第三纪型森林”、“天然动植物园”和“亚热带绿色明珠”之称，植被类型多样，生物资源十分丰富。分布有常绿阔叶林、落叶阔叶林等12个植被类型，92个植被群系；维管束植物达3745种，脊椎动物（不含鱼类）有468种，昆虫3000多种。其中有国家一级保护野生植物南方红豆杉、伯栎树、银杏、资源冷杉4种，国家二级保护野生植物36种，井冈山特有植物24种；有国家一级保护野生动物黄腹角雉、白颈长尾雉、金斑喙凤蝶、豹、云豹、华南虎6种，国家二级保护野生动物36种。井冈山国家级自然保护区被联合国教科文组织接纳为世界生物圈保护区网络成员，成为江西省唯一的世界生物圈保护区；是国家生态文明教育基地、全国科普教育基地、全国林业示范保护区、全国林业科普教育基地。

总之，得天独厚的绿色旅游资源，使得井冈山成为旅游避暑、休闲康养、户外运动的胜地。

三、红色旅游成为全市旅游业的龙头

红色旅游，主要是指以中国共产党领导人民在革命战争时期建立丰功伟绩所形成的纪念地、标志物为载体，以其所承载的革命历史、革命事迹和革命精神为内涵，组织接待旅游者开展缅怀学习、参观游览的主题性旅游活动。发展红色旅游，有着四个方面的重要意义：一是有利于加强爱国主义和革命传统教育，培育和践行社会主义核心价值观，促进社会主义精神文明建设。二是有利于保护和利用革命历史文化遗产。通过发展红色旅游，把革命历史文化遗产保护好、管理好、利用好，建设和巩固社会主义思想文化阵地。三是有利于脱贫攻坚，推动革命老区经济社会协调发展。发展红色旅游，可以带动老区人民脱贫致富，可以将红色历史文化资源优势转化为经济优势。四是有利于培育发展旅游业新的增长点。红色旅游作为旅游业的重要组成部分，对于满足旅游需求、促进旅游业发展、增强旅游业发展后劲、开拓更广阔的旅游消费市场，具有积极作用。

1982年，井冈山凭借厚重的革命历史、旖旎的自然风光，被批准成为我国第一批国家级重点风景名胜区。从20世纪90年代开始，井冈山将发展"红色旅游"作为支柱产业来打造，党委、政府及职能部门高度重视、齐抓共管。2004 年，中央发布《2004—2010 年全国红色旅游发展规划纲要》（亦称为一期纲要），红色旅游在全国被摆上重要发展议程。为适应新的形势发展需要，2005 年，经江西省委、省政府和吉安市委、市政府批准，成立了新的井冈山管理局，井冈山的“红色旅游”自此迈上了快速发展轨道。

井冈山发展红色旅游具有三大优势：一是中央、江西省和吉安市对井冈山发展红色旅游高度关注、高度重视和大力支持。二是井冈山是中国革命的摇篮，是革命的圣地，在全国影响很大，红色旅游资源丰富，优势十分明显。三是井冈山具有较大的区位优势。井冈山外连沿海发达地区，内接广阔内陆。随着泰井高速和衡茶吉铁路的贯通以及井冈山机场航线的加密，井冈山与众多客源市场已形成交通直达格局。此外，井冈山西邻中华民族始祖炎帝陵、伟人故里韶山，南接共和国摇篮瑞金，北靠英雄城南昌，可与周边旅游地优势互补、合作共赢。

井冈山的红色旅游成为全市旅游业发展的引擎和龙头。井冈山风景名胜区共有 11 个景区、76 处景点，其中红色景点占据了主体地位，社会影响力最大（见表 5-1）。全国各地慕名而来的人们，上山后首先参观革命旧址，接受革命传统教育，其次才游山玩水，欣赏自然景观。

在井冈山，依托红色旅游，现正在从三个方面打造旅游产业升级版：（1）将红色旅游拓展成红色教育培训，深化了红色旅游的爱国主义和革命传统教育功能；（2）将红色旅游拓展到乡村旅游，进一步发挥了红色旅游带动贫困村、贫困户脱贫致富的功能作用；（3）将红色旅游拓展为全域旅游，推动旅游产业在全市经济发展中挑起大梁。

四、旅游产业挑起井冈山经济发展大梁

井冈山市自 2000 年成立以来，旅游业呈现“井喷式”增长，2018 年

与 2001 年相比，游客数量由 106.8 万人增加到 1839.08 万人，增长 16.2 倍，平均每年游客增加量超过 100 万人；旅游总收入由 5.03 亿元增加到 150 亿元，增长 28.8 倍，年均增长 22.1%。

党的十八大以来，井冈山市的生产总值增加了 32.41 亿元（见表 2–2），其中第一产业增加 1.17 亿元，贡献率 3.6%；第二产业增加 2.82 亿元，贡献率 8.7%；而第三产业却增加了 28.42 亿元，贡献率高达 87.7%。是什么产业门类拉动了井冈山第三产业迅猛发展？答案是旅游产业。目前，井冈山旅游业在第三产业增加值中已占 70% 以上，在全部地区生产总值中占 50% 以上。毫无疑问，井冈山旅游产业已经挑起了全市经济发展的大梁。

第二节　从红色旅游到红色教育培训

红色教育培训是以革命旧址旧居等红色资源为载体，依托专业的培训机构，对参加培训的学员深入进行爱国主义和革命传统教育。红色培训是红色旅游的升级版。红色旅游虽然有红色教育功能，但仍属于游览观光性质，游客停留时间较短，接受红色教育不系统、不深入，其教育功能作用有限。另外，由于参加红色旅游的游客在红色景区停留时间较短，对地方经济的拉动作用也十分有限。

党的十八大以来，井冈山大力打造红色旅游升级版，充分发挥红色历史文化资源厚重优势，实行由“接待型、观光型”向“培训型、深度型”转变，把着力点放在红色教育培训上。这几年，井冈山的红色教育培训呈现出迅猛发展之势。一方面，促进了爱国主义和革命传统教育更加系统、更加深入；另一方面，也增加了培训学员在井冈山的停留时间，拓展了与乡村旅游对接的培训内容，促进了地方经济发展和贫困人口增收脱贫。井冈山的红色教育培训，在全国率先兴起，这几年一直走在前列，成为全国公认的样板。

一、打造全国红色教育培训的井冈山样板

井冈山的红色教育培训具有以下几个特点：

（一）红色教育培训机构发展较快

2011年，驻井冈山红色教育培训机构30家左右，且大多为公办机构，如中国井冈山干部学院、江西干部学院等。到2018年，红色教育培训机构增加到308家。其中公办46家，民办262家。

（二）培训学员数量大幅增长

近几年，井冈山红色教育培训持续升温，2018年，共举办红色培训班8720期，培训人数由2014年的12.9万人增加到52.28万人，年均增长41.9%。

（三）红色教育培训管理逐步规范

2017年，井冈山管理局设立“井冈山红色培训管理办公室”，是井冈山管理局旅游管理处下属正科级事业单位，行使对全山红色教育培训工作的行业管理职能。井冈山红色培训管理办公室主要实行“三个统一”的行业管理：统一教学培训内容，统一培训机构和教学人员资格认证，统一标准标识。近两年，出台了《井冈山红色培训管理办法（试行）》和《井冈山红色培训机构准入统一管理实施细则》等实施细则，建设了井冈山红色教育培训管理平台，开通了“井冈红培”微信公众号，强化了培训机构、师资人员、教学内容和参训学员的规范化管理。

（四）红色教育培训标准化建设迈上新台阶

《红色教育培训管理规范》获批为江西省地方标准；《红色教育培训服务规范》被列为国家标准制定项目；“井冈山红色教育培训管理体系”顺利通过中国质量认证中心评审，在国内红色教育培训行业中第一个获得质

量管理体系和培训管理体系“双认证”。

（五）加强红色教育培训课程研发

井冈山成立了红色培训研发机构，研发精品红色培训课程，并组建了专门的红色培训宣讲团。陆续推出“井冈练兵”体验教学项目、实地红色演练、井冈山民俗馆等一系列红色文化培训项目。如今，井冈山的红色培训不仅吸引了党政群机关、国有企事业单位，还吸引了大量民营企业在井冈山挂牌成立爱国主义教育基地。一些外资机构也把井冈山作为员工团体培训和精神锤炼的重要基地。

（六）拉动旅游经济和地方经济发展

过去，来井冈山旅游的游客平均逗留时间为 1.5 天。而开展红色培训，学员在井冈山的时间平均为 4.5 天，明显提升了人均消费水平，增加了宾馆酒店的入住率，出现了旺季“一房难求”现象。300 多家培训机构，直接和间接提供就业机会 1 万多个，开创了井冈山红色旅游“淡季不淡、旺季更旺”的良好局面。特别是红色培训拓展乡村红色体验项目，促进了乡村旅游，带动了农民增收。

二、红色培训共建模式拓展富民带贫途径

井冈山的红色教育培训是依托专业培训机构实施的，但培训方式并不采取封闭式课堂教学。300 多家红色教育培训机构与 21 个乡镇场开展结对帮扶，让红色培训机构找到“娘家”，让乡镇也找到了“对家”。井冈山坚持“红色培训到农村、红色体验在农户”的工作思路，把红色培训向乡村、农户延伸，不仅拓展了体验式培训的内涵，同时还通过培训学员入住农户、就餐农家，直接增加了农民群众收入。

如全国青少年井冈山革命传统教育基地在定点帮扶贫困村——坝上村，创新推出“红军的一天”红色培训体验项目。由村里的农户（贫困

户）为培训学员提供食宿，实现“一堂课”惠及“一个村”。目前，坝上村共有52户农户（含12户贫困户）参与接待学员，年接待量达4万多人。据基地统计，近年来坝上村通过接待培训学员“自做红军餐”和置卖一些当地特产，农户每年户均增收2.5万元左右。

专栏5–1 “红军的一天”助推坝上村脱贫致富

井冈山市茅坪乡坝上村是一个贫困山村。全村共163户635人，其中建档立卡贫困户36户92人。坝上村红色旅游资源丰富，有步云山红军练兵场、红四军军部等革命旧址，还有井冈英才——袁文才烈士墓，以及象山庵、白云寺和项王祠等古迹寺庙。

“红军的一天”体验课程，由全国青少年井冈山革命传统教育基地于2016年开发。坝上村以该项目落户为契机，巧借外力，做响品牌，以红色培训助推精准脱贫。课程内容包括听红军故事、来场急行军、制作红军餐、开展入户调查、参加井冈练兵等。中午学员自己动手在农户家中制作红军餐，品红米饭、喝南瓜汤、吃红军菜，体验当年红军生活。基地统一按照每人33元的用餐标准支付给农户，使参与农户有了较稳定的收入。

2017年，全村共接待红色培训学员4万多人，共有52户农户参与接待学员用餐，其中贫困户有12户，户均年增收2.5万元左右。在坝上村，“红军的一天”体验课程，不仅传承了红色基因，而且还带富了坝上人。

井冈山在全国实现率先脱贫摘帽后，坝上村继续巩固脱贫成果，在原有“红军餐”接待的基础上，与教育集团合作改造农户房间，将农户住房改造成红培学员住宿点，扩大了农民的增收渠道。

又如，一些红色教育培训机构在茅坪乡马源村开展体验活动。利用当年红军从马源走到八角楼的山林小道，开发了“红军小道”体验课程。学员从八角楼参观出来后经红军小道步行就可直接走到马源村的“红色讲堂”，在红色讲堂里听革命故事、学红色理论。同时，安排学员到农户家里开展自制红军餐体验活动，以及利用村部广场组织红色晚会、销售农副产品等，直接为村集体及村民带来经济创收。

再如，井冈山拿山镇茶坪村，以该村自然山水为舞台背景，将经典的红色文化与高科技的声光电技术完美结合，编创了我国目前最大的红色实景剧——大型实景演出《井冈山》。参演的600多名群众演员，都是当地的农民。他们的先辈有很多就是当年的红军。这些群众白天是农民，晚上当演员，人均每年可增收5000多元。大型实景演出《井冈山》自2008年10月1日正式公演以来，累计演出2000余场，接待红培学员和游客200多万人次，实现收入2亿多元，产生了良好的经济效益和社会效益。

第三节　从红色旅游到全域旅游

“全景井冈、全域旅游”是井冈山旅游发展新思路。经过几年的努力，井冈山打造的以红色旅游为龙头的全域旅游已初具规模、渐入佳境，拓宽了旅游扶贫路子。2016年，井冈山进入国家旅游局公布的首批创建“国家全域旅游示范区”名单；2018年，井冈山成功创建首批“江西省全域旅游示范区”。

一、以红色旅游为龙头布局全域旅游

全域旅游是指在一定的行政区域内，以旅游业为优势主导产业，实现区域资源有机整合、产业深度融合发展和全社会共同参与，通过旅游业带

动相关产业发展的一种新的区域旅游发展理念和模式。全域旅游从概念上，需要将各行业积极融入其中，把一个行政区当作一个旅游大景区，使旅游产业全景化、全覆盖，逐步构建成资源优化、空间有序、产品丰富、产业发达的旅游系统。井冈山的全域旅游，着力于“点线面”布局，正积极塑造“服务无处不在、景色无处不有、参与人人皆能”的景象，努力打造“旅游主业突破，引领多业融合”的全域旅游发展新模式和新格局。

为推动井冈山旅游业由“景区旅游”向“全域旅游”转变，井冈山围绕“红色最红、绿色最绿、脱贫最好”的目标定位，以红色旅游为龙头，采取三条线和“1+6”发展思路布局全域旅游。

（一）布局三条旅游精品线路

沿着进入井冈山景区的三条高速公路和省道线路，布局旅游精品线路。由遂川县进入井冈山景区的井遂省道线；连接拿山、下坪、罗浮等乡镇的泰井高速线；连接鹅岭、龙市、荷花等乡镇的井睦高速线。这三条线路将井冈山旅游资源比较丰富的景区景点连通起来。

（二）布局“1+6”特色旅游小镇网络

以茨坪镇为中心，辐射带动梨坪、罗浮、拿山厦坪、黄坳、龙市、茅坪六个特色乡镇，形成以旅游产业为核心，以红色旅游为龙头的“1+6”特色旅游小镇网络和全域旅游框架。

（三）布局乡村旅游新景点

井冈山把美丽乡村建设和精品民宿作为全域旅游的重要抓手和布局终端。出台了《关于推进井冈山乡村旅游与民宿产业发展的实施意见》，每年推进一批美丽乡村建设和乡村旅游精品点建设。目前，已引进首旅寒舍、康辉集团、上海途家、北京唐乡、丽江文旅等一批有实力、有情怀、有品位的民宿企业，开发建设了茅坪乡神山村、大陇镇案山村、荷花乡大仓村、柏露乡鹭鸣湖等一批乡村旅游精品民宿点。

二、“红色旅游 + 乡村旅游”融合发展路径

（一）实施“旅游 +”行动计划，发展“1+4”产业体系

井冈山重点发展以旅游业为主导，以总部经济、休闲经济、会展经济、电商经济为补充的现代服务业，实现从单一旅游到立体经济的转变。发挥井冈山的生态和政治优势，探索组建以井冈山为注册地的井冈山银行、井冈山保险公司和商会大厦等总部经济，加大对总部企业在办公用房、人才引进等方面的大力支持。大力发展会议培训、休闲度假、体验观光、健康养老、户外运动、研学实践等旅游产品。创新红色培训“井冈模式”，规范红色培训管理，打造红色培训全国品牌。

（二）实施“茨坪 +”行动计划，打造“1+6”特色旅游小镇

坚持特色打造、旅游强镇的发展理念，重点推进以茨坪为中心，梨坪、罗浮、拿山厦坪、黄坳、龙市、茅坪 6 个区域为辐射的特色旅游小镇建设，实现从“一处美”到“处处美”，从“景点游”到“全域游”。把茨坪打造成以观光休闲、购物度假为主的最美生态小镇；以中信国际会议中心为依托，把梨坪打造成会议培训、避暑度假为主的文化小镇；推进华润希望小镇、温泉开发项目，把罗浮打造成温泉养生为主的度假小镇；以农业园区、乡村民俗为依托，把拿山厦坪打造成农业观光、民俗体验为主的休闲小镇；加快国际山地自行车提档升级，把黄坳打造成以运动健身为主的运动小镇；以龙江书院、会师广场等为依托，把龙市打造成红色旅游重要目的地；以八角楼、神山村、“山地人家”为依托，把茅坪打造成红色培训、民宿体验为主的特色小镇。井冈山创新多元投入机制，拓宽资金来源，引进了中信集团、华润集团等大企业（大财团）参与特色小镇建设。

（三）打造乡村旅游新景点

井冈山已打造出了 6 个 4A 级乡村旅游点（黄坳村、菖蒲村、沟边村、

茅坪村、神山村、案山村），4 个 3A 级乡村旅游点（坝上村、马源村、汉头村、富桥村），以及大仓村等一批乡村旅游精品点，民宿床位达 5000 余张，一批特色小镇、精品民宿旅游新村脱颖而出。

专栏 5-2　精品民宿业打造井冈山乡村旅游升级版

近年来，井冈山立足红色、绿色、古色资源优势，抓住脱贫攻坚、乡村振兴发展新机遇，以“全景井冈、全域旅游”为抓手，适应休闲旅游市场新需求，加快精品民宿产业发展，促进乡村旅游提档升级。2018 年，该市出台了《井冈山精品名宿发展实施方案的通知》（井管局办字〔2018〕25 号），成立了井冈山精品民宿发展协调领导小组。到 2018 年底，井冈山已建精品民宿点 15 个，已建接待床位 500 多张，在建床位 1500 多张，新增民宿和乡村旅游床位 3000 多张。

井冈山市计划力争到 2020 年底，建成精品民宿单体或综合体 300 个以上，民宿集聚村 30 个以上，民宿床位达 10000 张以上；民宿集聚村、精品民宿点基础配套、接待能力、服务水平、品牌影响力显著提升，并通过完善精品民宿产业带贫机制，使精品民宿成为井冈山旅游产业发展和带动贫困村、贫困户脱贫致富的新业态、新引擎、新动力。

（四）红色培训研学与美丽乡村建设、乡村旅游融合发展

井冈山利用分布在各乡村的红色资源，创造性地推出集培训、参与、体验为一体的“红色培训 + 乡村旅游”井冈山模式，推出实地红色演练、井冈山民俗等一系列红色文化培训项目，带动贫困群众参与红色培训服

务。下七乡汉头村高起点规划、高标准实施，在改善村民居住环境的同时，引进市场主体投资 3000 多万元，建成沃土胜境研学基地，集学生研学旅行、客家传统文化研究推广、生态种养、民宿等产业于一体。2019 年，该基地将加大投资力度，拟打造成能一次性接纳 1500 人的研学基地。茅坪乡马源村完善了观景平台、栈道、餐厅等旅游设施，结合村集体经济项目，成立旅游发展公司，整合太空莲产业，吸引了近 2 万多名自驾游游客前来赏荷花、摘莲子。同时，鼓励农户利用自身房屋发展民宿等项目，拓宽农民增收渠道。

（五）乡村旅游与特色农业融合发展

推进“农旅结合”，成为井冈山协同发展生态高效农业和乡村旅游业的一大趋势。拿山镇引进九丰农业科技有限公司投资 6 亿元，打造成集蔬菜种植、种子种苗培育、农业技术服务、农产品深加工、休闲旅游观光为一体的高科技农业博览园。目前，园区已完成了 6 万平方米的智能观光大棚和 12 万平方米连栋生产大棚建设，逐步实现把农田变成花园式生产基地，将高科技农业博览园打造成绿色农业发展的一个样板，成为井冈山推进农旅产业兴旺的典范。菖蒲金葡萄园、国家农业科技园八角楼园区等一批农业观光项目，吸引了大批自驾游游客旅游观光、采摘体验，让一大批种菜、种果的贫困群众成为受益者。

（六）引资开发乡村旅游综合项目

荷花、黄坳等乡镇充分利用自然资源和优越条件，引进工商资本合理开发红色旅游和农业产业观光等一批乡村旅游综合项目。荷花乡大仓村与上海途家斯维登集团签约投资 3000 万元，项目已全面动工，新建的 9 栋民宿已完成主体框架结构，另外，改造的 3 栋民宿正在设计中。黄坳乡中岭村结合美丽乡村精品示范点建设，投资近千万元，在全面完成美化亮化工程的同时，完成 2000 米游步道建设，建设排头兵广场，乡村旅游设施得到完善。

目前，井冈山市从事乡村旅游的经营主体逾千家，一批特色小镇、最美乡村脱颖而出。茨坪镇被评为“全国最美乡愁旅游小镇”，龙市镇被评为“全国优美乡村旅游小镇”，茅坪村被评为“中国乡村旅游模范村”，渥田、菖蒲等9个村被列为“全省乡村旅游扶贫示范村”，霞溪农庄、松林山庄等10余家农家乐被国家旅游局授予“金牌农家乐”称号。

第四节　旅游扶贫效应与支持政策

在井冈山，旅游扶贫是产业扶贫的一个重要领域。旅游产业为贫困户脱贫增收、贫困村脱贫出列，以及巩固提升脱贫攻坚成果，发挥了重要产业支撑作用。在这一发展过程中，井冈山市出台了一系列政策措施，支持旅游业发展壮大，增强了旅游业的扶贫功能与带贫效应。

一、旅游扶贫为贫困户提供更多增收机会

井冈山的红色旅游、乡村旅游和全域旅游，为建档立卡贫困户提供了较多的增收途径。这些增收途径主要有：

（一）贫困户通过直接提供就餐和民宿增收

如井冈山大井林场大井村，依托大井革命旧址群建设红色培训研学基地。全村76户有68户参入研学基地，兴办民宿农家乐，共有床位1360张。2018年共接待6万余人次在村里研学、吃住。在驻村工作队的支持下，村上6户贫困户均兴办民宿农家乐，参与接待红色培训研修学员，户均年增收两万余元。神山村、茅坪村、坝上村、马源村案山村、汉头村等，组织贫困户参与红色旅游、乡村旅游服务项目，让他们通过提供就餐、民宿增加收入。

（二）贫困户通过旅游务工就业增收

目前，井冈山从事乡村旅游的经营实体逾千家，吸收带动贫困户1300多户，占全市贫困户总数的28%。不少贫困户劳动力在酒店、餐馆、旅游工艺品加工厂务工，获得较稳定收入。此外，一些红色景区的保洁员、保安人员、停车场工作队员等岗位，基本上都是优先安排贫困户劳动力就近就地上岗就业。

（三）贫困户通过销售农副土特产品增收

所有农家乐的餐饮原材料（包括蔬菜、水果、鸡鸭、禽蛋、鱼肉等），以及为红色培训提供“自做红军餐”的原材料，大多是当地农民自产自销。游客购买的井冈山土特产品如茶叶、水果、山货、竹制工艺品等，也大多是当地农民生产的。尤其通过举办各种农事采摘节、农事体验等，使当地特色农产品不出村便可卖到好价钱。

（四）贫困户通过资产入股合作经营增收

如柏露乡长富桥村引进柏露文化旅游公司投资打造了集精品民宿、共享农庄、餐饮、农业休闲采摘、帐篷露营和青少年研学等为一体的鹭鸣湖田园综合体项目。采取农户（贫困户）闲置住房入股、企业与农户共同出资共同受益模式，将农户闲置住房改造建设成有特色的民宿，农户和企业各占股一半成立共享农庄。案山村吸引周边村8个合作社联合注资，带动48户蓝卡户以产业发展资金集体入股的形式成立“陇上行红墟坊乡村旅游有限公司”，积极打造旅游业态，已建设了陇门客栈等民宿28间，以及四季花田、采摘果园、红墟坊农家乐、苏莲托咖啡茶厅、红歌坊、便民超市、亲子公园等。2017年6月开始运营，当年接待游客3万余人。

二、旅游扶贫为贫困村脱贫振兴提供优先发展契机

在井冈山，许多贫困村红色旅游资源丰富，生态环境良好，气候条件

宜居，发展红色旅游和乡村旅游潜力较大。过去，由于地域偏远、交通闭塞，这些村的经济开发严重滞后，农民收入来源主要靠外出务工。而正是由于这些贫困村的资源未得到充分开发，才使其绿水青山、自然生态得以保留下来。脱贫攻坚期间，井冈山遵循习近平总书记关于“绿水青山就是金山银山”的发展理念，正确处理贫困村脱贫出列与生态环境保护的关系，坚定不移走绿色发展、绿色扶贫之路，把发展乡村旅游作为贫困村脱贫致富的重要突破口和产业支撑，取得了“事半功倍”的效果。

这几年，井冈山对发展红色旅游和乡村旅游潜力大的贫困村，从规划编制、基础设施建设、村庄环境整治、危房改造安居工程、美丽乡村建设试点项目安排等方面，给予优先倾斜，加大扶持力度，加快建设进程，使这些贫困村一跃变成了美丽乡村、旅游新村，实现了贫困村与乡村振兴的有机衔接。如神山村、案山村、坝上村、马源村等，在短短的三年多时间，实现了由贫困村到美丽新村的“华丽转身”(参见专栏 5–3)。

专栏 5–3 神山村旧貌换新颜

井冈山市茅坪乡神山村，地处黄洋界脚下，距著名的八角楼18公里，系省定贫困村。全村54户231人，其中贫困户20户46人，贫困发生率20%；耕地面积198亩，山林面积4950亩，其中90%为毛竹林。因为山高路险、交通闭塞，神山村长期为穷所困，鲜为人知。

2016年春节前夕，习近平总书记冒雪来到村里，看望慰问乡亲们。自此，神山村有了名气。三年来，神山村的干部群众牢记总书记的殷切嘱托，抓住扶贫政策机遇，本着“政府扶持我们，不是抚养我们，脱贫致富还得靠自立奋斗”的精神，齐心协力，打赢了脱贫攻坚翻身仗。

如今，村里的公路修通了，可以直通大巴旅游车。产业发展起来了，种植黄桃4600亩、茶叶200亩，实现了贫困户入股合作社全覆盖。37栋危旧房屋全部改造了，按照“生态优美、客家风情、红色底蕴、宜居宜业”的特点，邀请设计院为神山村的每一栋危旧土坯房量身定做改造方案，有的直接升级改造成民宿。村庄整治环境靓起来了，彻底拆除无利用价值的破败旧房、栏厕、残垣断壁等，全面铺开垃圾治理，实现庭院与村庄同步美丽。成立神山村好客神山旅游公司，开办了17家民宿农家乐，连通了与黄洋界、八角楼的旅游精品线路。常年开办“神山村精准扶贫大讲堂”，拓展了红色培训的教学内容。

神山村旧貌换新颜，农民收入大增，贫困户全部脱贫。其中，乡村旅游成为农民收入新的增长点。2016年，神山村接待游客9万人次；2017年接待游客22万人次，农户人均可支配收入达到1.78万元，其中建档立卡贫困户人均收入达8737元。2018年接待游客25.6万人次，同比增长16.36%，农民人均可支配收入达2万元。

三年来，神山村接待来自全国各地的考察团达1600多批次。目睹神山村的现状，人们感叹说：到了神山，就能真正体会总书记精准扶贫的深刻含义；到了神山，就能真实看到精准扶贫带来的巨大变化。

专栏5-4　大井村“支部+协会”红色研学旅行扶贫治理模式

大井村是井冈山大井林场下属的一个行政村，76户人家，山多田少，村民祖祖辈辈靠上山砍竹、下山种田为生。但从2006年起，位于井冈山自然保护区的大井全面禁止砍伐，原本不宽裕的村民收入更是没着落了。

然而，大井村的红色资源丰富，村内坐落着毛泽东旧居、领袖峰等著名红色景点。2007 年，80 个港澳学生计划来井冈山接受革命传统教育，要求与农民同吃、同住、同劳动。井冈山旅行社负责人周琪林为此来到大井村考察，与村党支部书记邹秋平一拍即合。由村民接待学生，负责学生的食宿，每个学生按 30 元一天的费用支付给村民。这一成功尝试，为大井村打开了一扇通往脱贫致富的大门——即建立红色培训研学基地，带动农民通过发展乡村旅游脱贫致富。

2012 年，大井村在井冈山率先成立第一家“村农家乐协会”，打造红色研学旅行基地，村党支部书记邹秋平担任协会会长，旅行社负责人周琪林任副会长并受聘为村主任，村里各举办农家乐的农户为协会会员。通过“支部 + 协会”，村党支部担当脱贫致富指挥部，基地建立网站对外吸引客源，协会负责协调安排食宿，里应外合，抱团发展。

目前，大井村 76 户有 68 户办起农家乐，其中包括村里 6 户贫困户。大井村已发展成为井冈山接待人数较多、规模较大且较具有特色的研学旅行教育基地之一。来自北京、深圳、广西、湖南等省（区、市）以及香港特别行政区的初高中学生，到大井村参加红色培训研学，通过“献一次花圈、穿一次红军服、住一次农家院、听一个红军故事、重走一次红军路、学唱一首红歌、做一次农活、自制一顿红军餐”的“八个一”的红色课程，深入体验红军生活，接受革命传统教育，开展红色研学旅行。

“村农家乐协会”对所有举办农家乐的农户会员实行“六统一”

管理：统一升级打造，统一编号管理，统一分配客源，统一食宿标准，统一教学活动，统一费用结算。“村农家乐协会”的自治自律，既确保了红色研学旅行培训的规范和安全，又提升了农户自我管理水平，同时还提升了乡村基层组织的治理能力。

近年来，大井村的红色研学旅行年接待量达 6 万人次以上，每户农家年收入 3 万—10 万元不等。村里的 6 户建档立卡贫困户，在村农家乐协会和红色研学旅行基地的带动下，全部实现脱贫。

三、旅游扶贫为完善乡村治理体系提供了有利契机

在井冈山，凡建立红色培训研学基地，以及乡村旅游发展较快的贫困村或非贫困村，都成立了“村旅游协会”，实行“支部＋协会”的管理模式。协会会员为全村各民宿农家乐的户主，会长一般由村里主职干部担任。协会实行一人（一户）一票民主决策制度。成立协会的好处是：（1）统一组织、接待和安排外面来村的红色研学培训学员和旅游观光团队；（2）统一分配安排村里各民宿农家乐的客源；（3）统一管理农家乐的安全卫生、食宿标准和费用结算；（4）协调处理各农户之间或农户与客户之间可能出现的矛盾和投诉，维护本村培训旅游正常秩序。这种“草根”旅游协会，具有工作效率高、村民和游客认可度高、管理运行成本低的特点，在井冈山受到普遍欢迎，得到普遍推广。如井冈山大井林场的三个行政村均设立了“村农家乐协会”，实行“支部＋协会”基层治理模式，有效保证了红色培训、乡村旅游的可持续发展（见专栏 5–4）。

四、井冈山促进旅游扶贫的政策措施

为加快旅游业发展，推动旅游扶贫，井冈山采取了一系列支持政策和

促进措施。

（一）出台扶持政策

井冈山的产业发展政策，重点倾斜支持旅游业、特色农业、民族文化产业和生态环保型产业发展。将低碳技术优先安排服务于井冈山市旅游服务的基础设施项目，支持井冈山市建立森林体育公园。争取省级财政注资，组建旅游功能区投融资平台。制定《关于推进井冈山旅游饭店业发展的实施意见》《井冈山精品民宿发展实施方案》等，出台了一站式办证、客房奖补、贴息贷款、门票优惠、税收优惠、水电优惠、配套奖励和免费宣传“金八条”政策，展示出井冈山扶持发展民宿产业的决心和力度，为大力发展乡村旅游提供了有力的政策支持。允许部分农用地和集体建设用地、荒山荒坡、河滩地等，在不改变土地使用性质的前提下，用于乡村旅游项目建设，鼓励适度利用公益林发展生态旅游。支持建设一批生态农业示范园、生态工业示范园、循环经济实验区和生态旅游示范区。支持在井冈山创办江西艺术职业学院分院，做大文化产业，聚集井冈人气，拓展新的经济增长点。

（二）不断完善基础设施

对乡村旅游和民宿点，市里集中美丽乡村建设、交通、农业、旅游公厕建设等各方面资金进行基础设施配套建设支持。近年来，根据“全国旅游厕所革命”工作部署，在全市 3A 级以上乡村旅游点新改建公厕 26 座，总投资达 900 余万元。

（三）积极做好争资引项

抢抓机遇，主动出击，积极争取政策、资金、项目落户井冈山市。为 35 个行政村争取了国家旅游扶贫试点村项目，每村争取上级扶持资金 100 万元。近两年共申报乡村旅游储备项目 11 个，总资金达 10 亿元。

（四）强化培训宣传

邀请专家对全市乡村旅游从业者以及贫困户，进行《新常态与乡村旅游的发展提升》《休闲农业旅游 + 互联网》等课题的讲授和乡村旅游发展业务培训，使乡村旅游从业者和贫困户充分学习专业的理论知识，开阔视野，掌握发展乡村旅游知识。举办节庆等营销活动强化宣传，2017 年成功策划举办了“井冈山首届美食节”和美食评比活动，为期一周的活动集中展示了全市各乡镇、街道 100 余种最地道、最美味的特色菜肴和小吃，进一步宣传了井冈山美食文化。举办了“走进红色圣地，感受美丽乡村”——茅坪山地人家主题体验活动、“走进魅力黄坳、体验别样风情”乡村旅游节，以及各乡镇结合特色产业组织举办的“西瓜节”“黄桃节”“风车节”“乡村音乐节”等一系列乡村旅游节庆活动，充分展示了井冈山的特色民俗风情、特色美食文化和乡村旅游资源。积极参加 2017 上海旅游产业招商推介会和 2018 北京国际民宿产业博览会等，进一步扩大了井冈山乡村旅游的知名度和美誉度。

（五）加强制度建设

颁布并实施了《井冈山风景名胜区条例》，强化了法治化管理。组建了景区行政执法处，强化旅游区综合执法，努力净化旅游市场环境。坚持举办导游、农家乐、红色培训等岗位人员培训班，开展优秀旅行社、优秀旅游饭店、金牌服务员等评选活动，提升旅游服务质量。井冈山景区的游客满意度连续 6 年在江西省重点景区中排名第一，井冈山的社会公众安全感在江西省 100 个县中排名第一。

第五节　井冈山旅游扶贫的启示与思考

井冈山基于“红色 +”的全域旅游扶贫做法和成效，带给我们一些启示与思考。

一、立足市情，科学谋划旅游产业发展思路

井冈山地理位置比较偏远，耕地资源比较稀缺，市域腹地又是国家自然保护区，不具备大规模发展工业的条件。但是，井冈山红绿交相辉映，既有辉煌的红色历史，又有良好的绿色生态，是举世闻名的风景名胜区。享誉盛名的红色旅游资源和得天独厚的生态环境资源，是井冈山发展的最大优势、最大潜力所在。井冈山在 2013 年就确立了“红色引领、绿色崛起”的发展理念，并以此作为凝聚全市人民共识和井冈山发展的引领。井冈山根据本市市情，逐步形成了“做大旅游产业，做强低碳工业、做优生态农业”的产业发展思路，走出了一条具有井冈山特色的“红色引领、绿色发展”的新路子。

为了做大旅游产业，井冈山市提出加快旅游转型升级，“打好红绿两张牌，做好会议经济、红色培训、休闲度假三篇文章，实行旅游产业三个升级”。一是旅游产品升级。按照国际化和标准化景区要求，着力打造集理想信念教育、山水观光、生态文明教育、会议培训、康健医疗、休闲度假为一体的多元化复合型旅游产品体系。大力发展生态、观光、休闲旅游，着力打造以观光农业、民风古韵、农事体验、户外徒步、山地骑行等为主题的乡村游，发展与旅游配套的商品、纪念品等旅游产业。二是旅游品牌升级。强力推进红色培训这一朝阳产业，扩大品牌效应。加强与境内外高端媒体及重要客源地主流媒体合作，展示“多彩井冈山”旅游品牌形象，提升井冈山旅游影响力。三是旅游管理服务升级。走数字化、智能化道路，重点加快“智慧井冈山”和生态旅游物联网项目建设，努力打造无障碍旅游和指尖上的井冈山。进一步推进餐饮住宿、娱乐购物等生活性服务主体生态化、服务过程清洁化、消费模式绿色化。维护旅游市场秩序，

进一步优化旅游发展环境。

二、追求“三最”，争当“红色 +”旅游扶贫排头兵

井冈山市委、市政府牢记习近平总书记提出的“井冈山要在脱贫攻坚中作示范、带好头”的嘱托，把脱贫攻坚期间的奋斗目标定位为“红色最红、绿色最绿、脱贫最好”，不仅要在全国率先脱贫摘帽，而且要在巩固提升中争当排头兵。实现“三最”目标的一个重要抓手和综合支撑就是发展旅游产业、推进旅游扶贫。

井冈山坚持红色引领，不断从井冈山精神的源头汲取信念和力量。通过创建红色教育培训全国品牌，把井冈山打造成坚定共产主义理想的信念高地和精神家园，让跨越时空的井冈山精神放射出新的时代光芒；通过强化区域红色资源的整合与辐射，充分发挥红色文化资源优势，精心打造以红色旅游为龙头的旅游产业，在全国革命老区贫困地区争当“红色 +”旅游扶贫排头兵。

井冈山坚定不移走绿色崛起道路，构建全域旅游新格局。实施“茨坪 +”行动计划，持续推进“1+6”特色旅游小镇，在每个乡镇打造 2 到 3 个精品乡村旅游点，推动从“景点游”到“全域游”。做优做强“1+4”特色经济，以旅游业为主导，重点发展总部经济、休闲经济、会展经济、电商经济等新型经济。着力建设精品民宿、运动健身、田园观光、健康养老项目，推动从单一旅游到立体经济的转变。大力发展休闲旅游、民宿经济、农村电商等新业态，增强农业农村的吸引力。按照“整洁美丽、和谐宜居”的要求，深入开展农村环境综合整治提升，把农村建设成为生态宜居的美丽家园。

三、坚持创新，积极探索旅游扶贫新机制

这些新机制主要包括：（1）红色培训与乡村旅游、精准扶贫融合发展机制。通过红色培训体验式教学，推动乡村旅游发展，促进旅游扶贫精准到户、增收到户。（2）乡村旅游与贫困村脱贫攻坚巩固提升融合发展机制。将有条件的贫困村脱贫攻坚项目实施，与发展乡村旅游有机结合起来，实行危房改造、安居民宿、村庄整治、美丽乡村建设等“一步到位”。（3）乡村旅游多元投入机制。吸引市场主体大额资本投资，破除旅游项目开发资金瓶颈制约。（4）旅游业市场主体带贫机制和利益分享机制。包括吸纳贫困农民的土地、房屋入股分红，以及财政产业扶持资金入股分红等。地方政府和基层组织协调设定最低分红比例，以确保旅游扶贫开发的利益能够为贫困人口所分享。（5）旅游扶贫基层群众自治组织机制。如村级旅游协会、村级农家乐协会等，促进基层治理能力的提高。

四、注重参与，增强贫困人口内生动力和发展能力

实行参与式旅游扶贫。鼓励和支持有劳动能力的贫困户，参与到旅游扶贫开发过程中来，不搞“坐等分红白拿钱”，不搞“政策养懒汉”。参与途径和方式多样化，可利用自己的房屋办民宿、农家乐，可利用自己的土地生产和销售农特产品，可凭借自身劳动能力在旅游景区、酒店宾馆务工就业，等等。同时，提高贫困户参与乡村旅游的组织化程度，鼓励参加基层旅游协会，获得培训、学习和交流机会，以增强贫困户的自信心和自我发展能力。

第六章 基本公共服务与社会保障

《中共中央 国务院关于打赢脱贫攻坚战的决定》明确提出，“到2020年，稳定实现农村贫困人口不愁吃、不愁穿，义务教育、基本医疗和住房安全有保障”，贫困地区“基本公共服务主要领域指标接近全国平均水平”。《中共中央、国务院关于打赢脱贫攻坚战三年行动的指导意见》强调，“到2020年，巩固脱贫成果，通过发展生产脱贫一批，易地搬迁脱贫一批，生态补偿脱贫一批，发展教育脱贫一批，社会保障兜底一批”，“切实解决义务教育学生因贫失学辍学问题，基本养老保险和基本医疗保险、大病保险实现贫困人口全覆盖，最低生活保障实现应保尽保”。

根据中央要求，井冈山市为确保贫困人口实现“两不愁、三保障”目标，并做到稳定脱贫不返贫，这几年，一直坚持实施脱贫攻坚十大工程，将教育扶贫、健康扶贫、住房安全、社会保障列为其中四项重要工程。无论是在脱贫摘帽攻坚期，还是在巩固脱贫成果期，井冈山市始终抓住义务教育、基本医疗、住房安全、农村低保这四项保障不放松，确保贫困家庭的孩子“有学上、上好学”，患病贫困人口得到及时救治且其医疗费用负担得到大幅度减轻，贫困人口住房安全得到极大改善，贫困群众得到“应保尽保”基本生活保障。这充分体现了井冈山市委、市政府坚持共享发展理念，突出民生工程，着力消除多维贫困的决心和行动。

第一节　教育扶贫阻断贫困代际传递

教育扶贫是井冈山脱贫攻坚十大工程中一项颇有亮点的举措。围绕“人人有学上，人人上好学，人人都学好”的目标，井冈山建立了一套立体式的教育精准扶贫模式，具体体现在“资助全覆盖、薄改全覆盖、强师全覆盖”。通过实施教育扶贫，消除“因学致贫”现象或教育支出性贫困，努力阻断贫困代际传递。

一、完善资助体系：确保贫困户学生“不失学”

井冈山提出“教育资助全覆盖”有两层含义：一是对符合条件的全市贫困家庭学生“不落一人”地进行资助，做到“应助尽助”全覆盖；二是对贫困家庭学生接受教育的各个阶段，从学前教育到高等教育实行全覆盖。

井冈山对建档立卡贫困户在校学生，建立了一套教育精准扶贫平台机制。这一平台机制有三个特点：一是底数清楚。与全市建档立卡信息系统对接，摸清建档立卡贫困户在校学生底数，将所有贫困户学生纳入教育扶贫资助对象数据库“笼子”。2018 年，全市在本地学校就读的贫困户学生共有 2730 人，其中学前 552 人、小学 1483 人、初中 471 人、高中 224 人。二是跟踪管理。从学前教育追踪到大学教育，确保每个教育阶段在校贫困家庭学生不因贫困而失学。三是加大投入力度。构建了从学前教育到高等教育的“一揽子”资助体系，采取补、免、奖、贷等多种形式给予资助。在国家教育资助政策基础上，井冈山对某些资助项目还加大了扶持力度，其追加资金由市财政纳入预算。

2015—2018 年，井冈山市共资助贫困学生 17420 人次，资助金额

2717.72 万元（见表 6–1）。通过采取教育扶贫资助全覆盖措施，确保了贫困家庭学生不因贫困而失学辍学。以 2018 年为例，井冈山市 7—15 岁儿童在校人数约为 2.26 万人，小学入学率 100%，初中入学率 99.7%，九年义务教育巩固率 98.6%。

表 6–1　井冈山市 2015—2018 年教育扶贫各项资助发放情况汇总

教育阶段及资助项目		2015 年	2016 年	2017 年	2018 年	累计
学前教育	学前资助（万元）	31.09	42.1	61.2	35.85	170.24
	发放人数（人）	586	538	408	478	2010
义务教育	困难寄宿补助（万元）	58.07	57.96	52.06	49.13	217.22
	发放人数（人）	977	974	884	922	3757
高中教育	高中免学杂费（万元）	8	25.1	34	33.5	100.6
	免学杂费人数（人）	52	283	452	431	1218
	高中助学金（万元）	115.8	115.1	116.5	119	466.4
	发放人数（人）	1158	1151	1165	1190	4664
	高考入学资助（万元）	45	44.5	42.5	66.5	198.5
	发放人数（人）	90	89	85	133	397
	大学入学路费资助（万元）	1	1.75	1.7	3.85	8.3
	发放人数（人）	15	26	25	70	136
中职教育	助学金金额（万元）	23.7	28.8	32.9	43.8	129.2
	助学金人数（人）	271	288	329	438	1326
	免学费金额（万元）	14.54	15.21	16.79	24.32	70.86
	免学费人数（人）	342	358	398	572	1670
大学	助学贷款（万元）	417.3	437.8	453.9	47.4	1356.4
	贷款人数（人）	542	550	562	588	2242

续表

教育阶段及资助项目		2015 年	2016 年	2017 年	2018 年	累计
合计	资助金额（万元）	714.50	768.32	811.55	423.35	2717.72
	资助人数（人次）	4033	4257	4308	4822	17420

说明：本表数据由井冈山市教育局提供；2017 年资助数据含社会资助金额，不含路费资助。

（一）学前教育资助

对在公办幼儿园（含中心小学主办的幼儿园、村小学学前班）及民办普惠性幼儿园就读的建档立卡贫困户幼儿，按每人每年 1500 元标准发放学前教育资助金；其他普通贫困生每人每年 500 元。所需资金除江西省、吉安市下拨的专项补助资金外，缺口部分由井冈山市财政兜底。

（二）义务教育资助

对义务教育阶段学生实施“两免一补”政策，即免除学杂费和教科书费，并对农村贫困家庭寄宿生给予生活补助。按国家标准，小学贫困寄宿生每人每年补助 1000 元，初中贫困寄宿生每人每年 1250 元。在确保建档立卡贫困户子女享受寄宿生生活补助基础上，由井冈山市财政出资每人每年再补 500 元。

（三）普通高中教育资助

井冈山对就读普通高中的贫困学生实行“免补并举”政策。2016 年，对建档立卡“红卡户”子女高中阶段学费、书本费全免，并享受国家助学金。2017—2018 年，对全部建档立卡贫困户学生和非建档立卡困难家庭学生（含残疾学生、农村低保家庭学生、农村特困救助供养学生等）免学费、书本费，并分档享受国家助学金。其中，红卡户学生按 2500 元、蓝卡户学生按 2000 元、黄卡户学生按 1500 元三个标准分学期发放助学金。

（四）中职教育资助

对在井冈山旅游中专就读的贫困学生每年免除 850 元学费，对一年级、二年级就读的贫困学生每年按 2000 元标准发放国家助学金。

（五）大学教育资助

（1）对考入全日制普通高等院校的建档立卡贫困户子女，由市财政分别按第一年 5000 元、第二年 3000 元的标准进行补助，连续补助两年。（2）对当年录取普通高校的新生和高校在读的学生，实施生源地助学贷款政策。按照“应助尽助、应贷尽贷”的原则，提供每年 8000—12000 元额度的生源地助学贷款，并实行在校期间国家财政贴息的优惠政策。（3）2016—2017 年，井冈山对当年考入职业院校的贫困户子女每学年补助 2000 元，连续补助两年。从 2018 年开始，对考入职业院校的建档立卡贫困户子女按每年补助 3000 元的标准进行补助，连续补助三年。（4）2018 年，对考取大学的贫困户子女给予路费补助，省内就读的补助 500 元，省外就读的补助 1000 元。

二、改善办学条件：确保贫困户学生“有学上”

井冈山市以 2014—2015 年“全面薄改”项目实施和 2016 年义务教育均衡发展验收为契机，全面实施“改善办学条件全覆盖”工程，整合资金向山区乡村学校倾斜，多措并举改善农村中小学校办学条件，努力让每个山区孩子平等享受优质教育资源。

（一）乡村校园建设“美”起来

井冈山市先后投入资金 1.1 亿元用于校园基础设施建设，相继实施学校标准化建设、薄弱学校改造项目 150 多个。全市改造薄弱学校 35 所，完成校舍建设面积 3 万平方米、运动场 4 万平方米。乡村中小学办学条件进一步改善，办学特色进一步彰显，办学品位进一步提升。下七中学、畔田小学等一批农村学校在吉安市美丽校园评比中脱颖而出，成为井冈山美丽校园的样板校、示范校，成为孩子们学习成长的乐园。

专栏 6-1 焕然一新的茅坪乡宁冈希望小学

绿色的塑胶运动场，红色的塑胶跑道，三层灰色教学楼内的多媒体教室、计算机教室、音乐教室、美术教室、实验室、阅览室、“留守儿童之家”等功能室，一应俱全。教学楼后面是食堂和8套教师周转房。这是茅坪乡宁冈希望小学现在的新面貌。

宁冈希望小学是井冈山一所典型的乡村小学。学校共有6个教学班12名教师。2016年以前，学校操场还是水泥地面，教学设施陈旧，2017年以来在教育部门的大力投入和各方支持下，学校面貌焕然一新，师资合格率达到100%。

（二）乡村学校信息化“智”起来

井冈山市大力推进“互联网+教育扶贫”工作新模式，先后投入1200万元完善农村学校信息技术基础设施，着力提升学校教育信息化应用水平。目前，全市乡村学校均实现“校校通”“班班通”全覆盖，校园安监系统全覆盖。尤其是“龙市小学+庄前小学”“井冈山小学+下七杨坑小学”等“一拖一”在线课堂的逐步推广，有效破解了农村学校开不足课、开不齐课的难题，使农村学校教学点师生足不出户便能共享城区优质教育资源。

（三）乡村学前教育“全覆盖”

井冈山市教育局积极整合学前教育专项资金，实施学前教育三年行动计划，相关部门通力协作改善办园条件，提高保教水平。目前，全市21

个乡镇场均建成了规模适当、条件较好的乡镇中心幼儿园，吉安市率先实现乡镇公办幼儿园全覆盖。

三、提升师资队伍：确保贫困户学生“上好学”

乡村学校要振兴，教师队伍建设是关键。井冈山市采取优先补充农村师资力量，优先培训农村师资骨干，优先确保农村师资待遇保障等举措，着力锻造一支高素质的农村学校师资队伍，使广大农村教师安心从教、乐心从教、舒心从教。

（一）乡村教师素质“强”起来

2016—2018 年，全市共补充乡村教师 200 余名，其中 90% 补充到农村薄弱中小学一线教学岗位，培训农村中小学骨干教师 300 余名，有力夯实农村教师队伍。同时，大力倡导“人人发展、全面发展、个性发展、终身发展”的“四维”育人理念，深入推进素质教育，擦亮红色德育品牌，让每个孩子都有人生出彩的机会，在校园内为师生营造昂扬向上的精神高地。

（二）乡村教师待遇“好”起来

井冈山市投入 2300 万元优先保障农村教师享受“三项”补贴政策及特殊岗位职称待遇政策，享受人数达 956 人，占全市教师总人数的 67.3%。同时，大力实施“教师安居工程”。近几年投入资金 1034 万元，建设教师周转房 180 套，为所有村小学及教学点教师改善生活条件，确保乡村教师安居乐教。

（三）优秀教师“奖”起来

为促进农村教育发展，激励教师成长，井冈山市积极吸引各类团体加大对优秀教师的奖励与帮扶。近年来社会各界出资在井冈山设立了诸多教育教学奖励金。如井冈山（广东）同乡会奖，自 2012 年以来每年拿出 10 万元褒奖家乡教育系统优秀人才（“优秀校长”“十佳园丁”“教坛新秀”“师德标兵”“教研先锋”“明星班主任”等），鼓励优秀教师扎根家乡献身教育事业，同时引领其他教师专业成长。井冈山市人民政府亦设立“政府津贴奖”，奖励全市教育系统的优秀校长和优秀教师。该奖项每三年评选一次，优秀校长每人每月奖励 200 元，优秀教师每人每月奖励 100 元。

四、动员社会力量：开展结对帮扶

为了减轻贫困家庭经济困难，促进山区学校发展，井冈山不断拓展社会爱心人士及团体开展对井冈山贫困学子的资助，积极动员开展“强校 + 弱校”结对帮扶活动，促进井冈山市薄弱学校的教学能力提升。

（一）社会爱心资助

除给予贫困学生政府资助外，井冈山市还积极拓展社会爱心人士及团体对贫困学生进行资助，建立让每一名建档立卡贫困学生都能获得社会资助的帮扶机制。全市目前各类社会助学项目近 50 种，资助人数 2236 人。每年吸引社会资助金额近 200 万元，其中义务教育阶段受助建档立卡贫困户学生达 1536 人次，年帮扶金额达 152 余万元，义务教育阶段建档立卡贫困学生受助率高达 86%。

如湖南炎帝生物工程有限公司与井冈山市签订“百年树人”公益助学协议，资助井冈山 300 名贫困生每人每月 250 元直至完成学业，其中建档立卡贫困户学生 260 余人。中华慈善总会“好运来”基金对高中部建档立卡贫困户学生及残疾、农村低保户学生给予每人每年 2000 元的资助，年资助金额 10 万元。深圳游友爱心援助自 2010 年以来九年如一日资助井冈山 284 名贫困学子每人每年 1200 元，其中建档立卡贫困户学生 251 人。香港恩慈基金会自 2015 年资助井冈山 450 名学生每人每学期 300 元直至完成学业，其中建档立卡贫困户学生320余人。武汉和合集团从2016年起对50名井冈山市三年级建档立卡贫困户学生进行每人每年3600元的帮扶，连续帮扶7年直至其初中毕业，资助金额共计126万元。中国人民解放军驻香港部队每年资助井冈山驻港部队希望小学20万元。此外，在本地明星企业映山红瓷厂的大力支持下，共向社会筹措资金160余万元成立了井冈山教育促进会，对优秀贫困生进行资助。

专栏6-2　教育扶贫帮助红卡特困户子女圆大学梦

李华（化名）是井冈山中学2018届优秀毕业生，也是一名红卡特困户学生，家庭十分困难。2018年高考，李华以优异的成绩考上了上海某财经类高校。李华在高中期间，享受了每学期免学费、免书本费政策，享受国家助学金以及张家港人武部、红十字基金会、江苏恒联物流有限公司自强班的资助。正因为没有了后顾之忧，李华没有放弃学业，刻苦学习，进步迅速，综合素质不断提高，高考获得优异成绩。

（二）“强校+弱校”结对帮扶

井冈山市积极争取全国各地各类名优学校，以及本市优质学校与薄弱学校开展结对帮扶。一方面，通过城乡共济、捆绑发展，积极推动“学校共同体”建设。近年来一直扎实开展教师“走教”“送教下乡”“资助明白卡”等各种帮扶活动。另一方面，建立远程帮扶机制。目前，全市所有学校均与沿海发达地区优质学校建立了“1+1”或“1+N”结对帮扶关系，每年定期开展互访帮扶活动，极大提升了井冈山教育的品质与高度。如上海七宝中学与井冈山市宁冈中学、新城小学结对帮扶；深圳实验学校与井冈山下七中学结对帮扶；南昌师范附小教育集团与井冈山龙市小学结对帮扶等，均取得良好效果。

专栏 6–3　井冈山龙市小学与薄弱学校结对帮扶

井冈山市龙市小学与薄弱学校开展结对帮扶，是井冈山市教育局“强校 + 弱校”推进教育精准扶贫的一个缩影。在龙市小学校长范凤英看来，教育扶贫不仅是让学生不因贫失学，更是让每个孩子都能接受公平优质的教育。作为一所拥有 3000 多名学生、近 50 个教学班的大校，龙市小学承担了对拥有 323 名学生、12 名教师的薄弱学校——龙市镇庄前小学的帮扶任务。

龙市小学采用培训教师、提供现代教育技术、优质课送课到校、利用网络进行“一拖一”在线课堂教学等方式进行帮扶。通过几年的帮扶，庄前小学的校园环境、学生行为习惯、教师教学水平都有了明显提升，教育质量也在同类学校中名列前茅。除此之外，龙市小学还通过优秀艺体教师走教的方式对睦村小学、河桥小学、荷花小学等十几所学校进行帮扶。

五、倾斜政策：鼓励学成归来建设家乡

井冈山市通过采取职业院校定向培养招生、免费技能培训等倾斜政策，为贫困户家庭子女读书就业开辟了一条“绿色通道”，在阻断贫困代际传递方面探索了一条新路子。

（一）定向招生倾斜政策

井冈山市积极面向农村贫困家庭定向培养人才，脱贫攻坚期间，对中招报考水利、农业、林业“三定向”（即定向招生、定向培养、定向就

业）的建档立卡贫困户子女加20分投档。在中招师范“三定向”指标中，2016—2017年每年不低于20%的招生指标用于招录建档立卡贫困户子女，帮助其实现教师梦想；2018年这一比例增加为30%。2016—2018年，井冈山共招录输送“三定向”建档立卡贫困户子女中职生23人。

（二）职业技能免费培训

以技能培训为手段，依托井冈山市旅游职业中专整合全市各类培训项目，对有劳动能力的贫困户及扶贫对象中年满16周岁、初中毕业以上的子女实施培训。培训期间，学校实行“三免”：免伙食费、住宿费、学杂费。对建档立卡贫困户子女参加职业技能培训，并获得国家承认的技能等级证书的，由“雨露计划”给予每人每证奖补1000元。2015—2018年，井冈山共免费进行技能培训贫困劳动力2000多人次，提高了他们的就业能力。

六、井冈山市教育扶贫的经验与启示

井冈山市的教育扶贫工作有不少创新亮点，其做法和经验有一定的借鉴意义，主要体现在：

（一）扩大资助面，提升受益标准

井冈山市的教育扶贫资助困难生，不仅瞄准农村建档立卡贫困户的学生，而且将资助对象扩大到了农村非建档立卡的家庭经济困难的残疾学生、低保家庭学生、特困救助供养学生。并由本市财政出资，在国家资助标准的基础上提升了资助标准，从而确保了所有困难家庭学生不因家庭经济困难而失学。据2018年数据，井冈山市的小学入学率为100%，初中入学率为99.7%，九年义务教育巩固率达到98.6%，比全国平均水平（94.2%）高出4.4个百分点。

（二）动员社会力量参与革命老区“三助”教育扶贫

井冈山是全国著名的革命老区，社会各界对井冈山的发展十分关注。

井冈山善抓机遇，善用巧力，积极争取全国各地社会力量和爱心人士参与井冈山的教育扶贫活动，取得明显成效。井冈山争取社会支持的用力点是“三助”：一是资助贫困学生。动员社会爱心人士及团体组织，对井冈山贫困学子进行资助，帮助他们完成学业。二是扶助薄弱学校。动员全国和本市名优学校与井冈山薄弱学校，开展“强校＋弱校”结对帮扶模式，改善本市薄弱学校办学条件，促进教育资源配置公平。三是奖助优秀教师。吸引各类团体加大对井冈山市乡村优秀教师的奖励和扶助，营造尊师重教氛围。井冈山动员社会力量参与“三助”教育扶贫，一方面弘扬了中华民族扶贫济困、尊师重教的传统美德和社会正能量；另一方面对于进一步减轻贫困家庭学生就学经济负担，提升井冈山山区学校教学质量，激励井冈山乡村教师的成长等，均起到了重要作用。

（三）建立了“资助—招生—就业”相衔接的帮扶机制

井冈山市不仅针对贫困学生建立了完善的资助体系，还实行了面向建档立卡贫困户初中毕业生的中招农林水、师范“三定向”的倾斜政策，打通了定向招生后的返乡就业通道。解决一个贫困户子女的入学就业问题，实际上是解决了一户贫困户的稳定生计问题，从而切断了贫困的代际传递。这一颇具创新性的教育扶贫政策，有利于帮助贫困家庭实现稳定脱贫。

第二节　健康扶贫遏制因病致贫返贫

因病致贫是井冈山农村贫困人口的主要致贫因素之一。2014 年建档立卡数据显示，全市贫困户中因病致贫户占比高达 55.3%。要实现贫困人口精准脱贫且稳定脱贫不返贫，抓好抓实健康扶贫十分重要。这几年，井冈山市积极探索改革城乡医疗保险制度，不断完善健康扶贫保障机制，打好“普惠保障＋特惠倾斜”组合拳，有效遏制了因病致贫、因病返贫。

一、六重医疗保障确保贫困人口“看得起病”

井冈山市充分运用财政转移支付手段和城乡居民医保基金，依托医疗社会保险和商业保险制度，建立了“六重医疗保障”（即基本医保、大病保险、补充保险、重疾护理、意外伤害险、门诊统筹），使建档立卡贫困人口住院医疗费用实际报销比例达到90%，大幅度减轻贫困人口医疗费用负担，有效遏制了因病致贫、因病返贫。2017—2018年井冈山市健康扶贫多重保障补偿情况见表6-2。

表6-2　2017—2018年井冈山市健康扶贫多重保障补偿情况

贫困人口受益情况		2017年	2018年	两年合计
资助参保	资助人数（人次）	17100	16858	33958
	资助金额（万元）	256.50	303.44	559.94
基本医保	补偿人数（人次）	3344	4146	7490
	补偿金额（万元）	803.97	1227.72	2031.69
大病保险	补偿人数（人次）	176	404	580
	补偿金额（万元）	117.53	179.38	296.91
补充保险	补偿人数（人次）	610	3895	4505
	补偿金额（万元）	416.27	529.22	945.49
重疾护理险	补偿人数（人次）	80	91	171
	补偿金额（万元）	120.00	136.50	256.50

（一）基本医保倾斜“保基本”

基本医疗保险是井冈山市健康扶贫的第一道“防线”。为保证城乡居民基本医疗保险制度对农村特困供养人员、低保对象、建档立卡贫困人口

（简称“三类贫困人口”）的全覆盖，井冈山市从2015年开始，对“三类贫困人口”参加城乡居民基本医疗保险的个人缴费部分，实行市财政全额资助。2017—2018年，井冈山共资助参保贫困人口33958人次，资助金额559.94万元。

井冈山市城乡居民基本医疗保险，在吉安市内定点机构住院目录范围内报销的统一政策是：一级医院，起付线200元，报销90%；二级医院，起付线400元，报销80%；三级医院，起付线600元，报销60%。年封顶线10万元。

而对于“三类贫困人口”，井冈山市城乡居民基本医保采取的倾斜政策是：取消在一级、二级定点医院住院报销的起付线。2017—2018年，全市共有7490人次贫困人口获得基本医疗保险补偿，补偿金额2031.69万元。

（二）大病保险倾斜“防致贫”

井冈山市的大病保险对普通城乡居民参保人员的报销政策是：（1）基本医疗保险报销6万元以后，进入大病保险报销范围。（2）分段报销比例是：6万—10万元按基本医保政策规定比例报销；10万—35万元按90%报销。（3）基本医疗保险报销未达到6万元的，个人负担费用扣减13966元起付线后，按50%的比例由大病保险给予报销。（4）大病保险年封顶线35万元。

而对于“三类贫困人口”，井冈山市的大病保险采取的倾斜政策是：（1）基本医疗保险报销5万元以后，进入大病保险报销范围。（2）5万—35万元部分，一级、二级、三级定点医疗机构及转诊均按90%比例报销。（3）基本医疗保险报销未达到5万元的，个人负担费用扣减6983元（即起付线减半）后，按55%的比例（即比例提高5%）由大病保险给予报销。2017—2018年，全市共有580人次贫困人口获得大病医疗保险补偿，补偿金额 296.91 万元。

（三）补充医保“兜底线”

井冈山市健康扶贫的第三道保障线，是专门为建档立卡贫困人口购买医疗附加险（即补充医疗保险）。2015 年，政府按 100 元 / 人投保标准，为红卡户家庭成员购买医疗附加险。2016 年，政府按 120 元 / 人投保标准，为红卡户、蓝卡户家庭成员购买医疗附加险。2017—2018 年，政府为所有建档立卡贫困户家庭成员购买医疗附加险，其中 2018 年的投保标准为 200 元 / 人。

2017 年江西省确定的健康扶贫补充保险补偿政策是：对建档立卡贫困户患者在定点医疗机构住院，经城乡居民基本医保、大病保险报销补偿后的剩余费用，补充保险分别按目录内 90%、目录外 75% 的比例进行补偿。井冈山市在此基础上，加大了补充保险补偿政策倾斜力度——即贫困人口年内住院费用在基本医疗保险和大病保险报销后剩余的所有医药费用，不受医保三个目录限制，不减起付线，全部纳入补偿范围，报销比例 90%，年封顶线 25 万元。井冈山市的这一特惠政策，兜住了建档立卡贫困人口大病住院自付费用不超过 10% 的底线。2017—2018 年，全市共有 4505 人次贫困人口获得补充医疗保险补偿，补偿金额 945.49 万元。

（四）门诊特殊慢性病待遇“提水平”

井冈山市对建档立卡贫困人口提高了门诊特殊慢性病待遇水平。一是扩大门诊特殊慢性病保障范围。将艾滋病、阿尔茨海默病、甲状腺功能低下症、牛皮癣、系统性硬皮症、股骨头坏死、类风湿性关节炎、强直性脊柱炎、多发性硬化病、痛风、慢性骨髓炎、慢性消化性溃疡 12 种病种，纳入门诊特殊慢性病种补助范围。新增加的 12 种病种与原 27 种的Ⅱ类病种享受同等报销待遇（见表 6–3）。二是提高门诊特殊慢性病报销比例。将 I 类门诊特殊慢性病报销比例提高到基本医保住院水平。即一级医疗机构报销90%、二级医疗机构报销80%、三级医疗机构报销60%。Ⅱ类不设起付标准，报销比例统一为90%。三是提高门诊特殊慢性病年度支付限额。将Ⅰ类门诊特殊慢性病年度最高支付限额提高到10万元，其中恶性肿瘤、尿毒症、肾移植的门诊费用与大病保险合并计算，年度35万元封顶；将Ⅱ类单一病种限额由3000元提高到4000元；申报两种病种限额由4500元提高到6000元。对建档立卡贫困人口患者，凡符合政策、材料齐全的，实行Ⅰ类病种免审批，Ⅱ类病种随到随批，尽量少让贫困户跑路。

表6–3 井冈山市增加贫困人口门诊特殊慢性病报销病种范围

城乡参保普通居民报销病种	Ⅰ类病种	（1）恶性肿瘤；（2）系统性红斑狼疮；（3）再生障碍性贫血；（4）帕金森氏综合征；（5）慢性肾功能衰竭（尿毒症期）；（6）器官移植后抗排斥治疗；（7）地中海贫血（含输血）；（8）血友病
	Ⅱ类病种	（1）精神病；（2）高血压病；（3）糖尿病；（4）结核病；（5）冠状动脉粥样硬化性心脏病（冠脉支架植入术后）；（6）慢性心功能衰竭（心脏合并心功能不全Ⅰ级以上）；（7）慢性房颤；（8）心肌病（原发性）；（9）慢性肝炎；（10）慢性支气管炎；（11）慢性阻塞性肺疾病；（12）慢性支气管哮喘；（13）肝硬化；（14）慢性肾病；（15）脑卒中后遗症；（16）癫痫；（17）重症肌无力；（18）血吸虫病；（19）儿童生长激素缺乏症
建档立卡贫困人口倾斜增加报销病种	Ⅱ类病种	（1）艾滋病；（2）阿尔茨海默病；（3）甲状腺功能低下症；（4）牛皮癣；（5）系统性硬皮症；（6）股骨头坏死；（7）类风湿性关节炎；（8）强直性脊柱炎；（9）多发性硬化病；（10）痛风；（11）慢性骨髓炎；（12）慢性消化性溃疡

（五）重疾护理“有补贴”

井冈山市为进一步减轻城乡居民的大病负担，自2016年起为所有参加城乡基本医疗保险的居民购买重症疾病保险。凡是患有恶性肿瘤、肾衰透析和肾移植手术后抗排斥治疗的城乡参保居民（含建档立卡贫困人口），年度内住院医疗费用在1万元以上的，均可获得1.5万元护理费补偿，用于解决城乡居民就医过程中产生的交通费、伙食费、护理费等一系列非医疗支出。2017—2018 年，全市共有 171 人次贫困人口获得重症疾病保险补偿，补偿金额 265.5 万元。

（六）意外伤害“能报销”

从 2015 年开始，井冈山市按照每人每年 45 元的缴费标准为所有参加城乡基本医疗保险的居民购买了意外伤害保险。报销办法是：（1）参保居民（含贫困人口）因意外伤害住院发生的医药费用，按本市城乡居民医疗保险实施办法进行报销。（2）如果发生意外伤害，第三责任人为参保居民（含贫困人口）且没有赔偿能力的，由保险公司按相关标准给予医药费报销。（3）建档立卡贫困人口因意外伤害住院治疗，经调查核实无第三责任人的，可由保险公司预赔最高 80% 的费用先行治疗。（4）参保居民（含贫困人口）因意外伤害身故，一次性赔付 6 万元。因意外伤害残疾的，按伤残等级一次赔偿，最高限额 4 万元。

我们将上述六项医疗保障政策措施，按普惠、倾斜、特惠等性质进行分类（见表 6–4）。

表 6–4　井冈山市六项医疗保障措施的性质分类

六项医疗保障措施	保障性质	说　明
基本医疗保险支付	普惠 + 倾斜	在普惠基础上对贫困人口给予倾斜
大病保险支付	普惠 + 倾斜	在普惠基础上对贫困人口给予倾斜
补充医疗保险支付	特惠	只针对建档立卡贫困人口
门诊特殊慢性病支付	普惠 + 倾斜	在普惠基础上对贫困人口给予倾斜
重症疾病护理补贴	普惠	针对所有城乡居民参保人员
意外伤害保险补偿	普惠	针对所有城乡居民参保人员

此外，井冈山市还逐步加大了（民政）医疗救助力度。对农村五保对象在政策范围内的医疗费用予以全额医疗救助；对农村低保对象在政策范

围内的医疗费用在现行救助比例的基础上提高到75%，且逐年提高5个百分点，年度最高救助金额3万元；对五保、低保对象以外的建档立卡贫困户，纳入支出型大病救助范围予以救助。

二、支持性措施实现"看得上病""看得好病""少生病/不生病"

除了通过构建六道保障线化解贫困人口看病就医的费用负担，使贫困人群"看得起病"外，井冈山还围绕"看得上病、看得好病、少生病/不生病"的健康扶贫目标，实施了一系列颇有特色的健康扶贫支持性措施。

（一）看得上病：医疗机构惠民便民

一是设立扶贫床位。井冈山的市、乡镇两级医疗机构都设立了扶贫床位。市级医疗机构按总床位的5%左右设置扶贫病床，各乡镇卫生院设置的扶贫病床不少于2张。

二是对建档立卡贫困患者就诊实行惠民的"三免四减半"政策。即免收普通门诊挂号费、注射手续费（或实行一般诊疗费由医保基金支付）和换药手续费；住院期间的血液和大小便常规检查费、胸片检查费、普通床位费、护理费等费用减半。贫困患者在市内定点医疗机构住院时，享受"三先一后"的便民政策，即实行先检查、先诊断、先抢救治疗，后办入院手续和交费。2018年全市医疗机构为贫困患者共减免费用76539元。

三是对10种大病进行免费救治。实施"光明·微笑"（白内障、唇腭裂）工程、儿童"两病"（儿童白血病、儿童先心病）、尿毒症免费血透、重性精神病免费救治、妇女"两癌"（宫颈癌、乳腺癌）免费手术、儿童先天性耳聋人工耳蜗植入及康复免费救治、艾滋病机会性感染患者免费救治。

（二）看得好病：基于“医联体 / 医共体”的对口帮扶

南昌大学第一附属医院与井冈山市人民医院签约共建医联体，并全面托管井冈山市人民医院。南昌大学第一附属医院开设了井冈山专家门诊，提供健康咨询，并下乡开展义诊，让农民在家门口就可享受到优质医疗服务。此外，复旦大学附属中山医院与井冈山市政府签定了共建协议，上海东方医院吉安医院与三家县级公立医院组建了医联体。黄坳乡中心卫生院与长坪乡卫生院结成医共体，整合两家卫生院的医疗资源，方便南片三乡群众看病就医。

（三）少生病 / 不生病：家庭医生签约服务扎实推进

积极开展家庭医生签约服务，为每位建档立卡贫困人口免费建立规范化的电子健康档案，并提供家庭医生签约服务；为建档立卡贫困户每年免费提供 1 次健康体检，对老年人、儿童、孕产妇和高血压、糖尿病、重性精神病患者等重点人群的随访次数，由每年 4 次增加到 6 次。为方便联系家庭医生，更好地提供医疗、基本公共卫生服务和帮助贫困户办理医保报账、民政救助等，建档立卡贫困户家中均张贴健康扶贫“一对一”健康联系牌；建立居民健康纸质及电子档案，落实国家健康扶贫动态管理系统数据填报工作，对全市贫困人口重大疾病患者进行调查登记。截至 2018 年 12 月，井冈山市建档立卡贫困患者家庭医生签约率达 100%，贫困人口重点人群履约率为 100%。

三、井冈山市健康扶贫的经验与启示

井冈山市健康扶贫有不少创新做法，其经验有一定的借鉴意义。尤其是以下三点，给我们以启示：

（一）六重保障线，织密织牢灾难性医疗支出风险防控网

健康扶贫是脱贫攻坚中任务较艰巨的工作之一。井冈山市在江西省规

定的健康扶贫“三道保障线”（基本医保、大病保险、补充保险）的基础上，根据吉安市的要求，新增了门诊特殊慢性病统筹、重症疾病保险、意外伤害保险三道保障线。

六重保障线的设计既着眼解决导致因病致贫、因病返贫的大病重病，也考虑到了消耗性的慢性病和突发性的意外伤害；不仅考虑了直接医疗费用带来的致贫风险，而且考虑了因病陪护导致的间接经济损失（即对特定重大疾病的护理费用提供一定补偿）。层层的医疗保障切实保证了建档立卡贫困人口“病有所医”，大幅度减轻了贫困患者家庭因病产生的整体费用负担，有效遏制了因病致贫、因病返贫现象的发生。

（二）普惠与特惠相结合，避免医疗保障待遇“悬崖效应”

井冈山市的健康扶贫政策，既有针对建档立卡贫困人群的“三免四减半”“三先一后”政策及针对建档立卡贫困人群的补充医疗保险等特惠政策，又有不断完善医疗保障体系，提升全体参保人群健康保障整体水平的普惠政策。

普惠政策体现的是，井冈山市将健康保障作为一项普遍分享的民生工程，让改革发展成果惠及全体人民群众。在基本医保补偿方面，井冈山市除了给贫困人口免除住院报销起付线外，并没有在报销比例和封顶线等方面对贫困人口给予更多倾斜和优惠。对贫困人口的倾斜和特惠，主要体现在大病保险和补充保险。这一制度安排，较好地维护了医疗保障的横向公平性，避免了贫困人口与非贫困人口之间的“悬崖效应”。

普惠与特惠相结合的健康扶贫政策，体现了井冈山在脱贫巩固提升阶段逐渐将专项扶贫政策过渡为民生保障水平整体提高，促进全民保障共享。这样的健康扶贫政策，确保了普通民众和困难群众在享受健康保障时的相对公平，从而也确保了健康扶贫政策的可持续性。

（三）脱贫摘帽后，健康扶贫保障政策保持着连续性

井冈山市于 2017 年 2 月宣布在全国率先脱贫摘帽，贫困发生率在 2017 年底下降到 0.4%。但井冈山并没有因为建档立卡贫困人口脱贫退出和贫困县率先摘帽而“改弦易张”，而是“脱贫不脱政策、退出不退待遇”；不仅继续保持健康扶贫倾斜政策，而且继续加大了健康扶贫投入力度和保障强度。如对贫困人口参保个人缴费仍然坚持实行财政全额补贴；提高了贫困人口补充保险的政府投保支付标准，由 2017 年每人每年 120 元提高到 2018 年每人每年 200 元。

贫困人群的疾病发生及其治疗有其医学生物规律，是一个不确定性风险事件或概率事件，它不可能因贫困户脱贫验收退出而相应终结。通过建立和完善健康扶贫长效保障机制，防范因病致贫返贫风险，消除存量、控制增量，这是一项长期性工作，不是一蹴而就的事情。井冈山市的做法正是体现了这一基本精神，遵循了健康扶贫的客观规律。

第三节　危房改造安居工程的井冈山模式

“住房安全有保障”，是中央确定的贫困人口“两不愁、三保障”攻坚目标之一。为了实现习近平总书记“不让一个贫困群众住在危旧土坯房里奔小康”的殷切嘱托，井冈山市在 2015—2016 年集中力量打响了“两个消灭战”（消灭撂荒地，消灭危旧土坯房），本着“住不了”的“建起来”的原则，在较短时间内一次性完成了建档立卡贫困户和其他农户的危旧土坯房改造任务。与此同时，在实施危改安居工程过程中，基于“建起来”的“靓起来”的理念，大胆探索危改安居工程与美丽乡村建设、与村庄环境整治、与发展乡村旅游相结合，努力建立脱贫攻坚危房改造与乡村振兴生态宜居相衔接的长效机制，打造了贫困地区危房改造

安居工程的“井冈山模式”。

一、危改安居工程的井冈山速度

井冈山市自2009年开始，根据国家下达的计划实施农村危房改造，但获批计划和完成数量有限，按部就班地实施进度较慢。2015年，井冈山根据脱贫攻坚摘帽退出任务需要，加快了危改步伐，申请省里支持提前追加危改计划，当年申请计划3183户，实际开工和竣工完成3183户。2016年，省里下达井冈山危改安居工程建设指标3888户，后经申请省里调整并追加计划，指标增加至6708户（含中央计划）。井冈山市本级安排计划1812户，当年实际开工并竣工完成8520户。也就是说，在短短的两年时间内，井冈山共竣工了11703户农村危旧土坯房改造安居工程任务。

这是一个什么概念呢？井冈山市共有农村居民住户2.92万户（井冈山市统计局2018年统计公报数据），而2015—2016年全市共实施农村危旧土坯房改造11703户，占农村居民总住户比例高达40%。在短短的两年时间内，井冈山超常规高质量地完成了全市农村所有危旧土坯房改造任务，创造了“危改安居工程井冈山速度”。无论从两年完成危改的绝对数还是从相对数来看，都可以称得上是全国贫困县的一个奇迹！

表6-5给出了井冈山市2015—2016年农村危旧土坯房改造情况。中央和省里共下达危改计划任务9891户，井冈山市本级安排计划1812户，实际竣工完成11703户。全市建档立卡贫困户中，有715户实施了拆旧建新危房改造，确保了全市贫困人口100%住上了安全房。

表 6-5　井冈山市 2015—2016 年农村危旧土坯房改造情况

主要指标	2015 年	2016 年	两年合计
中央和省级下达任务数（户）	3183	6708	9891
新建（户）	2387	1809	4196
维修（户）	796	4899	5695
井冈山市本级安排计划（户）	—	1812	1812
实际开工数量（户）	3183	8520	11703
实际竣工数量（户）	3183	8520	11703
“政府代建”户（户）	41	59	100
拆旧建新建档立卡贫困户（户）	215	500	715
贫困户住房安全率（%）	—	100	100

二、危改安居工程的“五清”原则

为了确保如期完成危改安居工程，井冈山市提出了“目标清、底数清、责任清、程序清、主体清”的“五清”原则，优先解决住房最危险、生活最困难群众住房难的问题，扎实高效推进危改安居工程。

（一）目标清：明确改造范围

改造范围重点是全市农村集体土地上的农户危旧土坯房，包括危房和旧土坯房。其中危房必须依据住房和城乡建设部《农村危险房屋鉴定技术导则（试行）》，经鉴定为 C 级局部危房或 D 级整幢危房。城市规划建设用地范围内的农户危旧土坯房改造必须符合城市规划要求。

（二）底数清：界定补助对象

按照应改尽改的原则，把农村建档立卡贫困户、五保户、低保户、贫困残疾人家庭、原中央苏区和革命老区国家重点优抚对象、革命烈士家庭、因灾倒损房户和其他贫困户，全部纳入改造补助对象范围。

井冈山市要求各乡镇（场）通过村、乡、市自下而上“三级审核、三榜公示”，实行“扶持政策、改造对象、补助标准、审批结果”四公开。把好入口关，明察暗访摸底，认真筛选鉴定后，统一建立台账。将初审对象提交村民代表大会进行民主评议，评议结果张榜公布后，报乡镇审核，再由市危房改造领导小组审批。通过公开公正的层层评审，全市确定的危改对象，群众无一异议。

（三）责任清：明确领导责任

井冈山市把危旧土坯房改造列为“一把手工程”，成立了以市长为指挥长、22个单位为成员的农村安居工程建设指挥部，并从相关单位抽调专职人员组建四个督查组，集中办公，每周一督查，每月一汇总。采取“分片包干、责任到人”的办法，逐级签订农村危旧土坯房改造目标责任状，落实责任制。全市形成自上而下、由内而外合力攻坚的大格局，按期实现2016年内完成所有危旧土坯房改造、新建到位的目标任务。

（四）程序清：规范实施程序

各乡镇（场）按照政策公开、对象公开、程序公开的原则，严把对象准入关，严格执行操作程序，实行两榜公示制度，真正做到公开、公平、公正，实行“申报一户、公示一户、核准一户、审批一户、改造一户”。通过“政府补助、上级支持、农户自筹、亲友帮助、邻里帮工”的方式，积极稳步推进安居工程。

（五）主体清：发挥基层作用

井冈山市始终坚持“政府引导、群众主体”的原则。一方面，市里高位推动，成立农村安居工程指挥部办公室统筹协调安居工程建设工作，明确领导责任，加强部门协作，确保所有危旧土坯房全部改造新建到位。同时，积极宣传造势，使政策传递到位，群众知晓到位。另一方面，充分发挥基层党组织引领作用和农村群众主体作用，运用村民自治的手段，让群众自愿危改、自主危改，自觉参与清净整洁家园建设。具体做法是：

1. 发挥基层党组织先锋队作用。“村看村、户看户、群众看干部”。基础党员干部带头作出表率，工作就迎刃而解。项目建设启动以来，乡镇干部换届不换责，奋战在危改第一线。许多农村党员干部带头拆除自家空置的危旧土坯房，极大地提高了群众参与危改的积极性。

2. 发挥理事会协调作用。由村理事会全面负责村庄整治协调工作，通过村规民约和村民自治的方式，协调解决危改中的社会矛盾；组织动员农民群众参与投工投劳、筹集资金等。

3. 发挥农民群众主力军作用。充分尊重群众意愿，与群众商量着办，让群众深刻意识到自己既是危房改造建设的参与者，更是受益者，形成“要我改”为“我要改”的良好氛围，自觉参加危房改造行动计划。

三、实行“改拆建”多种改造方式

在全面摸底排查的基础上，对危旧土坯房进行科学分类。因地制宜、因户施策，采取“改、拆、建”等多种方式，推行农村危旧土坯房改造落实落地。据统计，井冈山的危旧土坯房改造，采取维修加固的占 57.6%，采取拆旧建新的占 42.4%。

（一）改：除险加固

对于有人居住的整体质量较好却无能力拆旧建新的土坯房，现场勘察后保留原始照片，并与农户签订土坯房维修协议。积极探索新技术，借鉴茅坪乡神山村的砌体加固方式，对干打垒土坯房采取维修加固的方式，在全市推广。

（二）拆：空心村整治

井冈山市把空心村、空心房整治作为安居工程建设中的重要突破口。

坚决贯彻落实“两杜绝，一保护”建房政策，严格执行“建新必须拆旧”规定，属于“一户多宅”且无人居住的土坯房，一律拆除。对于“一户多宅”而不拆除多余“空心房”的，不予批建新房。对于建新而不拆旧的，取消享受危旧土坯房改造补助资格，坚决遏制弃旧宅建新宅、一户多宅等现象，防止形成新的空心村。对拆除“空心房”的宅基地，依法有序流转，保障农民的基本利益。

（三）建：拆旧建新

采取就地拆旧建新、移民搬迁、政府代建等多种模式，对于有人居住的危旧土坯房，按照一户一宅拆旧建新。对于牛栏、茅厕、猪圈等旁房是土坯的一律拆除后，根据群众实际需要另行选址统一规划重建。孤寡老人、极度贫困无能力建房户，在符合规划的前提下，采取政府代建或联户新建公寓楼，其集体土地性质不变。

井冈山市对集中新建房，按照统一规划设计、统一拆除旧房、统一平整土地、统一分配宅基地、统一施工进度、统一完善配套设施、分户自建的“六统一分”模式进行建设。各乡（镇）政府负责对集中建房点进行“三通一平”。

拆旧建新有以下几种形式：（1）占用宅基地建房。农户在原来的宅基地或者通过置换得到的宅基地上拆旧建新。每户宅基地面积 60—90 平方米。（2）集中安置建房。在圩镇规划区城郊接合部或中心村，实行集中安置建设模式。每户宅基地面积 70—90 平方米。（3）公寓式联户建房。在圩镇规划区城郊接合部或中心村，实行联户共建的建设模式。每户建筑面积不超过 140 平方米。（4）乡（镇）村统一建房。针对特困群体，由乡（镇）、村进行统一规划、统一建设的模式，每户建筑面积不超过 50 平方米。

专栏6-4 多形式多途径实施危房改造

井冈山东上乡按照“四个一批”（集中搬迁移民安置一批、闲置办公用房改造一批、政府代建一批、本村就地安置一批）的原则，采取责任到人、挂图作业销号的方式，针对无力建房的7户红卡户、蓝卡户，以代建方式帮助其完成建房意愿；对20户无力维修加固的贫困户，组织施工队统一维修加固。

鹅岭乡给每个行政村拨付3万元安居工程改造启动经费，充分发挥资金的“乘数效应”，撬动农户投入，并在神源村率先启动示范，取得良好成效，带动全乡安居工程建设工作。

茅坪乡结合传统村落保护、美丽乡村建设、移民搬迁工作，优先安排利用村内空闲地、闲置宅基地和老宅基地进行建设，对具有一定历史文化和艺术价值，特别是记载红色历史文化、体现客家民居风情的土坯房，对发展旅游有帮助的土坯房，予以重点修缮保护。

龙市镇采取统一施工队伍、统一采购材料的方式，要求材料供应商以低于零售价的价格送货上门，确保安居工程进度上得去、成本降得下、质量跟得上。

四、危改安居工程分类补贴政策

井冈山市根据不同改造方式和危改对象资金自筹能力不同等情况，实行分类补助。以涉农扶贫资金整合使用为契机，多渠道筹资破解危改安居工程的资金难题。

（一）分类补贴政策

2014年，井冈山市针对新建房屋的困难农户中的三种对象及维修加固房屋的困难农户，制定了高于江西省的补助标准。2015 年，井冈山市在省级政策规定基础上，扩大并进一步细分了危房改造对象的范围，同时制定了相应的分类补助标准。2016 年，井冈山市又进一步扩大了补助对象的范围，细化了土坯房屋类型的限定。以 2016 年政策为例，具体分类补助标准如下：

1. 在乡退伍红军老战士、红军失散人员（以下简称“两红”人员）及革命烈士的遗孀，以本人名义建房并申请危旧土坯房改造的，每户补助 4 万元。

2. “两红”人员及革命烈士的子女家庭危旧土坯房改造的，每户补助 2 万元。

3. 分散供养五保户危旧土坯房改造，原则上在当地敬老院统一安置，每户补助 1.65 万元，直接拨付给敬老院用于改造老人住房条件。对确需单独建房的，建房补助金拨付到当地村委会帮助其建房。

4. 低保户、贫困残疾人和符合危旧土坯房改造条件的建档立卡贫困户，每户补助 1.45 万元。

5. 其他列入危旧土坯房改造范围的农户，每户补助 1.25 万元。

6. 搬迁移民扶贫补助标准。符合移民搬迁政策的贫困人口补助标准按 0.8 万元 / 人；红卡户“爱心公寓”统建楼房每户补助 5 万元，其中对搬迁到县城或园区、乡镇、中心村集中安置的，再分别按人均 2000 元、1500 元和 1000 元标准，用于安置点的基础设施建设。符合农村危旧土坯房改造政策的搬迁户在政策允许范围内，还可享受农村危旧土坯房改造资金补助。

7. 年内因灾导致自住房屋倒塌且需要重建的农村受灾户，严格按照“一户一宅”的规定，对已经在异地新建住房、旧房倒塌的农户，不纳入补助对象范围。一般农村全倒户重建住房每户补助 1.5 万元；全倒户中的低保户、低保边缘户等特困户重建住房每户补助 2 万元；损房户维修住房，各乡（镇）可结合财力等实际情况给予一定的补助。

8. 属纯土坯房（干打垒或纯土砖房）的拆旧新建户和维修户，市级每户再配套 5000 元。

（二）多渠道筹措资金

1. 政策补助一点。仅 2016 年，井冈山政府累计为 8520 户发放危改安居工程补助资金 8325 万元，对“两红”子女、贫困户和五保户等不同对象，根据实际情况给予每户 1.25 万—5 万元不等的资金补助。

2. 群众自筹一点。充分调动困难户参与危改的积极性，通过农户自筹、亲友相助、邻里相帮、投工投劳等方式自筹建房资金和降低用工成本。

3. 社会捐助一点。积极倡导民营企业、社会各界对农村安居工程建设进行结对帮扶，重点帮扶贫困农户和集中建房点基础设施建设。如吉安市卫计委资助东上乡曲江村红卡贫困户刘汉才、刘书平各 3 万元建房资金。

4. 扶贫资金给一点。在上级农村危房改造补助标准的基础上，整合各类扶贫资金，进一步提高补助标准。对于贫困户纯土坯房的拆旧新建户和维修户，在原基础上每户再配套 5000 元。

5. 金融扶持一点。大力推行“安居贷”，对于筹资有困难的家庭，可向农商银行申请 5 万元以下的危旧土坯房改造贷款，市财政按基准贷款利率给予两年的贴息。

五、与移民扶贫搬迁相结合

井冈山市统筹兼顾，将危改安居工程与移民易地搬迁相结合，探索出“引农出山、移民建镇、特困上楼”三管齐下的新型移民搬迁扶贫模式。对居住在深山区、地质灾区、生态功能保护区的帮扶对象，实施以自然村落为单元的整体搬迁，并积极稳妥、健康有序地引导边远地区的农户向中心村、圩镇周边集聚，改善群众生产生活条件。其中，2014 年建设了国有林场垦区危旧房改造异地安置房 1784 套。2014—2016 年，搬迁移民工程累计投入 4842 万元，易地搬迁贫困户入住率达到 100%。截至 2018 年，共有 1292 户 5637 人完成移民搬迁。

（一）实施两套方案安置，确保“搬得出”

充分利用国家易地扶贫搬迁金融信贷资金，做好集中安置点基础设施建设。在涉农资金安排上，向易地扶贫搬迁倾斜，用于搬迁安置点的基础和公共服务设施项目建设。进城安置的，新农保和城镇居民社会保险、农村和城镇低保、新农合和城镇居民医疗保险按国家规定衔接。可以办理城镇居民户口，也可以保留农村户籍享受各种强农惠农政策。

扶贫搬迁采取分散安置和集中安置两套方案。一方面，针对一般贫困户的分散安置，实施搬迁奖补叠加政策，一般移民户（同步搬迁人口）按每人 8000 元标准给予搬迁补助，而建档立卡贫困户按每人 20000 元标准予以搬迁补助。另一方面，针对特别贫困移民户，采取政府统筹“爱心公寓”交钥匙工程，进行集中安置。

（二）落实配套建设，让搬迁户“住得好”

完善基础设施和公共服务设施配套。安置点建设主要围绕改善搬迁对象生产生活条件和发展环境，建设住房和必要的水、电、路、气、网等基本生产生活附属设施。根据安置点实际需要，配套建设教育、卫生、文化等公共服务设施。将移民安置点的道路改造项目列入重点规划，优先安排。将程控电话总线路免费安装到移民集中安置地，广播电视部门为移民集中安置地接通广播和有线电视，并从技术上给予指导，只收原材料成本费，为移民用户安装分机只收材料费。

专栏 6-5 几种扶贫搬迁集中安置形式

井冈山罗浮片区“梦想家园”移民安置小区建设，帮助解决包括 35

户红、蓝卡户在内的186户困难群众的住房问题，搬迁户只需交纳扣除各项补助资金后的少量建房款，小区内基础设施建设全部配套到位。

东上乡按照“一套房、一块地、一片果、一个窝”的模式，为32户贫困户量身定做，每户仅需出资2万元，就可获得一套105平方米的“爱心公寓”住房、一片不低于一分地的蔬菜园、一块不低于1.5亩的井冈蜜柚果地和一个6平方米的鸡舍使用权。

下七乡特困户移民“爱心公寓”，2014年5月开工建设，公寓占地总面积达到1026平方米，建筑面积3400平方米，总投资330万元，共安置特困户移民36户176人。房屋采用统一建筑风格、统一样式、统一色彩，打造具有庐陵风格、客家风情的街道、爱心公寓和移民点等。

（三）完善就业帮扶，让移民“稳得住”

针对移民易地搬迁模式，主抓就业和产业配套。将移民扶贫与小城镇建设、产业结构调整、农村新型社区建设、工业园区建设相结合，确保贫困移民能发展、可致富。“雨露计划”“阳光工程”等技能培训资金安排向易地扶贫搬迁实施乡、镇（场）倾斜，对搬迁对象中的青壮年劳动力开展职业技术培训，提高职业技能，增强就业能力。优先扶助搬迁移民小额贴息贷款、子女免费就读职高、免费创业就业培训和职业介绍。优先安排搬迁移民在工业园、农业产业龙头企业或产业基地就业，确保有就业需求的家庭有一人实现就业。依托城镇、工业园区，引导和扶持搬迁对象从事农产品加工、商品经营、餐饮、运输等第二、第三产业。

六、与村庄环境整治相结合

本着“建起来”的“靓起来”之理念，井冈山市将农村危改安居工程与村庄环境整治美丽乡村建设相结合，不仅让贫困户住上安居房，还让村民群众实现了走平坦路、喝干净水、上卫生厕的美好愿景。截至2018年底，全市新农村建设改水1554户，改厕2609户，改沟32公里，改路98公里，清理陈年垃圾160余吨，新植树3700株，“三网”工作全部到位。

（一）改水改厕

针对贫困户饮水困难，2016年实施农村饮水安全工程，投入资金4916万元；新建水池65座，铺设管路726公里，投放干泵300台，建成整村集中供水工程70余处，分散打井工程80余处，解决了1.2万贫困人口的安全饮水问题。其中红、蓝卡户实现了全覆盖。全市累计改水1.2万余户，对全市1139户贫困户的饮水、用水问题逐一解决。在2016年基础上，2017年继续完成6个贫困村的农村供水工程续建配套。2014—2018年农村饮水工程建设成果（见表6-6）。

井冈山市把“厕所革命”作为村庄环境整治的一项重要内容，要求改厕率达到100%，先完成改厕才能进入下一个建设项目。根据村庄实际或群众意愿，主要采取三格式水冲厕，每户农户至少建一个室内水冲厕。同时采取以奖代补提高群众积极性，完成一座改厕奖补1000元。许多农户和贫困户在改造危房的同时，结合实施改水改厕。

表6-6　井冈山市2014—2018年农村饮水工程建设成果

主要指标	2014年	2015年	2016年	2017年	2018年
行政村安全饮水达标率（%）	100	100	100	100	100
农村自来水普及率（%）	54.2	55.1	68.9	72.0	75.2

（二）道路改造

“要致富，先修路”，为基础设施建设打通“最后一公里”。通村道路和村内主干道路路面采用水泥或其他硬质材料，合理确定道路宽度并设边沟。巷道和入户便道尽量采用青砖、碎石、鹅卵石等材料，面层防滑，造型多样，村庄危桥除险加固。在进村主干道两侧设置路灯、文体活动场所设置灯光照明。

2013 年，井冈山市通过整合交通建设资金，完成了 44 个贫困村“最后一公里”的道路建设任务，硬化通村公路 106 公里。2014 年，按每公里 10 万元的标准，安排交通建设资金 958 万元，解决农村通自然村组公路硬化 95.8 公里。到 2016 年，实现行政村（含贫困村）通村公路硬化率 100%。2017 年，完成贫困村 25 户以下通村组公路硬化 16 公里，贫困村危桥改造 2 座，非贫困村 25 户以上通村组公路硬化 29.6 公里，处理县乡村道交通隐患 91 条线路 219 个隐患点。截至 2017 年底，井冈山市累计完成贫困村改路 185 公里。

（三）垃圾处理

结合美丽乡村建设和危改安居工程实施，以农村生活垃圾专项整治为突破口，治理农村“脏乱差”，改善贫困村人居环境。井冈山市加大对农村生活垃圾处理投入力度，将原投入标准每一个农业人口 60 元，提高到 72 元。配齐垃圾收集设施设备，建立垃圾分拣场。另安排 32 万元资金用于奖励农村垃圾处理工作中的先进乡镇（场）、村、农户。全市配备了 563 名保洁员，配备比例为 4.53‰，远远高于省要求的 3‰标准。制作印发了 4.5 万册垃圾分类宣传手册和农村生活垃圾治理应知应会，在全市各小学开展了垃圾分类“小手拉大手”活动，实施了农户庭院门前三包责任制，开展了文明家庭、清洁户等评选活动，引导群众养成良好的卫生保洁习惯。

通过政府购买服务的方式，实施城乡环境一体化治理，建立集保洁、清运、处理等“一条龙”服务，把镇村环境治理推向市场，实行生活垃圾定点存放、统一收集、定时清运，形成“户分类投放、村分类收集、乡分类减量、市分类处理”的四级分类模式。

专栏 6–6　以积分奖励改变村民的生活习惯

茅坪乡坝上村为促进乡风文明建设，探索出以积分奖励改变村民的生活习惯的好办法，鼓励大家爱护环境卫生。该乡规定了矿泉水瓶子、塑料袋、塑料瓶子、旧电池、玻璃瓶等废品的“分值”。村里人捡到这些东西送到垃圾清运点，清洁工就按分值进行登记。这个积分可以拿到村里小卖部兑换生活用品。这项制度从 2017 年 5 月开始实施，已经兑换了 2200 多元的日用品。负责村里公共卫生的村民对这项制度称赞有加。

（四）改沟改塘

广泛开展“清净整洁”整治活动。“清”，即清除灰尘、擦去污垢，做到清清爽爽；“净”，即收拾杂物、丢弃破烂，做到干净利索；“整洁”，即整理家什、消除凌乱，做到整齐美观。在美丽乡村建设点大力实施村庄和庭院整治，彻底拆除无利用价值的破败旧房、栏厕、残垣断壁等，统一归置房前屋后的柴火、生产工具、生活用具等。

村庄主干道路建边沟，全面治理房前屋后、道路两侧排水沟，形成网络化的雨水排放体系。具备条件的村庄，铺设专用管道或暗沟，收集生产生活污水。加大村庄河道、沟渠整治力度，努力打造“水清、流畅”的水环境。

清除村庄水塘的淤泥和沉积垃圾，全面改善水质环境。清理入塘排污渠管，建好进水涵管。水塘迎水坡要进行生态护岸，修建洗衣踏步等亲水设施，水塘周边要种植亲水植物，达到既整洁美观又能蓄水灌溉的效果。

开展农村人居环境整治，清理卫生死角、陈年垃圾，整治乱建乱放、乱排乱扔，保持村内整齐干净。抓好村庄周边、道路两旁、房前屋后及村庄空闲地的绿化，营造自然、亲切、宜人的村庄风貌。加大农业面源污染治理，积极推行清洁生产、标准化生产。

（五）三网改造

井冈山市全面解决村庄用电量过载而导致的低电压问题，完成农村水电增效扩容改造电站 8 座，扩容装机 2760 千瓦，年增农村水电发电量 862 万千瓦时，并实现智能电表全覆盖。优先改造不满足动力电供电需求的自然村，实现村村通动力电。许多贫困户的家中用上了电冰箱、洗衣机、电热水器，生活质量得到显著提高。

按照“技术先进、安全可靠、经济可行、保证长效”的原则，因地制宜采取无线、有线、卫星等多种方式，积极推进农村数字广播电视覆盖和入户接收，满足农村居民收看广播电视节目的需求。在行政村全覆盖基础上，将宽带网络向具备条件的自然村延伸。大力推进“三网融合”，在农村推广交互式网络电视。

七、与发展乡村旅游相结合

（一）凸显乡韵乡愁，精致内涵建设

深入挖掘历史文化内涵。对于部分与当地自然风光相得益彰、极具保护价值的原生态特色建筑，如特色梯田、客家民居等，以大力修缮加固为主，将保护民俗文化、留存田园风光与农村安居工程建设融为一体。这一措施针对乡村生产生活特点，注重实用、经济、美观。远离城镇的村庄更多地展现田园风光、乡土特色，注重保护传统民居，传承传统文化。重点推广具有“坡顶黛瓦、白墙红柱、吊楼翘角、墙裙花窗”神山风格的特色民居。积极推广庐陵风格户型，新建的农房力求安全美观、经济适用，还

要环保节能、功能完善，彰显庐陵风格。

（二）保留古风古韵，因地制宜保护修缮

对具有一定历史、文化和科学艺术价值，特别是记载红色文化历史的危旧房、土坯房、老宅、传统民居等，要按照“修旧如旧”的原则，予以重点修缮保护。鼓励对老宅、传统民居采取购置修缮等形式，发展乡村特色旅游产业。如东上乡浆山村依托境内“石峰仙”及原宁冈古八景之一的“浆山雨意”，打造了浆山生态旅游示范长廊。

八、井冈山市危改安居工程的经验与启示

井冈山市在2015—2016年实施的农村危房改造安居工程，是井冈山市打赢脱贫攻坚战的一大亮点。这一工程实施取得了“进度快、质量好、群众满意度高”的效果。其做法、经验给予我们一些思考与启示。

（一）坚持瞄准目标实干不动摇

井冈山市在短短的两年时间内，完成了1.17万农户危房改造，危改面占全市农户总数的40%，创造了危改安居“井冈山速度”。这一惊人成效，不仅确保了率先脱贫摘帽的攻坚目标的实现，而且充分体现了井冈山市委、市政府和各级干部立下愚公移山志、抢抓脱贫攻坚政策机遇、“决不让一个贫困群众住在危旧土坯房里奔小康”的坚定决心和坚决为广大人民群众“办实事、办成事”的目标信念、工作效率、实干作风和集体智慧。井冈山市采取高位推进，建立高效率的部门协调机制、目标责任制和严格的督查考核机制，确保了这项浩大的民生工程在较短的时间内得以落实、落地，向人民群众兑现了政府承诺。

（二）坚持科学规划先行

井冈山市在实施危房改造过程中，坚决杜绝了农村无序建房现象，做到规划先行，有组织、有计划、有序地推进安居工程。对于集中建设点，

避开抗震不利场地和地质灾害多发区，科学合理编制村庄建设规划，引导边远地区的农户向中心村、城镇及工业园周边集聚，综合配套水电路等基础设施和文化、教育、医疗等公共服务设施。对在原址新建的危旧土坯房改造农户，严格进行审核，符合村庄规划的才能审批建房。

（三）坚持因地制宜确定改造方式

井冈山市的危房改造方式没有搞“一刀切”，而是实行“修、拆、建、换、搬”多种方式相结合。对局部危险（C级）农村土坯房实行修缮加固；对具有一定历史、文化和科学艺术价值，特别是记载红色历史文化的旧房、土坯房，按照“修旧如旧”的原则，予以重点修缮保护；对危旧土坯房实行拆旧建新，或分散建，或集中建，或乡村代建，或与易地扶贫搬迁相结合集中新建；对因各种原因无法进入敬老院集中供养的分散五保户和其他生活特别困难的家庭，盘活利用现有的旧校舍、旧厂（场）房、旧办公房等闲置房屋，经修缮改造后进行妥善安置。此外，通过政策引导，鼓励农民进城镇购房，或转为城镇居民纳入住房保障体系，并积极推动进城农民务工就业或自主创业。

（四）坚持与生态宜居相结合

井冈山是著名风景名胜区，农村危旧土坯房改造不能搞单打独斗，为改造而改造；利用危房改造政策机遇，不仅要改善农民住房条件，而且要同步改善人居环境和乡村生态景观。这是井冈山市为什么提出“建起来”的要“靓起来”的基本出发点。井冈山市坚持将农村危旧土坯房改造与美丽乡村建设、与村庄环境整治空心村改造、与发展乡村旅游相结合，取得了“一步到位”的良好效果，实现了与乡村振兴生态宜居的有机衔接，避免了今后的重复建设。

第四节　低保兜底保障困难群众基本生活

井冈山市的农村最低生活保障制度有其自身特点：一是低保人口绝对数量不大，但相对覆盖面不低；二是补助支付水平较高，基本生活兜底保障有力；三是本级财政自筹资金叠加政策，加大对红卡户特困人群的保障力度。这些特点和措施，有力保证了农村最困难人群“不愁吃、不愁穿”，确保实现“低保兜底脱贫一批”的攻坚目标。

一、“两项制度”衔接力保扶贫对象全覆盖

2014—2015年，井冈山市民政部门与扶贫部门密切配合，认真落实“两项制度”有效衔接的工作要求，采取“拉网式”方法对农村贫困人口进行摸底排查、精准识别。结合国家扶贫标准和农村低保标准，优先把因大病、因重残、因突发事件致贫的贫困群众纳入低保；逐步把因病、因学等原因造成刚性支出较大的支出型贫困群众纳入低保；并严格清理人情保、关系保和其他有“硬伤”的低保对象。最终形成了能体现“两项制度”有效衔接的农村低保对象和建档立卡贫困人口数据库，努力实现“应保尽保、应扶尽扶、有进有出、动态管理”全覆盖。

2014年末，井冈山市共有农村低保户5504户，农村低保人口6535人，低保人口占农村总人口的5.3%，这一覆盖面不算低。低保人口中，有3783人纳入建档立卡系统（即扶贫低保双重人口），占低保人口总数的57.9%，占建档立卡贫困人口总数的22.3%。另有2752人低保人口在建档立卡之外（即纯低保人口）。

井冈山市“两项制度”衔接，共覆盖农村贫困人口19686人，占当年农村总人口的16%。其中纳入建档立卡系统的贫困人口16934人（含扶贫

低保人口 3783 人），贫困发生率 13.8%；另有建档立卡之外的纯低保人口 2752 人（见表 6–7）。

表 6–7　2014 年末井冈山市农村贫困人口（低保和建档立卡）情况

农村低保人口	建档立卡内低保人口（人）	3783
	建档立卡外低保人口（人）	2752
	小计（人）	6535
农村建档立卡贫困人口	非低保贫困人口（人）	13151
	低保贫困人口（人）	3783
	小计（人）	16934
农村贫困人口合计（未含五保人口）（人）		19686

二、动态调整低保分类补助支付水平

井冈山市将农村低保对象细分为 A、B、C、D 四类，并坚持每年动态调整财政转移支付的月低保补助水平。如表 6–8 所示，2015—2018 年，A 类低保对象财政支付的月补助水平，由每人每月 240 元逐年增加到每人每月 340 元，增幅 41.7%；B 类由每人每月 180 元逐年增加到每人每月 260 元，增幅 44.44%；C 类由每人每月 150 元逐年增加到每人每月 220 元，增幅 46.7%；D 类由每人每月 110 元逐年增加到每人每月 185 元，增幅 68.2%。

财政转移支付的每月低保补助资金，是实实在在打到低保对象“惠农卡”上的“真金白银”，而不是“虚”的低保标准。由表 6–8 可看出，2015—2018 年，井冈山市财政每年支付给农村低保对象的平均转移性现金收入（四类对象简单平均后）分别为 2040 元、2400 元、2685 元、3015 元，年均增长 13.9%。无论是从转移支付的绝对数，还是从相对增长率来看，井冈山市的农村低保兜底保障力度之大，是难能可贵的。井冈山市委、市政府于 2017 年提出，在巩固脱贫成果期间，农村低保转移支付标准每年将以不低于 12% 的速度增长，以建立稳定的制度化兜底保障长效机制。

表 6–8 井冈山市财政转移支付低保补助水平（2015—2018 年）

指标	2015 年	2016 年	2017 年	2018 年
A 类低保对象补助支付水平（元 / 人 / 月）	240	270	305	340
B 类低保对象补助支付水平（元 / 人 / 月）	180	210	230	260
C 类低保对象补助支付水平（元 / 人 / 月）	150	180	195	220
D 类低保对象补助支付水平（元 / 人 / 月）	110	140	165	185
年平均补助支付水平（元 / 人 / 年）	2040	2400	2685	3015

三、对红卡特困人口实行生活补贴兜底政策

井冈山市三卡户精准识别，共识别出红卡特困户 1482 户 5012 人。这 5012 人中，纳入低保对象的有 1938 人，未纳入低保对象的有 3074 人。市政府为了加大红卡特困户的兜底保障力度，从 2016 年开始，实行了以下特惠政策：（1）对红卡户中的低保人口，在享受表 6–8 中的分类补助基础上，每人每月再提标 40 元（2018 年提高到每人每月 60 元）。（2）对红卡户中的非低保人口，每人每月发放 100 元的市级低保生活补贴（2018 年提高到每人每月 120 元）。自 2018 年起，对尚未脱贫的蓝卡贫困户家庭，参照红卡户补助标准实施兜底。上述提标和发放生活补贴所需的资金，全部从井冈山市本级财政收入中预算列支。这两项政策措施，进一步兜牢了建档立卡特困群众的基本生活保障底线。

第七章 扶贫资源动员与社会扶贫

打赢脱贫攻坚战，需要动员大量人力、物力、财力资源做保证。就外部财力资源动员而言，主要来源有三大类：政府公共财政、企业市场主体、社会组织及个人。那么，井冈山市在脱贫摘帽和巩固提高过程中，是如何做好扶贫财力资源的动员组织和使用管理的，是如何构建政府财政、市场主体、社会力量等多元投资“大扶贫”格局的。本章重点介绍和讨论了井冈山的主要做法和特色经验，内容包括：（1）政府资源动员：构建涉农资金整合扶贫投入新格局；（2）社会力量动员：科技扶贫与“三联”帮扶；（3）企业主体动员：引资引企促进产业扶贫；（4）政府与社会合作：爱心扶贫基金。

第一节 构建涉农资金整合扶贫投入新格局

2014年以前，井冈山市的扶贫开发以财政专项扶贫资金投入为主，每年资金量较少。从2015年开始，根据国家和省关于“整合财政涉农资金办大事”的精神，井冈山市敢为人先，大胆探索统筹整合财政涉农资金投入脱贫攻坚的机制和办法。2015—2018年，井冈山市共整合筹集各级（中央、江西省、吉安市、本级市）用于扶贫方面的资金16.2亿元，其中财政专项扶贫资金3.2亿元，占19.75%，其他财政涉农资金13亿元，占80.25%。无论是在脱贫摘帽阶段，还是在巩固提升阶段，统筹整合涉农资金投入脱贫攻坚，在井冈山市已成为一种常态，已构成“多个渠道引水、一个龙头放水”的扶贫投入新格局。

一、围绕脱贫攻坚统筹整合涉农资金

从2015年开始，井冈山市围绕脱贫攻坚任务，除按上级规定统筹整合中央、江西省、吉安市、本市四级财政安排的用于农业生产发展和农村基础设施建设等方面的资金以外，还从其他渠道多方筹集资金用于脱贫攻坚十大工程。四年共统筹整合财政涉农资金162063万元用于扶贫开发。其中，2015年27463万元，2016年45700万元，2017年44600万元，2018年44300万元。

2015年，整合中央涉农资金17963万元，占当年整合资金65.41%；省级涉农资金2500万元，占比9.10%；吉安市涉农资金400万元，占比1.46%；井冈山市本级财政资金6600万元，占比24.03%。

2016年，整合中央涉农资金9750万元，占当年整合资金21.33%；省级涉农资金19650万元，占比43.00%；吉安市涉农资金2540万元，占比5.56%；井冈山市本级财政资金13760万元，占比30.11%。

2017年，整合中央涉农资金12771万元，占当年整合资金28.63%；省级涉农资金9394万元，占比21.06%；吉安市涉农资金1443万元，占比3.24%；井冈山市本级财政资金20992万元，占比47.07%。

2018年，整合中央涉农资金11338万元，占当年整合资金25.60%；省级涉农资金7754万元，占比17.50%；吉安市涉农资金1472万元，占比3.32%；井冈山市本级财政资金23736万元，占比53.58%。

四年合计，共整合中央涉农资金51822万元，占四年整合资金31.98%；省级涉农资金39298万元，占比24.25%；吉安市涉农资金5855万元，占比3.61%；井冈山市本级财政资金65088万元，占比40.16%（见

表 7-1、图 7-1）。

表 7-1　井冈山市整合四级涉农资金扶贫投入构成情况（2015—2018 年）

四级涉农资金整合		2015 年	2016 年	2017 年	2018 年	四年合计
中央涉农资金	资金（万元）	17963	9750	12771	11338	51822
	占比（%）	65.41	21.33	28.63	25.60	31.98
省级涉农资金	资金（万元）	2500	19650	9394	7754	39298
	占比（%）	9.10	43.00	21.06	17.50	24.25
吉安市涉农资金	资金（万元）	400	2540	1443	1472	5855
	占比（%）	1.46	5.56	3.24	3.32	3.61
井冈山市本级财政资金	资金（万元）	6600	13760	20992	23736	65088
	占比（%）	24.03	30.11	47.07	53.58	40.16
四级资金整合合计	资金（万元）	27463	45700	44600	44300	162063
	占比（%）	100.00	100.00	100.00	100.00	100.00

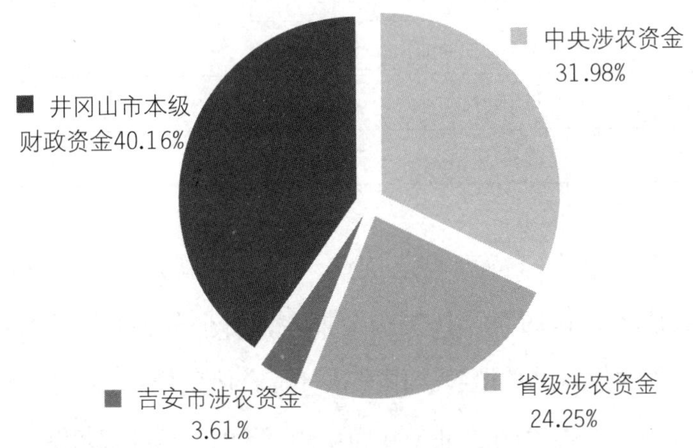

图 7-1　2015—2018 年井冈山市统筹整合扶贫资金构成

二、整合资金重点投入十大扶贫工程

井冈山市以脱贫成效为导向，以扶贫规划为引领，以重点扶贫项目为平台，统筹使用财政涉农整合资金，提高了资金使用的精准度和扶贫效益，为如期完成脱贫攻坚任务提供了资金保证。井冈山市财政涉农整合资金的使用，根据每年扶贫工作计划，重点投向十项扶贫工程和重点扶贫项目。2015—2018年整合资金使用投向见表7–2。

表7–2 2015—2018年井冈山市整合财政涉农资金使用投向

扶贫项目大类	资金投入（万元）	资金投入占比（%）	备注
特色产业扶贫	27980.6	17.27	含特色农业、旅游业等
基础设施建设	53062	32.74	重点投向贫困村
村庄整治扶贫	29185.6	18.01	重点投向贫困村
基本公共服务	17099.5	10.55	含教育、卫生、社会保障等
危房改造	11716	7.23	—
搬迁扶贫	5959.8	3.68	—
生态建设扶贫	9874	6.09	—
其他扶贫项目	7185.5	4.43	—
合　计	162063	100.0	—

由表7–2可看出，特色产业扶贫、基础设施建设、村庄整治扶贫和基本公共服务，这四大类扶贫资金投入，占全部整合资金投入总数的78.57%。这样的投入结构既符合国家扶贫资金使用规定，也符合基层脱贫攻坚实际需要。需要说明的是，井冈山市于2017年进入巩固脱贫攻坚成果期后，产业扶贫的投入占比有了大幅度上升，由2015年的31.8%上升到2018年的42.8%。

在产业扶贫投入方面，2015年重点对发展茶叶、毛竹、猕猴桃、油茶等进行扶持的同时，积极支持建设农业科技产业园。2016年除了发展茶叶、毛竹、猕猴桃、油茶等外，还支持开发井冈蜜柚、黄桃等特色果业，并启动了“231”产业扶贫富民工程。2017—2018年，在前几年产业发展的基础上，探索促农增收新途径，依托本地丰富的林地资源和优越的自然地理条件，通过“公司+合作社+农户”的形式，发展以绞股蓝、青钱柳、七叶一枝花、八角莲为主的中药材产业，以及具有井冈山特色的林下经济。同时，按照“互联网+农业”模式，大力推动电商产业扶持。通过规范农村土地流转，加大对村级集体经济的扶持，发展壮大村级集体经济，从而带动贫困户脱贫致富。

在基础设施建设方面，重点解决贫困村通村、通组、通班车道路硬化“最后一公里”问题；实施贫困村山塘整治、山洪沟治理、抗旱应急水源引调提水工程等农村小型水利项目建设；完成所有贫困村的饮水工程，实现贫困户自来水户户通、全覆盖；全面实施农村电网改造工程，加快推进贫困村信息化建设等。

在村庄整治扶贫方面，重点开展对78个贫困村的人居环境整治，完成了166个村民小组的改水改厕、环境整治、垃圾处理及公共服务设施建设，2017—2018年整合资金对部分有乡村旅游发展潜力的贫困村实行巩固提升，与乡村振兴生态宜居发展目标相衔接，朝美丽乡村目标迈进。

三、强化财政涉农扶贫资金管理与监督

井冈山市主要从以下五个方面，加强对财政涉农扶贫资金的制度化管理和监督。

（一）强化资金报账制管理

井冈山市的财政涉农扶贫资金实行县、乡两级报账制，专账管理，确

保专款专用。财政部门根据项目启动情况和实施进度拨付资金，项目启动资金原则上不超过30%。单个项目总金额低于50万元（含50万元）的，由项目实施单位填制《井冈山市财政涉农扶贫整合资金请款审批表》，并附有效原始凭据，经市行业主管部门、扶贫办、财政审批。单个项目总金额超过50万元的，由项目实施单位填制《井冈山统筹整合财政涉农扶贫资金请款单》，并附有原始凭据，经市行业主管部门、扶贫办、财政审核后，报分管领导、精准扶贫大会战指挥部下设的经济发展工作小组审批后拨付。财政涉农扶贫资金整合项目完工验收前拨付资金不超过75%。完工后，达到项目质量要求，并出具项目验收报告、项目审计报告，按要求办理完余款拨付（见专栏7-1）。

专栏7-1 什么情况下财政部门不予报账和拨付资金？

井冈山市规定，下列情况不予报账和拨付资金：

一、未经批准和列入财政涉农扶贫资金整合项目计划的；

二、未按规定程序和权限申报、审批和备案项目的；

三、不按要求提供有效报账文件、资料和凭证的；

四、请款审批表未经乡镇场（村级）、项目主管部门、财政部门审核，市政府分管扶贫领导、市委分管扶贫领导、市政府分管财政领导审批的；

五、项目中其他资金不及时、足额到位的。

（二）强化项目资金监督管理

井冈山市实行“涉农资金统筹整合使用，业务主管部门责任不减，各家孩子各家抱”的原则，明确市直各业务主管部门是各类扶贫项目实施、资金使用监管归口管理的第一责任部门。各乡镇场加强对扶贫项目实施、资金使用的全程监督和日常管理，发现问题及时予以纠正和整改。市里成立由人大代表、政协委员、审计、财政、扶贫办等参加的监督管理委员会，乡村两级参照成立监督委员会，上下联动加大审计和监督力度。定期组织对各项涉农扶贫资金的安排使用情况进行监督检查，对检查发现的问题及时通报相关主管部门予以查处。

（三）强化资金项目绩效考评制度

井冈山市每年坚持对整合的涉农扶贫项目资金使用管理过程和效果进行综合性考核与评价。重点评价三个方面：一是项目组织实施评价。侧重对扶贫项目建设、项目完成情况进行评价。二是资金使用管理评价。主要评价资金的使用、财务制度执行、财务监督等情况。三是资金使用效益评价。重点考评项目实施后项目区的经济效益、社会效益、生态效益。将评价结果作为对乡镇、对项目主管部门脱贫攻坚工作成效的考核依据和下年度资金安排的重要依据。

（四）实行项目资金公开公示制度

井冈山市建立健全了“市、乡、村”三级公示制度。市财政涉农扶贫资金整合工作领导小组负责将财政涉农扶贫资金整合方案在市级政府网站进行公示；资金整合业务主管部门负责将本部门资金整合情况及项目安排情况在本部门网站进行公示；各乡镇场、村组将本年度项目及资金安排情况及时在乡镇场、村公示栏或村民主要活动场所进行张榜公示，接受广大群众和社会的监督。

（五）强化责任追究制度

对擅自挤占、截留、挪用、套取、虚报、冒领财政涉农扶贫整合资金的单位和个人，依据国务院《财政违法行为处罚处分条例》的有关规定给予处罚，追究有关人员责任；严重违纪违规的，由纪检监察机关立案查处；构成犯罪的，移送司法机关依法处理。

四、井冈山整合涉农扶贫资金的特点与经验

在中央统一部署下，全国各贫困县都开展了统筹整合使用财政涉农扶贫资金的工作。那么，井冈山市在这方面有什么特色和经验呢？

（一）敢为人先行动早

支持贫困县围绕扶贫开发脱贫攻坚捆绑使用涉农资金和社会帮扶资金，是在2015年11月底中央扶贫开发工作会议上正式提出来的。2015年11月29日，《中共中央 国务院关于打赢脱贫攻坚战的决定》提出："按照权责一致原则，支持连片特困地区县和国家扶贫开发工作重点县围绕本县突出问题，以扶贫规划为引领，以重点扶贫项目为平台，把专项扶贫资金、相关涉农资金和社会帮扶资金捆绑集中使用。"2016年4月12日，国务院办公厅印发《关于支持贫困县开展统筹整合使用财政涉农资金试点的意见》（国办发〔2016〕22号）。2016年5月10日，财政部、国务院扶贫办在北京召开了全国支持贫困县开展统筹整合使用财政涉农资金试点电视电话会议，部署和推进试点工作。2017年，试点工作在全国832个贫困县全面展开。

而井冈山市作为国家贫困县，早在2015年就率先开展围绕扶贫攻坚统筹整合使用财政涉农资金的工作。市委、市政府在2015年5月11日印发的《关于开展"党员干部进村户、精准扶贫大会战"的实施意见》（井管局字〔2015〕2号）中提出："整合相关扶贫资源，按照'渠道不乱，用途不变，各计其功'的原则和'财政投一点，农民筹一点，部门匀一点，乡村出一点，社会捐一点'的'五个一点'资金筹措方式，整合财政部、发改委、农业、林业、水利、农业开发办、交通、城建、人社、民政、教育、卫计、文化等相关部门的涉农资金，统一帮扶标准，统筹帮扶

到户，通过财政专项投入杠杆作用，确保每年投入扶贫开发资金2亿元以上。”2015年，井冈山市成立了统筹整合使用财政涉农资金领导小组，当年统筹整合财政涉农扶贫资金27463万元。从时间点来看，这项工作井冈山市走在了全国贫困地区前列。

（二）市级资金投入力度大

这里所说的市级包括两级：一是吉安市；二是井冈山市。吉安市是井冈山的上级市。作为贫困地区地级市，吉安市于2015—2018年，对井冈山市的脱贫攻坚支持力度很大，不仅加强领导和指导，派出大批帮扶工作队，还投入了大量扶贫资金。四年共向井冈山市投入财政涉农扶贫资金5855万元，年平均1463.75万元。这的确难能可贵。

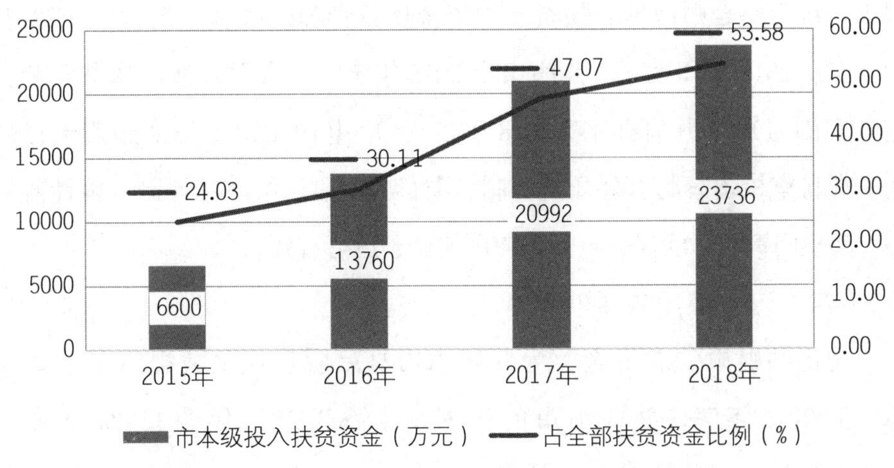

图7-2 井冈山市本级财政投入扶贫资金情况

井冈山市作为国家重点贫困县，本级财力十分有限，但地方党委、政府十分重视扶贫工作，投入了大量扶贫资金。四年来，井冈山市本级财政共拿出6.51亿元用于脱贫攻坚，占全部扶贫资金的40.16%。并且在2015—2018年，井冈山市本级财政投入扶贫的资金是逐年增加的（见表7-1、图7-2）。尤其是2017年、2018年，井冈山市实现脱贫摘帽目标后，在巩固提高阶段不仅做到了“摘帽不摘政策”“摘帽不减投入”，反而增加了投入强度，本级财政投入扶贫的资金分别达到20992万元、23736万元。如此大的本级财政扶贫配套投入力度，在全国贫困县中不多见。

（三）资金管理严格规范

井冈山市每年都根据上级要求和本市工作情况，统筹整合使用财政涉农资金，出台具体的工作方案、实施意见和管理办法等。2015年印发了《关于成立井冈山市涉农资金整合试点工作小组的通知》（井府办字〔2015〕140号）、《关于印发井冈山市2015年涉农资金整合试点工作实施方案的通知》（井府办字〔2015〕118号）。2016年出台了《井冈山市统筹整合使用财政涉农扶贫资金管理办法》（井府办字〔2016〕155号）。2017年印发了《井冈山市统筹整合财政涉农扶贫专项资金项目管理办法》（井府办字〔2017〕225号）。2018年印发了《井冈山市2018年统筹整合财政涉农扶贫资金实施方案的通知》（井府办字〔2018〕221号）。井冈山市严格实施资金报账制、项目审核备案制、公开公示制、项目验收制、绩效考评制、审计监督制、违规问责制，确保资金管理使用安全、运行有效。

（四）资金使用效果明显

充足的财政涉农资金，为井冈山市打赢脱贫攻坚战提供了重要保障。到2016年底，井冈山市的贫困发生率由2014年的13.8%下降至1.6%；建档立卡贫困户人均可支配收入由2013年的2600元增加到4500元。2017年2月，井冈山市在全国率先脱贫摘帽。2017—2018年，井冈山市在巩固提升脱贫攻坚中，又迈出了新步伐，做出了新成就，并荣获了2018年“全国脱贫攻坚奖组织创新奖”。由于井冈山市的财政扶贫资金管理规范，资金使用效果显著，在江西省2015年度、2016年度、2017年度财政扶贫资金绩效考评中，均获得A级奖励。

第二节　社会动员：科技扶贫与“三联”帮扶

动员社会力量和社会资源参与扶贫开发，是井冈山市推进脱贫攻坚的一大特色、一大亮点。其中最有社会影响力、成效最显著的是科技部30年定点扶贫井冈山和原南京军区牵头组织的“三联”活动结对帮扶井冈山革命老区。这两项重大社会扶贫工程，对井冈山市营造全社会关心扶贫、参与扶贫的良好氛围，构建政府、市场、社会协同推进的大扶贫格局，起到了示范带头作用，产生了深远影响。

一、科技扶贫助推井冈山脱贫攻坚

井冈山市是国家科技部定点扶贫县。自1989年以来，科技部先后向井冈山选派了30届科技扶贫团，累计派驻干部72人参与扶贫开发工作。30年来，通过国家星火计划、富民强县、科技支撑计划等支持立项326项，帮扶项目资金3.2亿元。在科技部扶贫团的统筹协调、倾力支持和示范带动下，井冈山市通过科技扶贫，把“扶志”与“扶智”有机结合起来，激发了干部群众的创新创业热情，提升了贫困群众技能素质，增强了内生动力；培育了一批农业龙头企业、一批科技示范基地、一批科技示范户和致富带头人，以创业带动产业发展，以产业发展带动建档立卡贫困户精准脱贫，推动了井冈山市由“输血式”扶贫向“造血式”扶贫的转变。

（一）聚焦产业，突出科技精准扶贫

围绕井冈山市“231”富民产业发展，以推动产业扶贫、创业扶贫为抓手，重点扶持茶叶、毛竹、果业、食用菌、设施蔬菜及特种养殖六大科技扶贫主导产业。2016年以来，累计实施中央引导地方科技发展专项和“蓝色粮仓”科技创新重点项目13项，帮扶项目资金3538.8万元，累计带动贫困户920户，户均增收1800元。建立了茶竹果基地、设施蔬菜、冷水

鱼、“稻虾共作”等特色种养基地。先后引进了红美人柑橘、黑茶、紫茶、金观音、锦旗黄桃、法兰地 2 号草莓等新品种 32 个。推广了竹腔施肥、沼渣标准化栽培食用菌、“稻虾共作”等技术，引导和鼓励温室大棚、滴灌、水肥一体化等农业现代化设施建设，逐步形成科技扶贫产业群。

（二）“志智双扶”，注重科技人才支持

根据科技部等 5 部门印发的《边远贫困地区、边疆民族地区和革命老区人才支持计划科技人员专项计划实施方案》（国科发农〔2014〕105 号），结合井冈山市产业发展科技需求，以及贫困村产业发展现状，江西省科技厅从全省大专院校选派 40 多名专家，组建了茶叶、果业、蔬菜、水产和现代农业 5 个科技特派团。特派员专家与井冈山市 35 个重点贫困村建立起“一对一”结对帮扶机制，帮助贫困村解决生产过程中的技术难题，实现了井冈山市优势主导产业和贫困村科技特派员帮扶贫困村全覆盖。引进中科院两位院士在井冈山分别建立生态经济院士专家工作站和井祥菌草院士专家工作站。通过搭建创新平台，引进高端人才，提升井冈山人才智力扶贫水平，为井冈山市脱贫攻坚提供了智力支撑（见专栏 7–2）。

专栏 7–2　井冈山发挥科技人才的扶贫支撑作用

组建科技特派团。围绕“茶竹果”等主导产业和贫困村产业发展技术需求，加强茶叶、果业、蔬菜、水产和现代农业 5 个科技特派团建设，从本地乡土人才和实用技能人才中遴选组建 8 个市级科技特派团，做到“一个产业一个特派团”，健全市、乡（镇）、村三级科技推广服务网络，帮助企业、农民及贫困户解决生产过程中的技术难题。充分利用“新型职业农民培训”，有针对性地对家庭农场、专业大户、农民合作社、龙头企业等新型经营主体开展专业技术培训，培育新型农业经营主体 1000 余户。

院士专家工作站。2017 年 6 月，井冈山市成立了生态经济院士专家工

作站，聘任中国科学院院士、中科院生态环境研究中心研究员、学术委员会主任傅伯杰和长江学者特聘教授刘彦随在站工作。重点开展井冈山生态系统服务功能和价值体系标准的构建及其评价研究，林下特色经济发展模式研究，生态农业产业的发展及价值提升研究。

星创天地。井冈山茶厂“电商超市”星创天地获科技部第一批星创天地备案；井冈山市瓯峰农业科技有限公司芦笋种植“星创天地”获批吉安市级星创天地。

智慧农业服务平台。围绕井冈山农业特色产业，以井冈山国家农业科技园八角楼园区管委会为总控中心，建设井冈山智慧农业体系，打造“农业专家智能服务系统、农业生产物联控制系统、有机农产品安全溯源系统、掌上农技”等智慧平台，全面实现“互联网＋农业”的全覆盖。

（三）东西联手，强化科技合作交流

科技部积极动员组织东部地区发达省份与井冈山市开展对接帮扶。如协调江苏省科技厅帮助井冈山市建立农村科技服务超市井冈山茶产业分店，南京农业大学新农村发展研究院井冈山工作站。协调高校和科研院所，通过共建园区组培中心、猕猴桃工作站、茶产业工作站，推广一批新技术，引进一批新成果，培育一批特色农产品种植及加工示范基地，助推科技扶贫产业做大做强。协调中国农业科学院郑州果树研究所与井冈山市签订合作协议，共建特色果业联合实验室，建立新品种、新技术示范基地，开展技术咨询和服务，培养实用技术人才。引导井冈山瓯峰农业科技有限公司，依托江西省农科院蔬菜产业科技特派团建立芦笋种苗培育基地，打造井冈山绿色有机品牌。近三年累计培训农户200多户，带动86户贫困户脱贫。

（四）发挥优势，加强科技园区建设

在科技部的支持下，“井冈山国家农业科技园八角楼园区”经过 5 年的建设，引进入园企业 22 家，辐射带动特色农业产业基地 100 余个、面积 42 万亩；带动发展专业合作社由 55 家增加到 376 家；带动周边农户 6000 余户，实现户均增收 1 万余元。农业科技园已经成为井冈山市生态农业科技应用的展示窗口、现代农业技术集成创新的转化器。在科技部的支持下，井冈山高科技农业九丰博览园已完成一期工程建设，累计投入资金 2.5 亿元，建成 6 万平方米的亚洲最大智能观光大棚，12 万平方米连栋生产大棚和 5000 平方米的育苗中心。年生产优质蔬菜 1200 万公斤，实现产值 4500 万元，直接解决 350 个农民就业，其中吸纳贫困户劳动力 100 多人务工。

二、“三联”活动构建军民融合扶贫新模式

2013 年 11 月，在原南京军区的倡导，以及江西省军区、吉安军分区的指导推动下，井冈山市人武部与华东 5 省 1 市的 9 个发达市（区）人武部开展“联学创新理论、联创先进组织、联建文明建设”的“三联”活动。在井冈山市开展的“三联”活动，不仅开创了军民融合发展的新理念新思维新实践，而且探索了军队结对扶持革命老区的新机制、新模式。5 年来，华东地区 9 个“三联”单位先后派出干部 99 批次 1007 人次，深入井冈山乡村进行调研，因地制宜筹划联建方案，对接联建援建项目，共帮扶援建项目 90 个，落实帮扶资金 1.0485 亿元，协力推动井冈山市脱贫攻坚，堪称井冈山社会扶贫的典范。

（一）“三联”活动的启动与深化

2013 年 11 月，原南京军区倡导的“联学联创联建”活动在井冈山拉开序幕，井冈山市人武部与上海市长宁区、江苏省海门市、浙江省绍兴市

柯桥区、福建省福清市、安徽省巢湖市、江西省贵溪市六地人武部结成帮扶对子，共同开展“联学联创联建”活动。2015 年 10 月，为进一步提升“三联”活动的成果，在原南京军区的统一部署下，江苏省张家港市、浙江省义乌市、福建省石狮市三地人武部也先后加入了“三联”活动。在军队的牵线搭桥下，9 个“三联”单位所在地方政府结对帮扶井冈山 9 个乡镇。

“三联”活动开展以来，得到了原南京军区首长的高度重视。军区首长亲自审定活动方案，多次协调部署，推动“三联”活动扎实开展。军区首长机关分管领导多次上井冈山亲自部署推动“三联”活动。这充分体现了原南京军区及帮扶单位对井冈山革命老区的关心与厚爱，体现了原南京军区迅速落实习近平总书记“做好军民融合式发展这篇大文章”和“决不能让一个苏区老区掉队”的重要指示精神，并付诸实际行动。

“三联”活动启动后，军地各方积极对接、迅速落实，以高度的责任感和使命感推动活动取得实效。江西省军区主要领导多次来井冈山市指导“三联”活动开展，要求井冈山市人武部和井冈山市党政领导主动对接、积极推进，牢牢把握这次难得的机会，加紧落实各项援建项目，带动老区人民脱贫致富，不辜负原南京军区党委首长、机关对井冈山的厚爱与支持。上海市警备区、福建省军区、江苏省军区、浙江省军区、安徽省军区领导亲临井冈山调研指导活动开展；各市区党政领导也纷纷率团深入井冈山考察调研、落实项目；吉安市委、吉安军分区高度关注和支持“三联”活动开展；井冈山市委市政府、市人武部精心谋划、主动对接、创造条件、搞好服务，确保援建项目落到实处。在军地双方的共同推进下，“三联”活动不断做实，深化为结对帮扶，取得了丰硕的帮扶援建成果，有力助推了井冈山经济社会的发展。

（二）“三联”结对帮扶的主要做法

1. 联好发达地区力量。井冈山市人武部党委主动承接推进原南京军区在井冈山开展的“三联”活动，协调战区五省一市 9 个百强市（区）人武部（上海市长宁区、江苏省海门市及张家港市、浙江省绍兴市柯桥区及义乌市、安徽省巢湖市、福建省福清市及石狮市，江西省贵溪市）对口帮扶井冈山市 9 个乡镇，争取援建项目 90 个、资金 1.0485 亿元，受益范围涵盖全市农村人口的 50%，为井冈山市率先脱贫作出了积极贡献。茅坪“山地人家”、下七“深山移民”、拿山“井冈蜜柚”等，均成为本市脱贫攻坚的示范项目。

2. 做好协调组织工作。由井冈山市人武部牵头成立驻市部队助力老区脱贫攻坚工作领导小组；召开推进会，军地联合下发实施意见；主动与东部战区及相关部队加强沟通，争取军内相关单位支援老区建设；区分部队类别赋予相应帮扶任务，形成驻军齐心帮扶的合力。努力在争取政府资金投入、政策倾斜、项目审批以及外引爱心力量等方面积极作为、主动作为。协调南京金陵装饰有限公司捐资 300 余万元用于茨坪镇幼儿园翻建改造。协调上海旭日集团公司与茅坪乡开展结对活动。

3. 加强援建项目对接。积极向原南京军区汇报“三联”活动进展情况；主动向各联建单位提出项目建设需求，编制项目可行性报告；加强与各“三联”单位的项目对接沟通，征求军地双方意见，共同商讨援建计划及项目实施方向。瞄准农业产业化、精准扶贫、美丽乡村和镇村联动建设等工作载体，让“三联”帮扶项目资金尽量倾斜安排到脱贫攻坚中，能集中力量办大事、办实事。在项目实施过程中，全力做好征地拆迁、发动群众等项目前期工作。根据项目实施内容，做好相关配套项目的建设。在项目完成后，加强了项目运行监管力度，确保“三联”活动成果长效化。

4. 注重红色基因融入。丰富的红色历史遗存和深厚的红色文化底蕴是井冈山市得天独厚的优势。在“三联”活动中，积极邀请各“三联”单位的党员干部，来井冈山开展以“学红军、唱红歌、话传统”“访红土地、悟红军情”等为主题的交流学习活动，接受革命传统的洗礼。同时，多次组织井冈山精神宣讲团赴各“三联”单位进行宣讲，送课上门；组织“井冈民兵”排练一台《永远的丰碑》节目，赴“三联”单位慰问演出，让伟大的井冈山精神为各“三联”单位的发展添加养分。

5. 建立地方协调机制。井冈山市成立了由市委书记任组长，市长任第一副组长的联学联创联建活动领导小组，并抽调精干力量组成“三联”办，专门负责活动的统筹协调。建立“对接乡镇一周一调度，挂点领导半月一协调，分管领导一月一汇报”制度。在活动督查考评上，将“三联”工作列入全市重点督查内容，要求“三联”办定期督查，适时通报，对推进不力、进展缓慢的联建点乡镇进行问责督办。

（三）“三联”结对帮扶取得扎实效果

1. 项目援建扎实推进。第一批 6 个“三联”单位先后投入 4600 多万元，实施了 40 余个项目，包括路桥、安全饮水、环境改造等方面的基础设施项目迅速落地建成，促进老区群众的生产条件、生活环境显著改善。第二批 3 个单位在启动“三联”活动后，江苏省张家港市援助 1000 万元资金帮助古城镇实施路桥建设、产业发展等 10 个民生项目；福建省石狮市援助 600 万元资金帮助鹅岭乡开展民生和基础设施建设、产业发展等 5 个项目；浙江省义乌市援助 450 万元帮助黄坳乡开展民生基础设施、产业发展、劳务输出等 4 个项目。

2. 产业支持成效显著。各“三联”单位以产业扶持为重点，不断增强井冈山的自我“造血”功能，累计扶持农民群众发展猕猴桃、高产油茶、井冈蜜柚等富民产业 1800 余亩，支持发展娃娃鱼养殖户 70 户。更难能可贵的是，各“三联”单位不仅在资金上对产业进行扶持，而且还依托自身发展优势，免费提供技术支持，帮助产业技改升级，利用各自渠道优势帮助拓宽农产品销路。如井竹青集团得到绍兴会稽山酒业帮助，成功改进了红米酒酿造技术，拓宽了企业发展空间，为井冈山市米酒产业发展带来了新动力。

3. 民生工程深入民心。各联建单位纷纷在井冈山参与设立爱心教育基金，帮助贫困学生圆“大学梦”。上海市长宁区为井冈山第二人民医院捐献了一批价值 400 万元的先进医疗设备，使老区群众在家门口就能享受到大城市的优质医疗服务。福建省福清市在下七乡帮助盖起了爱心公寓，使下七乡的深山移民仅花 1.5 万—2 万元就能住进 90 平方米的新房。

4. 联创作风催人奋进。各联建单位领导经常轻车简从深入田间地头，详细了解和掌握当地群众的困难与诉求。联建单位在经济发展、城市建设和现代管理等方面，带来了好经验、好做法，也带来了好作风。他们吃苦耐劳、扎实细致的敬业精神，实事求是、深入一线的务实精神，服务老区、支持老区不求回报的奉献精神，激发了老区群众自力更生、艰苦奋斗、苦干实干、加快发展的信心和决心。

5. 基层组织不断夯实。“干部联村、党员联户、牵手帮困”活动，进一步加强了联建双方基层党组织的帮扶共建。上海市长宁区组织 10 个街（镇）党组织与井冈山市龙市镇 7 个村（社区）党组织进行结对帮扶。上海市长宁区委党校与井冈山市委党校、上海凝聚力工程博物馆与井冈山革命博物馆进行了结对共建。福建省福清市连续两年派出领导干部来井冈山市挂职锻炼。2018 年 11 月，上海市长宁区 10 个街（镇）与龙市镇 7 个村（社区）签订新一轮联建协议，将“三联”支部共建长期坚持下去。

第三节　引资引企促进产业扶贫

为构建政府、市场、社会协同推进的大扶贫开发格局，井冈山市根据本市产业布局、产业定位和产业发展需要，加大了引资引企引项目的力度，一大批有实力的企业和产业投资项目落户井冈山，成为拉动区域经济发展的引擎，也成为井冈山落实“产业为根”、推进特色产业扶贫的龙头牵引和平台载体。这也是井冈山市采取“互利互惠、合作多赢”方式，动员市场力量和企业资源参与扶贫开发的成功尝试。

一、引资引企促进产业投资项目落地

为加快井冈山区域经济发展，深度推进产业扶贫，近几年，井冈山市主动出击，积极开展招商引资工作。先后参加了江西省、吉安市举办的京津冀招商会、赣港会、赣深会、厦门投洽会等，赴京津冀、泛珠三角、长三角、长株潭等地组织开展招商活动，在深圳举办了“井冈山—深圳招商引资座谈会”。井冈山市与华润集团及其华润电力、华润怡宝，云投集团，首旅集体，旭辉集团，杉杉集团，国投集团等一批大型央企、大型民企对接洽谈，引进了一批旅游、新能源、矿泉水、特色小镇等投资项目。

一批批资金项目引进和落地，不仅带动了井冈山市域经济发展，而且对脱贫攻坚产生了深远影响，尤其是促进了产业扶贫，为农村贫困人口、低收入人口提供了新的就业增收机会。

表 7-3　2017 年井冈山引进产业扶贫投资项目情况

项目类别	项目个数（个）	项目金额（亿元）
特色农业项目	5	7.9
林业产业项目	2	0.9
旅游产业项目	2	8.0
电商扶贫项目	3	2.5
新兴工业项目	6	40.7
合　计	18	60.0

以2017年为例，井冈山市共引进产业扶贫投资项目18个，投资规模达60亿元（见表7–3）。主要项目分类简述如下：

特色农业项目。项目5个，总投资7.9亿元。包括：山东寿光九丰农业科技有限公司投资6亿元的井冈山市高科技农业博览园项目；香港稀尔贝斯科技有限公司投资0.3亿元的竹笋等土特产农产品深加工项目；湖南客商吴国林投资0.5亿元的绞股蓝茶种植加工项目；福建客商龚春平总投资0.8亿元的太子参种植加工项目；浙江宜葆生物科技有限公司投资0.3亿元的微生物培植、农药化肥加工项目。

林业产业项目。项目2个，总投资0.9亿元。包括：返乡创业客商谢禄传总投资0.5亿元的竹家具生产线项目；福建华奕箱包有限公司总投资0.4亿元的箱包生产项目。

旅游产业项目。旅游和特色小镇项目2个，总投资8.0亿元。包括：中国康辉旅行社责任有限公司投资6亿元的柏露景区开发项目；中国金融博物馆投资2亿元的中国红色金融博物馆与红色金融学院项目。

电商扶贫项目。项目3个，总投资2.5亿元。包括：电子商务产业园的项目0.8亿元；农村物流体系配送项目1.1亿元；“互联网+天街”项目0.6亿元。

新兴工业项目。电子信息产业项目3个，总投资19.7亿元。包括：深圳蓝海芯科技有限公司总投资8.2亿元的应用膜、离型膜、光学新材料研发与制造项目；江西禾田精密光电有限公司总投资6.5亿元的手机摄像头电动马达项目；江西立茂科技有限公司总投资5亿元的传感器和半导体封装项目。三个项目均已开工建设，进展较快。另外，新能源项目3个，总投资21亿元。包括：华润新能源控股有限公司投资10亿元的厦坪风电项目；新疆特变电工集团投资10亿元的东上风电项目；上海莱乾新能源有限公司投资1亿元的竹废料加工项目。

二、引资引企促进产业扶贫取得实效

（一）吸引了一批企业和重大项目在井冈山市落户

以井冈山智能终端产业园为代表的电子信息产业，目前已初具规模，开启了井冈山工业产业发展的新篇章。大力发展以健康产业为主的绿色食品产业项目，相关优质项目落户井冈山。井冈山市利用外出参加重大省市招商活动的契机，积极对接华润五丰、中旅协民宿分会、复华文旅、中国通服、浙江聚邦、江西煌上煌等央企、上市公司等，带动了一批投资亿元以上的重大项目相继落户本市。这些企业和项目的落户，不仅为井冈山市域经济发展培育了新增长点，同时也为本地劳动力提供了更多的就业机会。

（二）促进旅游业成为产业扶贫的新引擎

井冈山市利用市场主体力量推进“1+6”特色小镇建设。重点打造以茨坪为中心，辐射周边三条精品乡村旅游带上的梨坪、罗浮、拿山厦坪、黄坳、龙市、茅坪“1+6”特色小镇，完善乡村旅游基础设施，建设乡村旅游精品工程，促进乡村旅游转型升级。如柏露、荷花等乡镇充分利用自然资源和优惠投资条件，引进外商合理开发红色旅游和农业产业观光等一批乡村旅游综合项目。柏露乡长富桥村引进柏露文化旅游公司投资打造了集精品民宿、共享农庄、餐饮、农业休闲采摘、稻虾共养、帐篷露营和青少年研学等为一体的鹭鸣湖田园综合体项目。以农户闲置的住房入股，采取企业与农户共同出资、共同受益的方式，将其改造建设成有特色的民宿，农户和企业各占股一半的模式成立共享农庄，目前共装修精品民宿（共享农庄）3 栋、2 套木屋，可接待 60 人左右的旅行团，其中配套设施建设已投入 1200 余万元，2016 年已开始运营。荷花乡大仓村与上海途家斯维登集团签约投资 3000 万元，项目已全面动工，大量新建的民宿已逐步投入使用。

（三）推动电子商务产业扶贫加快发展

井冈山市抓住“全国电子商务进农村示范县（市）”的契机，把农村电商扶贫作为重点推进项目之一。充分发挥中国邮政江西分公司“农村 e 邮”平台作用，带动贫困群众参与农产品生产与加工，打造“前店后村”电商产业发展模式。如黄坳乡的“村邮乐购”项目，为村民的竹荪开拓了销路，带动了合作社中 46 户红、蓝卡户的精准脱贫。2018 年，井冈山市成功入围阿里巴巴集团评价认定的“2017—2018 中国电商示范百佳县”，位列百佳县第 55 名，在全国 2014—2017 年 750 余个国家电商进农村综合示范县中脱颖而出。2018 年一至三季度，实现电商交易额 5.15 亿元，同比增长 35.62%。目前，全市电商产业带动农村青年、返乡大学生、返乡农民工、农村妇女、残疾人网络创业就业 5242 人，同比增长 42.6%。2018 年，井冈山市已建成电商乡镇服务站点 18 个，村级服务站 95 个，实现 35 个贫困村站点全覆盖，全市行政村覆盖率达 90%。村级服务站共完成代购 3625.4 万元，共销售本地农特产品 1325.3 万元，带动贫困人群创业达 2252 户，帮助贫困户人均增收 2642 元。

三、拿山三园：引资企业带动贫困户增收脱贫

井冈山市拿山镇的草莓产业种植园、灵芝生态产业园和高科技农业博览园（简称“拿山三园”），是井冈山市引资引企推进产业扶贫的一个缩影，具有示范意义。

（一）草莓产业种植园

拿山镇草莓产业种植园，是拿山镇 2015 年引进企业——井冈山市鹏浩农业发展有限公司投资 570 万元创办的。基地种植规模 350 亩，公司采取“公司 + 合作社 + 贫困户”的产业开发扶贫模式，共带动 144 户红、蓝

卡贫困户，贫困户户均增收1万元以上。主要带贫方式是：（1）带动贫困户种植受益。按照“四提供、三确保、两受益、一带头”的“4321”模式，带动有劳动能力贫困户承包大棚种植草莓，实现零风险、零投入参与。“四提供”即由帮扶单位出资无偿提供种植大棚、种苗和其他前期生产投入，公司无偿提供技术服务；“三确保”即确保贫困户种出的草莓足额回收，确保在7元/斤最低保护价的前提下按市场价择高收购，确保贫困户在种植过程中学到技术；“两受益”即贫困户和公司双受益；“一带头”即充分发挥党员干部带头作用。（2）接纳无劳动能力、弱劳动能力贫困户入股分红。贫困户以5000元或10000元的政府产业扶持发展资金入股草莓合作社，公司确保每户每年按10%左右比例收益分红。（3）吸纳贫困户劳动力务工增收。基地吸纳周边贫困户作为固定工人在草莓种植园务工，月工资1800元。在鹏浩公司的带动下，144户贫困户通过上述三种带贫方式获得稳定收益，实现增收脱贫。

（二）灵芝生态产业园

井冈山市益生缘灵芝生态产业园位于拿山镇胜利村。项目依托井冈山的天然景观资源以及良好的气候条件和生态环境，着手打造集灵芝、蜜蜂、花卉种养、产品加工及销售，生态观光、休闲度假、养生养老为一体的灵芝生态科技产业园，计划总投资10亿元。该项目于2015年引资，于当年年底开工建设；2017年8月8日开园试营业。截至2018年12月，共接待游客3万余人次，吸收周边村民200余人就业，其中吸纳贫困户劳动力29人进入园区务工，带动当地农民年人均增收2万余元。生态园的主要带贫方式是：（1）吸纳贫困户和非贫困户劳动力在园区务工生产，按“保底工资+出勤奖”给予劳动报酬。（2）贫困户以5000元或10000元的财政产业扶持资金入股生态园，公司每年按10%左右给予保底分红。（3）以260亩土地集体所有权入股生态园，确保村集体经济年收益 5 万元和农民获得土地经营权流转收益。

（三）高科技农业博览园

井冈山高科技农业博览园位于拿山镇江边村，是井冈山市重点引进投资项目。该项目由瑞金叶坪现代九丰农业科技有限公司投资建设，计划总投资 6 亿元，占地面积 1000 亩，项目分二期实施。一期项目占地 600 亩，主要由 60000 平方米的休闲观光厅和 500 亩的连体生产大棚组成，一期项目已于 2018 年 2 月投入生产。公司秉承“创新、科技、品牌、服务”的企业理念，优化产业布局，项目核心区域分为“综合管理服务区、现代农业展示区、绿色果蔬生产区、智能化育苗示范区、蔬菜加工配送区、生态休闲体验区”六个部分，整个园区严格按照国家 4A 级景区的要求打造，结合井冈山产业特色、文化内涵、民俗特征及乡村风貌，打造集蔬菜种植、种子种苗培育、农业技术服务、农产品深加工、休闲旅游观光为一体的高科技农业博览园。企业按土地经营权流转、村集体所有制和就业方式创新扶贫机制：一是所有流转土地面积以村集体所有权入股企业经营，每亩年固定分红 650 元作为村集体经济收益，再由村集体向农民进行土地收益分红；二是农民以土地经营权入股企业，企业每年按年纯收益的 5% 分红；三是企业优先吸纳贫困户及当地农民务工就业。目前吸纳 300 多农民务工，其中贫困户劳动力约 100 人，使贫困农民在园区带动下多重受益、稳定增收。

第四节　井冈山爱心扶贫基金

爱心扶贫基金是井冈山市在脱贫攻坚中的一个创新。2015 年井冈山市成立了“爱心扶贫基金管理委员会”（以下简称“管委会”），管委会成员由精准扶贫指挥部办公室（以下简称“精准办”）、民政局、残联、扶贫办、人社局、卫生局、建设局、教育局、工商联、团市委、妇联、财政局、审计局等部门人员组成，市政府相关领导任管委会主任和副主任，管委会办公室设在财政局，具体负责爱心扶贫基金的筹集、发放及日常管理。

一、爱心扶贫基金的成立与管理

（一）爱心扶贫基金的资金来源

井冈山爱心扶贫基金以财政固定投入为主，社会多方筹集为辅。其资金来源主要有：

1. 每年从旅游门票总收入中提取 10% 左右；

2. 每年从土地出让净收益中提取 10% 左右；

3. 捐赠资金：包括工会、团市委、妇联、残联、工商联等部门及其他渠道争取的捐赠资金、社会各界个人捐赠资金；

4. 其他资金（含利息收入）。

（二）帮扶对象以及使用范围

爱心扶贫基金的主要帮扶对象是本市建档立卡贫困户及其家庭成员。爱心扶贫基金的主要使用范围是，对建档立卡贫困户及其家庭成员实施教育资助、医疗救助、生活救助等。

（三）爱心扶贫基金的管理

1. 设立专户。由市财政局设立爱心扶贫基金专户，做好收支核算，实行专账管理，封闭运行。当年结余，结转下年继续使用。专户存储所得利息，全额转作爱心扶贫基金，继续用于爱心扶贫。

2. 资金拨付。对支付给贫困户个人的补助或救助资金由财政部门通过“一卡通”发放。

二、爱心扶贫基金的筹措

2015—2018 年，井冈山市共筹集爱心扶贫资金 13246 万元。各年度筹集资金额度及来源如下：

2015 年 3640 万元。其中，旅游门票收入提成 1000 万元，土地出让金净收入提成 1000 万元，社会捐赠资金 1640 万元。

2016 年 2788 万元。其中，旅游门票收入提成 1000 万元，土地出让金净收入提成 1000 万元，社会捐赠资金 788 万元。

2017 年 3350 万元。其中，旅游门票收入提成 1000 万元，土地出让金净收入提成 1000 万元，社会捐赠资金 1350 万元。

2018 年 3468 万元。其中，旅游门票收入提成 1000 万元，土地出让金净收入提成 1000 万元，社会捐赠资金 1468 万元。

从基金构成来看，四年筹集的 13246 万元，政府旅游门票收入和土地出让金净收入提成共 8000 万元，占 60.4%，社会捐赠资金共 5246 万元，占 39.6%（见表 7–4）。可见，基金性质仍以政府的地方财政资金为主。

表 7–4 2015—2018 年井冈山市爱心扶贫资金筹集情况

单位：万元

年 份	旅游门票收入提成	土地出让金净收入提成	社会捐赠	筹措合计
2015 年	1000	1000	1640	3640
2016 年	1000	1000	788	2788
2017 年	1000	1000	1350	3350
2018 年	1000	1000	1468	3468
总 计	4000	4000	5246	13246

三、爱心扶贫基金的救助支出

2015—2018年，井冈山市的爱心扶贫基金支出救助金额4970.85万元，共救助建档立卡贫困人口17.2877万人次。其中，医疗救助支出1511.301万元，占救助支出总额的30.4%，救助贫困人口108901人次；基本生活救助支出1809.149万元，占36.4%，救助贫困人口17281人次；教育救助支出447.35万元，占9.0%，救助贫困人口4863人次；其他救助1203.05万元，占24.2%，救助贫困人口41832人次（见表7-5）。所有的救助对象均为建档立卡贫困人口，所有的救助支出都用在贫困人口身上，这充分体现了爱心扶贫基金的精准扶贫宗旨。

表7-5　2015—2018年井冈山爱心扶贫基金救助支出情况

<table>
<tr><th colspan="2">救助项目</th><th>支出救助金额（万元）</th><th>救助贫困人口数量（人次）</th></tr>
<tr><td rowspan="2">医疗救助</td><td>代缴贫困户医疗保险</td><td>796.021</td><td>58007</td></tr>
<tr><td>代缴贫困户医疗附加险</td><td>715.28</td><td>50894</td></tr>
<tr><td rowspan="2">基本生活救助</td><td>红卡户低保提标补助</td><td>410.67</td><td>7562</td></tr>
<tr><td>市级低保金补助</td><td>1398.479</td><td>9719</td></tr>
<tr><td>教育救助</td><td>教育帮扶资助</td><td>447.35</td><td>4863</td></tr>
<tr><td rowspan="2">其他救助</td><td>代缴贫困户新农保</td><td>362.27</td><td>36227</td></tr>
<tr><td>其他资助</td><td>840.78</td><td>5605</td></tr>
<tr><td colspan="2">合　计</td><td>4970.85</td><td>172877</td></tr>
</table>

专栏7-3　爱心基金使赖泽强一家摆脱了困境

坳背村村民赖泽强，家门口的赭红色牌子让人一眼就能辨识出这是一家红卡特困户。牌子上主要致贫原因一栏清晰标明，户主患有尿毒症。1 年前，赖泽强的确诊让妻子选择了离开，原本的四口之家，除了已基本丧失劳动力的赖泽强，如今只有年近八旬的母亲和正读小学一年级的儿子。每月近千元的透析治疗费，更是让赖泽强倍感重负。因家中严重缺乏劳动力，在享受了相关医疗优惠以及社会帮扶后，他自己一年需要承担支出的医疗费达两万元之多。这个数字让这个困难的家庭雪上加霜。但是在井冈山设立爱心扶贫基金之后，赖泽强作为红卡户最先享受到了爱心基金的帮扶救助，个人自负医疗费用不足 10%。这不仅减轻了赖泽强一家的经济负担，更是给了他们生活的希望。像赖泽强这样的例子在井冈山还有很多。

四、启示与思考

自 2015 年实施精准扶贫以来，井冈山市探索建立“爱心扶贫基金”，四年来的筹资、使用和运行，有些许启示与思考。

（一）爱心扶贫基金目的指向明确

基金从广义上来说，是指为了某种目的而设立的具有一定数量的资金池。井冈山爱心扶贫基金的受助对象明确，目的指向明确。受助对象就是建档立卡贫困户及其家庭成员；目的指向就是帮助建档立卡贫困户解决生活中遇到的特殊困难和应对家庭突发事件，包括因病、因残、因学、因灾所造成的家庭生活困难，以及对脆弱性风险进行防范（资助办理相关保险）。井冈山爱心扶贫基金的目的指向符合精准扶贫、精准脱贫要求，符合共享发展理念。

（二）爱心扶贫基金筹资方式可取

应用政府财政资金撬动和吸引社会资金参与扶贫，是国家一贯的政策主张。井冈山市采取“财政固定投入为主、社会多方筹集为辅”的方式筹集爱心扶贫基金，符合这一政策精神。并且，井冈山爱心扶贫基金中的财政资金，不是来自上级财政一般性转移支付和专项转移支付，而是从地方财政收入的两个项目中提成——即从旅游门票收入和土地出让金净收益中提成。四年来，爱心扶贫基金通过 60% 的财政筹资，撬动和吸引了 40% 的社会募捐资金。

（三）爱心扶贫基金使用效果良好

四年来，井冈山市的爱心扶贫基金支出救助金额 4970.85 万元，包括医疗救助、教育资助、基本生活救助、参保资助等，共救助建档立卡贫困人口 17.2877 万人次。特别是医疗救助、参保资助覆盖了所有的建档立卡贫困户和所有的建档立卡贫困人口，使爱心基金的扶贫济困作用得到充分发挥。

（四）爱心扶贫基金运行管理规范

井冈山爱心扶贫基金项目运行管理做到了“五有”：有组织领导、有工作机构（设在财政局）、有专门账户（财政专户）、有管理办法、有专业监督（审计监督）。运行四年来，资金到位，操作规范，账目清晰，支出符合基金规定，没有发生挤占、挪用现象。到 2018 年底，基金结余率达 62.5%，保持了较高的可持续性。

（五）为建立“稳定脱贫不返贫”风险防范机制探索了新路子、新平台

巩固脱贫成果，确保稳定脱贫不返贫，需要建立起防止贫困人口因病、因残、因灾、因家庭突发变故而返贫的风险防范机制。而建立这种返贫风险防范机制，不仅需要政府完善各种专项的社会保障制度，包括社会救助制度，而且需要动员社会力量和社会资源参与。而动员社会力量和社会资源参与，需要政府搭建或提供一个多元化的救助平台。井冈山的爱心

扶贫基金是在政府主导下的“以地方财政固定投入为主、吸引社会多方筹集为辅”的筹资救助平台。这一平台平稳运行四年的实践证明，在贫困县建立这样一种基金平台，是对政府专项社会保障制度的有益补充，它为建立“稳定脱贫不返贫”风险防范机制提供一种新的补充解决方案。

当然，井冈山市的爱心扶贫基金运作尚需进一步完善。比如：如何让基金的筹集、使用、管理更具有开放性；让贫困人口对基金救助的知晓度更高，“遇困”时申请更便捷等等。

第八章 弘扬井冈山精神　激发内生动力

习近平总书记将跨越时空的井冈山精神高度概括为“坚定执着追理想，实事求是闯新路，艰苦奋斗攻难关，依靠群众求胜利”。跨越时空的井冈山精神，是新时代条件下推进现代化建设的精神动力，更是打赢脱贫攻坚战的精神动力。井冈山干部群众在脱贫攻坚战中，以井冈山精神为动力，继承革命传统，坚持依靠群众、不等不靠、艰苦奋斗、真抓实干，以率先脱贫的实际行动让跨越时空的井冈山精神放射出新的时代光芒。

第一节　井冈山精神是实干攻坚的强大动力

作为井冈山精神的发源地，面对脱贫攻坚的时代重任，井冈山市委、市政府以历史的担当、为民的情怀，带领广大党员干部战斗在脱贫攻坚第一线，引领广大贫困群众苦干实干，咬定目标，奋发有为，努力在脱贫攻坚战场上建功立业，向党和人民交出满意的答卷。

一、弘扬艰苦奋斗的攻坚拼搏精神

2014年底，井冈山市还有1.69万名贫困群众，贫困发生率13.8%。到2016年底，贫困发生率降至1.6%，至2018年底再降至0.25%。四年时间下降了13.55个百分点。这一减贫速度，浸透着井冈山市委、市政府和广大党员干部扑下身子苦干实干带头干的拼搏精神。他们秉承“坚定执着追理想、艰苦奋斗攻难关”的井冈山精神，主要领导亲自挂帅，班子成员全力出征，把脱贫攻坚扛在肩上，抓在手上，做到人人肩上有责任，个个身上有任务。充分发挥党组织的战斗堡垒作用和党员干部先锋模范作用，深入扶贫开发第一线开展工作，有力提振了全市人民群众齐心协力打赢脱贫攻坚战的“精气神”。

特别是乡镇扶贫团和驻村帮扶工作队，为了让老区人民过上好日子，精准再精准，苦干再苦干。他们吃住在乡村，自带被褥，自办伙食，一家一户地走，面对面地谈，了解贫困群众情况，与群众一起想脱贫办法。从精准识别到制定措施再到落实帮扶，所有的扶贫产业、到村项目、帮扶措施等，都要反复谋划，事必躬亲，一件一件地抓好落实。有的帮扶干部下基层、走访群众，一个月都不回家。尤其在2016年决战脱贫攻坚的关键年，大批干部连续几个月没有休息，但没有人叫苦叫累，没有人临阵退缩。

专栏 8–1　何桂强的“省考”

在井冈山脱贫攻坚中，全市3200多名党员干部点对点联系帮扶贫困户。大井林场副场长何桂强负责的对象是荆竹山村贫困户李冬林家。

2016年9月13日，正在外面办事的何桂强突然接到一个电话。当时他并不知道打电话的是时任省委书记鹿心社。那天，鹿心社在井冈山大井林场调研脱贫攻坚，随即走进贫困户李冬林家，看到帮扶牌上写有何桂强的手机号码，便让随行人员现场拨打，现场考核。何桂强有问必答，如数家珍，鹿书记十分满意。

贫困户李冬林年近六旬，常年生病，至今未娶，与同样体弱多病的哥哥住一栋房子，嫂子双目失明，侄女李秀兰16岁，正在读书。家里靠着低保及其他补助勉强过活。

这样的条件靠什么脱贫？“在家门口做点儿小工”，何桂强首先想到的是这个主意。他找到施工队给李冬林谋了个修路的活儿。可没几天，李冬林便回来了。因为劳动强度大，力不从心。“那就找一个轻松点的活儿。”何桂强又寻了个粉刷墙的活儿。但没过几天，李冬林又回来了，身体差是一方面的原因，主要还是没斗志。

务工扶贫失败后，何桂强换了一种方式——来到李冬林家，带着他一起干。李冬林家有山地几十亩，在村合作社的帮助下，山地种上了毛竹、油茶和猕猴桃。要想有收成，必须按照时节进行抚育，但由于体力缺乏，别人一天抚育一亩，他三天抚育一亩。时间不等人，何桂强拿着锄头带着李冬林一起干，天气好，就到离家远的山林，阴雨天就在屋后的山林，渴了喝口山泉水，饿了吃口自带的干粮，一干就是一个多月，何桂强手上磨出了厚厚的茧。

李冬林的侄女李秀兰要到城里念高中，生活费对于这个家庭来说是一大笔钱。一家人合计来合计去决定不让孩子读了。何桂强听说后心里很不好受，他把身上的钱都给了李冬林。接下来几天，他又跑学校，又跑市教育局，一趟又一趟，为李秀兰争取到6450元补助。李秀兰上学那天，何桂强又给她拌了床新棉被……

新城镇排头村第一书记罗军元，是江西省农业厅水稻农科所“80后”干部，2015年他和其他两名同志被派到排头村驻村扶贫。他们花了两个多月时间，走遍了排头村的每一户人家，挨家挨户了解情况。三年来，罗军元长期吃住在村，为筹资金、找市场，四处奔走，顾不上家。在他的带领下，先后争取到有关部门项目资金315万元，用来修路、改鱼塘、建蔬菜基地、改造危旧房。如今，村里路宽了，产业发展了，贫困户增收了，村民亲切地称他为“新时代省里派来的党代表”。

井冈山市人武部干部职工，坚持上山下乡走访慰问，严守“不拿群众一针一线”纪律，自行带着民情日记、帮扶手册、挎包水壶、干粮袋“四件宝”走村串户，嘘寒问暖，帮助群众解决生活困难，被人民称之为“苏区好干部、自带干粮去扶贫”。刘宗成是井冈山市人武部部长，上任后连续四年没有回老家过团圆年。井冈山市人武部首任部长，93岁的老八路陈学文由衷地感慨：“在你们身上，我看到党的好作风没有丢，老红军的本色没有变，你们不愧是新时期的红军传人。”

“干部干部，先干一步。”正是有一大批类似何桂强、罗军元、刘宗成这样的干部，在基层一线诠释了“好日子是干出来的”这一科学命题。井冈山的率先脱贫不是“送”来的，“干”是他们最大的“底气”。

二、大兴求真务实的攻坚实干作风

井冈山市地广人稀，贫困群众情况千差万别，脱贫攻坚工作复杂繁琐，解决任何问题都要从实际出发，及时回答村民疑问，每一项工作都不能落下。

脱贫攻坚，安居为先。以危改安居工程为例，2015—2016年，井冈山市农村危改安居工程共完成了11703户的拆旧建新、危旧改造，占全市农村户数的40%。在农村实施如此大规模、短时间的危旧土坯房改造治理行动，在井冈山历史上是第一次。

由于当年遭受战争的摧残，很多当地百姓逃进深山老林安居。新中国成立以来，越是深山区、深度贫困地区、贫困村和贫困户，土坯房、危房、“干打垒”、“金包银”就越普遍。但要让祖祖辈辈住习惯了的村民搬出“土窝”，各种利益交织、传统思想、宗族势力叠加在一起，“拆”“建”“修”的任务极其繁杂艰巨。

工作越难，越能考验担当。“决不让一个贫困群众在土坯房里奔小康。”为此，井冈山打破常规，申请预支国家后三年安居工程指标，将其提前用于这两年的集中搬迁。为按时完成任务，市领导挂帅出征，乡镇党委书记、乡镇长为第一责任人，县、乡、村三级层层签订责任状，分片包干、责任到人。据统计，经过两年安居工程的全力推进，全市维修加固危房 7507 栋，拆除重建住房 4196 栋。这一项成绩，在国家最严格的考评中得了高分。如今，脱贫摘帽后的井冈山，随意走进任何一个村，从村容村貌、农民住房都能看出率先脱贫的喜庆。

瑶背村是毛泽东、朱德等老一辈革命家挑粮小道必经村，在安居工程“奋战三十天，脱贫勇争先”活动月中，几方面的力量握指成拳，形成合力。2016 年，全村 6 个村民小组全部完成了“两消工程”任务（消灭危旧土坯房，消灭撂荒耕地）。这个深山里的“红色村”发生了旧貌换新颜的重大变化。井冈山市 2016 年“奋战六十天，打赢脱贫攻坚收官战”的现场观摩会就在这里召开。全面实施完成危旧土坯房改造安居工程，啃下了难啃的硬骨头，充分体现了井冈山市党员干部崇尚实干、勇闯新路的作风担当。

三、树立人民至上的扶贫大爱情怀

坚持以人民为中心，始终站在贫困群众的立场上，维护贫困群众的利益，这是井冈山市各级干部在脱贫攻坚工作中的初心遵循。

在脱贫攻坚中，井冈山市从各级领导干部到驻村帮扶的工作人员，对县、乡、村经济社会发展的关注度一步一步地发生了变化：过去发展中更多关注的是“老三问”：GDP 增加多少？财政收入实现多少？固定资产投资多少？实施脱贫攻坚后更多关注的是“新三问”：贫困发生率如何？农民人均可支配收入如何？村级集体收入如何？这一为民情怀，体现在与各类来井冈山投资主体洽谈合作项目时，经常出现的“精准扶贫三问”：这个项目的引进投产，能带动多少贫困户劳动就业增收？带动多少失能弱能贫困户增加资产收益？能否带动贫困村集体经济长效发展？

在井冈山市，山场、土地、劳动力相对比较廉价，靠群众的自身能力难以产生较大的、持久的收益。在市场经济条件下，党委、政府面对大批进入农村的投资、合资经营主体，不再是不问青红皂白“放入篮子就是菜”，土地流转承包合同不搞“一包了之”“一租了之”。而是站在农民贫困群众的立场上，推行“资源变资产、资金变股金、农民变股东”，把贫困户利益、农民利益、村组集体利益，与经营主体利益联结起来，建立多赢的利益联结机制。以下七乡光明村水果种植专业合作社为例，流转土地500余亩经营脐橙种苗繁育与种植，吸收两个村103户“蓝卡户”入社参股，贫困户将市扶持的每户5000元财政产业扶贫资金投入合作社，实施资产收益扶贫。通过建立“456”风险分担机制（即村委承担4%，合作社承担5%，乡政府承担6%），贫困户一方面参与基地生产劳动务工增收；另一方面可享受本金10%左右的分红收益。

针对建档立卡贫困户中的贫中贫、困中困的“红卡户”深度人群，井冈山市委、市政府采取“政策叠加+重点帮扶”，实行“低保+补贴”、教育资助各学段全覆盖、大病医疗多重保障支付等措施，筑牢保障网底，让每一个深度贫困群众能脱贫，在奔小康路上不掉队。

第二节 “志智双扶”激发贫困人口内生动力

习近平总书记在党的十九大报告中强调：“注重扶贫同扶志、扶智相结合。”贫困户内生动力不足、自我发展能力不强，既是稳定脱贫的内在短板，也是持续发展的制约瓶颈。井冈山市委、市政府在脱贫攻坚中，以跨越时空的井冈山精神为动力，扎实推进“志智双扶”工程，努力增强贫困群众的脱贫信心，激发内生动力，提升发展能力，优化人文生态，营造争先恐后脱贫致富的良好氛围。

一、出台“志智双扶”实施方案

2017年井冈山市宣布率先摘帽，在市委统一部署下，井冈山市委宣传部以一号文件名义，制定下发了《井冈山志智双扶巩固提升工程实施方案》，通过“扶志”“扶智”“扶技”三项实招，进一步激发贫困人口脱贫致富信心，激活内生动力，提升发展能力，引领贫困群众在脱贫致富中当主体、唱主角。井冈山市“志智双扶”工程由三个要素构成：

（一）扶志

以弘扬跨越时空的井冈山精神为主线，通过扶志气、扶志向、扶文化，消除贫困人口的精神贫困，克服过度依赖思想、消极心态和“贫困文化”行为模式，强化“幸福生活是奋斗出来的”理念，树立脱贫致富主体意识、主人翁意识、主观能动意识，发扬自力更生、艰苦奋斗、勤劳致富的光荣传统，立志以自己的双手改善家庭生活、改变家乡面貌。

（二）扶智

通过扶教育、扶知识，阻断贫困群体代际传递贫困。加大对贫困户下一代的教育扶持，使其接受公平的、有质量的教育；帮助提升知识素质和认知能力，为未来发展拓展空间和机会，促进家庭稳定脱贫和持续致富。

（三）扶技

通过扶技术、扶就业，消除贫困群体就业能力上的贫困。瞄准就业市场新需求，抓好劳动力转移就业培训，使他们学有一技之长，掌握就业本领，提升脱贫致富的能力和技术。

井冈山实施“志智双扶”工程，旨在实现四个目标：（1）推动贫困群众由“智弱缺劳”向“聪明肯干”转变，努力打造有理想、有道德、有知识、有纪律的新农民；（2）推动贫困群众由“怕苦怕累”向“勤劳致富”转变，唤起自我脱贫的斗志和决心；（3）推动贫困群众由“消极盲从”向“积极上进”转变，倡导“乡风文明”，提高自身素质；（4）推动贫困群众由“缺资缺技”向“致富能手”转变，提高带头富、带领富的自信心。

二、“志智双扶”的主要做法

（一）帮带激励

做实干部包联工作，要求帮扶干部逐家入户走访，宣讲政策，鼓励打气，帮助贫困户分析脱贫致富有利条件，协助制订切实可行的脱贫计划，培养主动性，调动积极性，激发进取心。不定期组织群众召开小组会、院落会、田埂会，凝聚脱贫攻坚共识，为改善家庭生活和村组环境做出自己的贡献。

（二）“三会两榜”激励

“三会”即培训会、点评会、道德评议会；“两榜”即优秀脱贫户榜、优秀帮扶干部榜。

1. 培训会。针对缺少技能、影响脱贫致富信心问题，发挥驻村第一书记纽带作用，以村为单位不定期召开实用技术培训会、基地现场会、入户会、夜访会等，学知识、兴家业、当先进，帮助贫困户实现自我教育、自我管理、自我发展。

2. 点评会。每季度以村为单位，组织驻村领导、帮扶干部、村“两委”成员和村里所有贫困户，以会议形式，先由贫困户对照脱贫攻坚责任清单，逐户汇报项目落实情况；再由驻村领导、帮扶干部、村“两委”成员逐户进行点评，肯定成绩，提出建议，研究解决的具体措施。同时评出“好、中、差”三个类型，对“好”的表扬，对“中”的提出要求，对“差”的重点落实包帮责任。

3. 道德评议会。每季度召开一次，对勤劳致富的贫困户，评定为先进典型；对“等、靠、要”内生动力不足的贫困户，教育引导其自我反省，转变思想。

4. “两榜”。表现优秀的脱贫户上“红榜”，表现优秀的帮扶干部上“红榜”。

（三）考核激励

井冈山市委宣传部出台了《井冈山志智双扶巩固提升工程贫困户考核评价实施方案》，每个季度组织乡、村两级干部和驻村第一书记、结对帮扶干部，对全市黄、蓝、红卡户进行考核。考核内容包括服务大局、遵纪守法、乡风文明、移风易俗、自力更生等方面。考核评分在全乡镇排名前3名的贫困户，颁发奖状并给予一定的物质奖励；不足60分的，由帮扶干部对贫困户进行思想教育，并取消一年内物资慰问走访资格。

（四）扶智扶技夯实能力基础

对贫困家庭劳动力，积极开展实用技术培训和劳动就业技能培训，采取案例教学、田间地头教学等实战培训，强化信息技术指导。开展“科技活动周”“科技下乡”“科技进村（社区）”等活动，实现科普教育、就业岗位培训群众化、社会化、常态化。采取差异性措施，有重点、有针对性地开辟公益岗位、消费扶贫岗位，对技智双缺的贫困户安排就地就近就业，在劳动中提高技能，提振信心，使其成为有本领、懂技术、能实干的自立自强者。对贫困户子女在校生，建立教育扶贫跟踪机制，根据国家教育扶贫资助政策，本着“对象全覆盖、教育阶段全覆盖”的原则给予资助扶持，确保每个贫困学生不因家庭困难而失学辍学，斩断贫困代际传递。

（五）推进精神扶贫，铲除滋生“无志缺智”“贫困文化”土壤

1. 总结宣传脱贫典型。加强了对典型贫困户和典型贫困村脱贫成效的宣传报道。利用行政村墙报、宣传栏等载体，以“最美脱贫户”“最美笑

脸”等形式宣传村里的脱贫致富典型。在井冈山广播电视台、“井冈山发布”微信公众号等媒体，以“最美帮扶干部”“身边好党员”为主题，宣传报道井冈山脱贫攻坚工作，积极营造了“比、学、赶、超”的良好氛围，为脱贫攻坚和巩固提升提供舆论支撑。

2. 实行“十个一”举措。在每个行政村设置一块精神文明建设宣传专栏；组建一支农村志愿服务队；成立一个红白理事会；制定一部村规民约；打造一道社会主义核心价值观文化墙；设置一组“讲文明、树新风”公益广告；展示一组优秀家风家训家规；张贴一处身边好人榜和移风易俗红黑榜；建设一处文化活动阵地或场所；评选一批文明家庭和星级文明信用户。通过落实“十个一”，把基层精神扶贫、文化扶贫做实，营造了浓厚良好氛围。

3. 推动乡风文明创建。建立完善红白理事会、村民议事会，规范约束红白喜事操办，摒弃奢侈之风，崇尚勤俭勤劳。坚决打击非法宗教和地下六合彩、麻将、扑克牌等赌博恶习，着力从外部环境铲除滋生不良习惯的土壤。以乡风文明的提升，促进贫困群众综合素质提升。

三、“志智双扶”实施效果

（一）涌现出一批脱贫攻坚先进人物，弘扬了志智双升正能量

茅坪乡神山村蓝卡贫困户彭夏英有一句名言“党和政府是扶持我们的，不是抚养我们的”。她的自强不息、勤劳脱贫致富的事迹，在井冈山市广为传颂，成为全市建档立卡贫困户自力更生、艰苦奋斗的“最美代言”。坝上村贫困户吴云月，自强自立，通过参与承接红色培训“红军餐”，实现脱贫致富，成为市级脱贫典型。东源村贫困户黄月龙的脱贫致富事迹，人民日报以《特困户黄月龙对了症，脱了贫》为题，作了较大篇幅的报道。据不完全统计，井冈山市在脱贫攻坚中涌现出的先进典型，在

国家、江西省、吉安市三级主流媒体上稿报道3000余篇（条）。此外，各行政村还利用墙报、宣传栏等阵地，以最美脱贫户、最美笑脸（笑脸墙）、脱贫尖兵等形式，宣传了大批脱贫致富先进人物。文化、组织等部门在井冈山市广播电视台、公众微信号等媒体上，报道了一大批“最美帮扶干部”“身边好党员”，形成了脱贫攻坚“比、学、赶、超”的良好氛围。

（二）一大批缺志缺技的特困群体走上了靠劳动脱贫的行列

通过“扶志、扶智、扶技、扶德、扶能”，全市选出了88个走出“思想贫困”、走进产业发展、走进城市务工、走进自主创业的勤劳致富之路的脱贫致富典型，有许多成了本村的致富带头人，被请到红色讲习所、乡村大讲堂上“现身说法谈脱贫”，受到听众的高度称赞，真正实现了从“要我脱贫”到“我要脱贫”的转变。新城镇排头村脱贫户杨夏明，47岁，2015年纳入建档立卡蓝卡户。因本人患有间歇性精神病，一直一个人生活。2015年纳入建档立卡贫困户后，帮扶干部经常入户与其谈心，树立他的信心，助其恢复健康。病情好转后，又开展产业帮扶，将他吸纳进合作社，每年有固定的分红，每月务工收入1500元左右。他买了一辆三轮车，利用务工之余帮助别人搬运货物。他还会做一些木工活儿，在家自己做一些小物件，也给邻居朋友做一些小物品，不仅增加了收入，与村民的关系也越来越亲近，现在他的生活充实了许多，实现了稳定脱贫。

专栏8–2　“最美贫困户”吴云月

吴云月是井冈山市茅坪乡坝上村的蓝卡户。她发挥自身特长，积极参与坝上村红色旅游项目“红军的一天”接待，增加家庭收入。她在自家展示民俗、坝上变迁历史等见证物品，深化了“红军一天”的内涵。她大力支持村内环境整治，带头拆除自家的牛栏厕所，被村民一致评为“最美脱贫户”。

1997 年，吴云月的丈夫因心肌梗死溘然长逝，骤然失去了家里顶梁柱的吴云月，依靠砍柴、做零工、种田来抚养一双儿女，生活极为艰难。坝上村的红军餐农家乐项目使她每年有了稳定收入。正是用勤劳双手做出的“红军餐”，成为她摘掉贫困户帽子的“致富餐”。吴云月留给参训学员们最深刻的印象就是“笑”和“暖”。她说：“虽然我已经 60 岁了，但人只要有志气，肯做事，日子就不愁。”这不仅仅是一个“最美脱贫户”的心声，更是传承井冈山艰苦奋斗精神的体现。

（三）农村社会的人文生态正在发生变化

按照现有脱贫标准，经过产业发展、就业扶贫和保障兜底，井冈山市 99% 以上的建档立卡贫困户都达到“两不愁、三保障”标准。但其中不乏有些脱贫户不同程度地存在精神贫困、人穷志短现象，成为稳定脱贫、持续发展的“拦路虎”。井冈山实施“志智双扶”工程后，贫困人口的精神面貌发生明显变化，农村社会的人文生态正在向积极的方向转变。过去以家庭为单元的“三大精神之困”逐步缓解：一是因病。发生率最高的村因病致贫曾占 55%。过去一人得病，一家难解“心头之困”。现在，患病费用 90% 可以报销，因病致贫户的精神压力大大舒缓。二是就业。过去一些劳力弱、缺信心的贫困人口，很难走出家门。井冈山市注重开发村组公益岗位和生态保护岗位，倾斜安排了一大批“志智双扶”家庭人员，他们在增加收入的同时，大大提振了贫困家庭的士气和信心。三是大龄未婚。这是许多“志智双扶”家庭的“心病”。2016 年，鹅岭乡塘南村 141 户 560 人，30 岁以上未婚男青年有 24 人。一个村大龄单身多，大多与家庭本身不完整、农村婚姻破裂增加、当地生活环境不佳等相关。通过“志智双扶”，把农家婚事作为农村社会建设的重要议题来办，近两年已有不少中年男子娶到了媳妇。据《经济》杂志记者实地采访后报道：大陇镇，一个贫困村脱贫之后，一名谈了好几年对象的大龄男青年结婚了。女方说，原来好几年不愿嫁过来，是因为娘家人到村里看过后，对这里的生活环境不满意。现在，村里从路、水、电到厕所都大变样了，娘家人再来看，很快就同意了这门婚事。解决了大龄单身之忧，就大大改变了一个家庭的人际环境和一个村的人文精神面貌。

第三节　政策机制激励贫困人口依靠劳动脱贫

激发贫困人口内生动力，除了靠典型引路、教育培训、耐心细致的思想工作以外，还需完善政策机制和帮扶机制，通过好的政策机制和帮扶机制，激活有劳动能力贫困人口的内生动力，鼓励他们积极参与生产劳动，依靠自己的双手加快脱贫致富。

一、激励“有劳无业”贫困户自营发展特色产业

对有劳动能力的、有发展特色农业愿望的贫困户，政府不搞资产收益“白拿钱”，主要采取以奖代补、先建后补方式，鼓励贫困户自营发展特色产业。井冈山市的财政奖补政策是：贫困户发展茶叶面积一亩以上，按一亩 1200 元进行奖补；发展井冈蜜柚、柰李、黄桃种植，每亩奖补 1000 元；发展猕猴桃园标准架（水泥桩）种植，每亩奖补 3000 元，普通架（木竹桩）每亩奖补 2000 元；进行毛竹林低改每亩奖补 100 元。所有产业奖补政策，均采取先建后补方式，发展面积经过验收确认后，再按程序由市财政兑现奖补政策，直接汇入“惠农一本通”。

二、激励“有劳有地”贫困户自愿流转土地到基地务工

对有承包土地、有一定劳动能力的贫困户，本着自愿原则，政府鼓励其将土地流转给当地农业新型经营主体，如龙头企业、专业合作社、农业产业园区等，参与规模经营。流转方式或采取土地入股，或采取土地租赁。采取土地租赁的，土地年租金一般按当地农民可接受的“每亩稻谷实物产量 × 国家收购价”计算。

土地流转后，贫困户可外出务工就业，也可在当地龙头企业、合作社、农业产业园区生产基地就近务工。对参与土地流转就近就地务工的贫困户（一般为有劳动能力的蓝卡贫困户），井冈山市政府一次性地给予每户蓝卡贫困户 5000 元的财政产业发展补贴，作为贫困户的股金入股当地龙头企业、合作社、农业产业园区，并协商经营主体按 10% 左右给予分红。这样贫困户可获得“土地租金 + 务工收入 + 股金分红”三份收入。据统计，全市共有 306 家专业合作社采取土地流转、资金入股、基地务工等方式，共带动 2898 户贫困户劳动力在家门口务工就业。

三、激励“有劳有房”贫困户积极参与乡村旅游

在适宜发展乡村旅游民宿、农家乐的村组，政府鼓励有劳有房贫困户参与乡村旅游业发展，或将自有住房改建装修成民宿，或开办农家乐餐馆等。政府和驻村工作队对举办民宿、农家乐的贫困户给予积极支持。如大井村蓝卡贫困户朱桃生，家有一栋旧两层楼住房，本人四级肢残但有一定劳动能力，妻子常年患病，生活十分艰难。2015 年，驻村帮扶单位帮他家粉刷墙壁，修建卫生间，买床、衣柜等生活设备，利用他家房屋开办民宿，并将他吸纳加入村农家乐协会，接待红色培训研学体验学员入住。朱桃生和妻子勤劳经营打理民宿，年收入两万多元，一举摆脱

贫困。大井村“有劳有房”贫困户共有6户，全部参与乡村旅游，开办民宿农家乐，在政府和驻村工作队的扶持下，依靠自己的劳动找到脱贫致富门路。

四、激励“有劳无技”贫困户参与培训转移就业

对有劳无技、有转移就业愿望的贫困户，政府积极组织贫困户青壮年劳动力参加转移就业技能培训，并采取免费培训、免费提供就业服务的政策。2016—2018年，市人社部门先后组织开展旅游技能、农业产业等培训40多期，培训贫困对象2000多人次，促进有劳无技、有转移就业愿望的贫困群众转移就业，务工增收。

五、激励弱劳力贫困户从业公益岗位劳动增收

针对走不出家、迈不出村的部分弱劳动力贫困户，截至2018年，井冈山市提供村组公益性岗位779个（包含保洁、保绿、乡村道路维修护、交通协管员等岗位），生态护林员岗位269个，防火巡护员岗位77个。以上公益性岗位绝大部分安排给贫困户劳动力特别是弱劳动力就业。从2017年起，市政府将扶贫公益性岗位补贴标准调整提高到每人每月300元；生态护林员岗位待遇为每人每月800元。

六、实行劳动积分兑换激励机制

井冈山市采取社会捐赠和筹资采购等方式，募集农民所需的日常生活用品，按照一定标准，将各类日用品换成积分，引导贫困户通过劳动换取积分，用积分兑换所需日用品，以此激励贫困户树立劳动观念，积极参与生产劳动。对获得农村评先评优和参与村里公益性活动的贫困户，也按一定标准计算积分。茅坪乡坝上村以全国青少年革命传统教育基地“红军的

一天”体验教学为契机，发动农户参与“红军餐”接待，带动村民致富。为了解决开办农家乐所带来的环境卫生问题，该村建立了“农村垃圾兑换银行”，鼓励农户将家庭垃圾分类后，运到村里的积分服务平台，兑换家庭所需的肥皂、洗衣粉等生活用品，激励群众用劳动获得价值回报。

第四节　文化扶贫打造脱贫攻坚精神高地

文化扶贫，是指采用一定干预方式从精神、文化层面对贫困人口给予开启或扶持，旨在用正能量的文化培育贫困人口的精神世界，以改变其“贫困文化”的生活方式和行为模式。在贫困地区农村，“靠着墙根晒太阳，等着别人送小康”的现象依然存在。况且，贫困地区农村大多地处偏远，信息闭塞，山区村民不仅贫困面大，精神文化生活也十分单调。

精准扶贫，文化先行。近年来，井冈山市委、市政府传承红色基因，大力弘扬跨越时空的井冈山精神，积极推进实施文化惠民扶贫、文化产业扶贫，将激昂奋进的红色文化“软实力”，打造成群众脱贫致富的“硬支撑”；用井冈山精神唤起贫困群众的斗志，培育起“自尊、自信、自强、自立”的意识，靠自己的辛勤劳动实现脱贫，走出了一条具有井冈山特色的文化扶贫、助力攻坚的新路子。

一、文化扶贫设施建设实行村村全覆盖

由于山高路远、交通不便等原因，过去，井冈山市一些偏远村庄的公共文化设施和服务体系建设明显滞后。为满足广大农民群众的精神文化需求，这几年井冈山相继对 106 个农村综合文化服务中心进行改造提升。实施广播电视村村通、万村书屋、文化信息资源共享、农村数字电影放映等文化惠民工程，不断完善基层文化设施，将公共文化服务的触角延伸到农

村基层。全市实现了市文化馆、乡镇（街道）综合文化馆、村（社区）文化活动室全覆盖，初步建成市、乡、村三级公共文化服务网络。全市所有贫困村文化活动室，音响、图书、桌椅等一应俱全，使农村文化环境得到全面改善。

井冈山市以红色文化为引领，把舞台搭在田间地头，把电影送进农家村落，把图书摆到乡间集市。通过开展喜闻乐见、形式多样的文化惠民活动，有效解决了农村公共文化产品和服务内容单一的问题，为广大群众、特别是贫困群众提供了精神文化食粮。如开办“乡村大讲堂”，安排时政宣传篇、创业致富篇、留守儿童关爱篇、幸福家园篇、民生与保健篇五个方面主题内容。深入一线，因需上课，因地设堂，累计开讲 100 余堂课，架起了文化服务基层、服务群众的桥梁，受到广泛好评。

专栏 8-3　井冈山红色书店

“井冈山红色书店”的前身是井冈山市新华书店，是全国首个以红色文化为主题的红色书店。书店以红色为主线，除满足井冈山本地读者的一般图书阅读外，还通过收集和陈列与“红色文化”有关的图书、音像制品及数字出版物，打造红色文化内容最全的书店。书店收集了近 3 万个品种的图书，其中有一半以上为各类红色书籍，并有多种全面翔实的党史纪录音像资料及丰富多彩的红色文化文艺作品。书店定期与中国井冈山干部学院及各培训机构合作，组织各种类型的红色文化研讨会、红色文化作品研讨会，提供红色文化旅游服务，打造井冈山全新的“传播红色文化”旅游版块。如今，书店已成为井冈山红色文化旅游的一张新名片。

为营造红色文化氛围，“井冈山红色书店”通过融入五角星灯、党旗、红军草帽吊灯、红军怀旧背包、红军老照片等众多的井冈山元素，构建出井冈山最美的阅读文化空间。为拓展休闲空间，彰显红色文化特色，书店开设了中国井冈山干部学院专柜，并在二楼设置了咖啡饮品区和活动沙龙区，让读者和游客在轻松愉快的氛围中体验对红色文化的感知。

据了解，井冈山红色书店自2015年11月开业以来，接待游客及当地居民达10万人次，并成功举办了“中国第一届红色文化出版研讨会”“弘扬井冈精神，传承庐陵文脉——我的社区朗诵比赛”“红色大讲堂”“追忆先烈、诵读经典清明赛诗会”“读经典、提正气、青春志、中国梦”等近20场活动，参加人数达两万人次。

近年来，井冈山市先后组织了面向农村的“映山红陶瓷杯”电视才艺大赛，“文化扶贫进万家”惠民活动，非物质文化遗产展示展演，井冈山体育舞蹈大赛暨井冈山周边贫困地区国际舞邀请赛，“罗霄放歌”两省四市七县文化惠民巡演，以及以“百姓大舞台·大家一起来”为主题的系列文艺演出。据不完全统计，通过“文化扶贫进万家”，在全市贫困村开展巡演、送书、放电影等活动，年受益群众超过两万人次，舞蹈大赛参赛的农民演员达1200余人。

每年，井冈山市开展送戏下乡文艺演出160余场，协助指导乡镇自办文体活动120余场；放映数字电影1800余场，保障每个村组每季度能观看一场文艺演出，每月能看一场电影。全市现有民间文艺团队20余家，文化志愿者近千人。每个乡村基本上都拥有一支文化队伍，既提高了群众的精神修养，又彰显了“以文化人”的魅力，为打赢脱贫攻坚战奠定了思想文化基础。

二、红色宣传教育为脱贫攻坚注入精神力量

（一）红色宣讲

为丰富和拓展跨越时空的井冈山精神宣讲工作，井冈山市专门组建红色宣讲团，深化理论研究，创新宣传方式。坚持用先进典型唤醒群众，选出 88 个脱贫致富典型在全市宣传推广，组织贫困户到先进村户实地走、实地看，并安排致富带头人、脱贫典型巡回宣讲，唤醒贫困群众主动作为、自主脱贫意识。

充分发挥“毛秉华工作室”示范带动作用，不断壮大宣讲人才队伍，致力于挖掘井冈山红色故事，用本色本土革命先辈的事迹激励贫困群众，引领脱贫攻坚。目前，全市已开展“诵读红色家书”“乡村大讲堂”130 余场次，2.5 万人次党员群众接受了革命传统教育，大家自觉成为井冈山精神的传承者、坚守者和践行者。

井冈山红色宣讲团之所以场场讲得有声有色，持续火爆，得益于拥有一支责任心强、水平较高的师资队伍和宣讲团成员。他们活跃在各个“乡村大讲堂”、干部教育培训学院等讲台上，是红色基因宣讲、教学的中坚力量，是“宣讲先行”的领跑人。

全国道德模范毛秉华，89 岁高龄，50 年如一日，义务宣讲井冈山革命传统和革命精神，累计宣讲 2.1 万多场，听众达 200 多万人，被誉为“宣讲井冈山精神第一人”。他生前仅有的 20 万元积蓄，全部捐赠用于脱贫攻坚工作。2003 年 4 月，他牵头成立的“井冈山精神宣讲团”，成员主要是党史研究人员。2016 年，他又组建了“毛秉华工作室”，用工作室的模式、方法开展宣讲工作。宣讲团成员由开始的六七个人扩大到现在的 60 多人。近年宣讲团成员到全国各地宣讲 1.5 万多场，听众达 320 万人次。一批烈士后代积极参与红色宣讲，以祖父辈的红色故事传承红色基

因。井冈山茅坪乡坝上村村民李祖芳，今年61岁，是红军烈士李筱甫之孙，自培训机构开展红色体验式教学以来，他成为最受欢迎的“老师”之一。当下，穿行在井冈山，无论是秋夏还是寒冬，经常看到一群群身着红军服、头戴红军帽、肩扛红旗的人……尤其在夏天，举目可见一批批背着米袋，挑着南瓜，重走“朱毛红军挑粮小道”的学员。这些人，从全国各地来到井冈山，探究是一种什么样的力量支撑共产党人不断从胜利走向胜利，并从中汲取继续前行的力量。行程万里，不忘初心。井冈山的红色基因要传承下去。

烈士袁文才的孙子袁建芳，现在是井冈山干部学院教授，已为数不清的学员述说历史的细节；烈士王佐的孙子王生茂，70多岁高龄，依然坚持宣讲红色精神。“红色的传人”对他们而言当之无愧。

专栏8-4 毛秉华——宣讲井冈山精神第一人

革命烈士后代、井冈山博物馆原馆长毛秉华，2017年89岁，50年如一日，义务宣讲井冈山革命传统和革命精神。他总计做了2.1万多场报告，听众达200多万人，被誉为“宣讲井冈山精神第一人”。

毛秉华虽然年龄大，但宣讲方式并不死板，始终保持与时俱进。为了扩大宣讲影响力，2003年4月，他牵头成立了井冈山精神宣讲团，成员主要是井冈山党史研究人员。2016年，他又组建成立了“毛秉华工作室”。用工作室的模式、方法开展宣讲工作，宣讲团成员也由开始的六七个人扩大到现在的60多人。“毛秉华工作室”向来自全国各地的游客或各种类型的专题培训班、党性锻炼班、体验式教学班等，大力宣讲井冈山精神，普及井冈山斗争历史知识，着重加强理想信念教育，传承红色基因。近年来，“毛秉华工作室”宣讲团成员应邀去全国各地宣讲15200多场，听众达320多万人次。

毛秉华热心公益事业，关心下一代，他将当年井冈山流传的一些革命故事加以整理，出版了《井冈山革命故事选》，免费发送给全市中小学校及有关单位。他上缴特殊党费和设立公益事业基金5.1万元，捐款11万元，爱心播撒到山区灾区。他还累计为山区16所学校筹资1100多万元，帮助180多名家庭贫困学生继续上学。2016年3月，当了解到井冈山正在决战脱贫摘帽时，他拿出自己多年积攒的10万元积蓄，支持八角楼所在地的茅坪乡脱贫攻坚，累计筹集500余万元支持地方建设。

在毛秉华的言传身教下，他的儿子同样投身于井冈山精神宣讲，孙子留学回国后也跟随讲党史。“三代讲党史”——对于毛秉华一家来说，井冈山精神不仅是一种信念，更是他们毕生的追求。

（二）红色培训

红色文化是井冈山最丰厚的精神富矿。井冈山市深挖红色文化资源，加快文化与红色旅游的融合发展，用红色文化创意点亮培训市场，让红色培训在脱贫攻坚和旅游发展中催生动力、增添活力。国家、江西省、吉安市先后分别在井冈山建立了干部培训学院，为当地的红色基因在全国各地传承创造了条件。井冈山市委成立了红色培训管理办公室，依托“中国井冈山干部学院”“江西干部学院”“团中央全国青少年传统教育基地”等驻山培训机构，与时俱进、创新培训形式，推出集培训、参与、体验为一体的红色培训“井冈山模式”。

脱贫攻坚战打响后，市委市政府注重弘扬“思想建党”的优良传统，强化思想引领和精神鼓舞，先后组建了20多家红色培训机构，包括井冈山精神研究院、红色基因研究中心等，打造井冈山红色基因研究高地。集中专门力量，研发精品红色培训课程《永恒的信念》。推出“井冈练兵”“红军的一天”“朱毛红军挑粮小道”“引兵井冈”等“走红军路、吃红军餐、唱红军歌、读红军书、扫红军墓”的体验式教学项目，集参与、体验、互动为一体，内容鲜活、形式多样，将历史事件、红军战争、红军生活情境有机融入，让游客在培训中熏陶思想、锻炼品格，大大提高了“红色”在培训中的兴奋度和认知度。

井冈山市的红色培训，不仅吸引了全国各地一大批机关事业单位、学校院所，还吸引了一大批民营企业、中外合资企业等，它们都把井冈山作为员工培训和精神锤炼的重要基地。红色培训催生了“民宿经济”爆棚式发展，过去，客人来了住酒店，如今改为住民宿，体验乡村生活。红色培训带动近千名贫困群众参与红色培训服务，年人均增收6000元以上。从事红色培训的文化经营机构已遍布全市乡村，成为井冈山红色文化品牌的一部分，成为文化扶贫的新亮点、新动力。

（三）红色演出

井冈山市在脱贫攻坚中，充分利用深厚而独特的红色文化资源，组织各方力量，创作了一批以弘扬井冈山精神为主题，彰显和讴歌“率先脱贫摘帽”的精品红色文化节目，用戏曲、歌舞等艺术形式，再现革命情境，体验红色文化，考验自我品格，开辟了“红色演出”的新途径。

拿山镇茶坪村，以该村的自然山水为舞台背景，将经典红色文化与高科技声光电技术结合，编创了我国目前最大的红色实景剧——《井冈山》，参演的600多名群众演员，都是当地的农民，每年演出260场左右。他们的先辈就是当年的红军，这些群众白天是农民“种地”，晚上当演员“唱戏”，演1小时22元，每年人均可增收5000余元。他们说，昔日前辈

“送红军”，今日我们“演红军”。他们是红军的传人，红色已融入后代的血液中。井冈山的红色演出之所以让游客流连忘返，赞不绝口，情境和特色是“重头戏”。如舞台就搭在当地现场，演员就是当年烈士后代，让井冈山人唱井冈山曲、演井冈山戏，让游客身临其境，感同身受。

他们不仅在台上演，农家乐、接待厅、挑粮小道等去处，随处都能听到当地百姓的红歌声。烈士的孙女江满凤，是景区的一名保洁员，她每天一边扫地，一边唱红歌，这一视频在国家和省级多家电视台播出，受到全国人民的关注。正是因为她的歌唱，才让《红军阿哥慢慢走》的井冈山红歌得以完整保存，后来成为电视剧《井冈山》的配乐。

（四）红色培训结对共建

坚持“一对N”和“N对一”结对共建模式，井冈山300多家红色教育培训机构，与21个乡（镇、场）实现全覆盖对接帮扶，所有红色教育培训机构都找到了“娘家”，每个乡镇也都找到了“对家”。学员在各乡镇开展研学、社会实践、拓展训练等活动，既丰富了红色教育培训内容，又带动了乡村基础设施建设。如“井冈山开拓精神干部培训中心”（以下简称“开拓培训中心”）结对茅坪乡马源村，2018年该中心举办的培训班走进马源村的就有12个班586人，同时还通过课程宣传带动其他培训机构走进马源村，为该村的红色发展找到了新路子。从2017年开始，“开拓培训中心”陆续投资在马源村兴建“国防教育军事拓展基地”和“研学旅游农耕体验基地”，落地建设军事拓展场地、文创体验园、水上亲子乐园、农耕文化馆、古作坊、精品民宿等项目，着力打造马源特色生态小镇。

驻井冈山市的全国青少年井冈山革命传统教育基地与坝上等三个村对结，投入大量人力、物力，挖掘红色历史，开设红色课堂，打造精品课程，促进结对村基础设施改善，文明新风形成，这三个村都成了当地脱贫攻坚、文明新村建设的示范村。通过接待教育基地学员“自做红军餐”和置卖当地特产，坝上村接待户平均每年增收 2.8 万元左右，其他两村接待户增收也均在 2 万元以上。

三、非物质文化遗产彰显历史底蕴

在井冈山市，受红色旅游的烘托，非遗文化在红色培训和红色、绿色旅游中发挥了重要作用，吸引了大众的浓厚兴趣，吸引市场主体纷纷进入经营和保护的行列。井冈山塘南村、茅坪村、长路村、菖蒲村四个村被评为国家级传统古村落，入选全国传统村名录。全市以文化为底蕴、以红绿为特色的乡村旅游经营主体有 318 家，其中休闲农庄 24 家，农家乐、民宿 290 家，观光农业园区 4 个。这些经营实体，通过挖掘和保护传统文化和红色文化，大幅提升了经营特色，吸引了大量客源，实现了保护与开发并举的目标。乡愁让文化彰显绿色底蕴，文化让旅游插上翅膀，旅游让文化广传深化，三者互为依托，相得益彰。

井冈山市拥有国家级非物质文化遗产代表性项目名录——井冈山全堂狮灯，以及宁冈采茶戏、客家山歌等一批优秀民俗文化。为加快传统村落保护，打通文化与旅游之间的“价值链”，井冈山市安排专项资金，编排“非遗”名录，以项目的形式，吸引经营主体，提升乡村旅游的人气和文化底蕴。过去，文物保护多采取财政拨款、反复维修的方式，效果欠佳。对文物进行开发性保护后，拓宽了挖掘的空间和“以文化人”的空间。

四、注重精神文明先进典型示范引领

打赢脱贫攻坚战，关键在于持续营造加压奋进、追赶超越的干事氛围。井冈山市大力挖掘和培育基层涌现出的先进典型，持续宣传报道精准扶贫中攻坚克难、勇于担当、创新进取的先进事迹，激励党员干部和广大群众在脱贫攻坚中奋发有为、倾力奉献。大陇镇案山下组，以前是污水横流、断垣残壁的贫困村组，大陇镇党委主动对接，引进深圳客商蔡春凤，在征地危改、规划设计、经营业态等方面全面规划，3 个月整体打造成既有乡愁韵味、风格独特，又有市场理念、产业支撑，集咖啡屋、酒吧、餐饮、民宿为一体的美丽乡村综合示范点，创造了“1+8+48（1 个企业经营主体、8 个村集体、48 个贫困户）”的扶贫模式，被树为全市“五面红旗”之一，江西省委书记刘奇调研后给予高度肯定。案山下组，也成为省内外到井冈山学习考察的标杆，仅 2018 年就接待游客 8 万余人。

井冈山市组织开展“星级文明商户”“身边好人”“道德模范”等创评工作。坚持以点带面，从自力更生、脱贫致富的贫困村、贫困户中，选出 36 个“支部好声音”“身边好党员”“最美扶贫人”，在全市宣传推广。开展“脱贫攻坚·青春榜样”评选表彰活动，全面展现一批敢于担当、真抓实干的“青年扶贫”典型，不等不靠、自立自强的“青年脱贫”典型的精神风貌。其中，脱贫致富青年先锋 10 名，励志自强青少年楷模 5 名，优秀青年帮扶干部 20 名，第一书记青年标兵 5 名，产业扶贫龙头企业（合作社）5 个。通过评选表彰，进一步激励和鞭策广大青年在脱贫攻坚和巩固提升中争当生力军和突击队，为井冈山市脱贫致富奔小康贡献青春力量。

第五节　井冈山市激发内生动力创新实践的启示

在井冈山实地调研，可以感受到，整个井冈山是一个令人肃然起敬的红色家园，是一个令人心旷神怡的绿色家园，更是一个文化氛围极为浓厚、激励人们不断奋进的精神家园。井冈山市委、市政府结合本市实际，提出的发展战略是“红色引领、绿色崛起”，提出的脱贫攻坚战略目标是“红色最红、绿色最绿、脱贫最好”。他们力争“脱贫最好”即脱贫攻坚作示范，带好头，争当排头兵，与红色引领、绿色崛起紧密结合起来，用跨越时空的井冈山精神，来凝聚全市干部群众人心，激发脱贫攻坚斗志，激活内生动力，收到了很好的效果。井冈山市的创新实践，给我们带来颇多的有益启示。

一、从井冈山精神中汲取砥砺前行的强大动力

“坚定执着追理想，实事求是闯新路，艰苦奋斗攻难关，依靠群众求胜利。”这是习近平总书记对跨越时空的井冈山精神的最新阐释，是井冈山市各级领导干部不忘初心、牢记使命，在脱贫攻坚中克难奋进、砥砺前行的强大精神动力。

井冈山革命老区为中国革命做出过重大牺牲和贡献，又是全国重点贫困县，得到国家、社会多方面的帮助和扶持理所应当。但井冈山市并没有躺在功劳簿上吃老本，并没有将脱贫攻坚的出路寄托于“等、靠、要”，而是牢记习近平总书记的嘱托，坚持发扬跨越时空的井冈山精神，艰苦奋斗、苦干实干、主动作为、奋发有力，立志在脱贫攻坚中“作示范、带好头”，争当排头兵，成为全国率先脱贫摘帽的贫困县市。随后，他们不停步、不歇息，又提出了新目标，踏上了巩固提升脱贫成果、全面建成小康社会的新征程。

井冈山市这种砥砺前行的奋斗精神，体现在广大党员干部中，就是以跨越时空的井冈山精神为根本动力，带领群众苦干实干，攻克精准脱贫一个又一个难关，夺取一个又一个胜利；体现在广大群众特别是贫困人口中，就是通过实施“志智双扶”工程，激发自强自立、自我脱贫的内生动力。

井冈山经验告诉我们，脱贫攻坚，关键在“人”，而“人”的关键在精神动力、精神支撑。这种精神动力一旦被挖掘和激发出来，就能转化成脱贫攻坚的正能量、巨能量。井冈山市各级领导干部和广大人民群众大力

弘扬跨越时空的井冈山精神，克服了脱贫攻坚中的各种困难，攻克了一个又一个难关，全面完成了各项工作任务，实现了在全国率先脱贫摘帽的目标，向党和人民交出了一份满意的答卷。这一经验再次启示我们：人的精神引领、内生动力激发，是夺取脱贫攻坚战的关键所在。

二、挖掘文化资源为激发内生动力注入源头活水

井冈山享有“天下第一山”的美誉，是全国革命老区红色文化资源第一县，也是文化旅游资源大县，中华优秀传统文化、地域文化、人文历史底蕴深厚。大力实施“志智双扶”工程，激发群众的内生动力，具有得天独厚的文化、文物和历史人文支撑。

井冈山市秉承“红色最红、绿色最绿、脱贫最好”的宗旨和目标，大力挖掘红色文化和历史文化，开发兴建了一大批文化内涵丰富的景观景点和文化馆、纪念馆、博物馆。以政府为主导，一批红色文化研究机构应运而生，相关文化研究越来越深，有些专题学科走在全国前列；各类影视作品、学术著作不断推出；多种形式的展览、论坛、大讲堂、纪念活动、艺术研讨火热开展，吸引更多人走近、了解、欣赏。井冈山市通过对红色文化挖掘、宣传和传承，为脱贫攻坚创造了深厚的人文环境，营造了浓郁的精神家园氛围，为实施“志智双扶”工程、激发内生动力提供了源头活水和生动课堂。

就全国而言，随着脱贫攻坚的深入，激发脱贫内生动力的重要性越发凸显，而对于如何激发贫困群众内生动力的探索与研究仍显不足。有的地方对于缺乏内生动力的贫困群众，简单地贴上“等、靠、要”、观念落后保守的标签，简单地搞政治说教、公示批评等。这并不能有效地改变其既有的价值观念和“贫困文化”行为模式。

如何打破束缚贫困群众发展的观念枷锁、激发其自我脱贫的内生动

力？井冈山给予了我们重要启示：挖掘和利用一切文化资源，红色的、历史的、传统的、时代的，采取群众喜闻乐见的形式进行广泛深入的宣传、宣讲和展示，营造浓郁的社会文化氛围，让文化资源起到潜移默化、耳濡目染、震撼心灵、陶冶情操、激励斗志的作用，成为扶志、扶智、扶精神，立德、立人、立精神的源头活水。只有这样，方可使“志智双扶”、激发内力取得事半功倍的效果。

三、“三融合”使文化扶贫接地气有实效

井冈山市制定下发了《文化扶贫实施方案》，对文化扶贫的整体布局作了精心设计。近年来，伴随着红色旅游和红色培训的深入发展，文化扶贫的内容和形式不断创新，思路视野进一步拓展，其中，最具特色的是“三个融合共生”：一是文化与城乡融合共生，在山上主景区和山下新城区中注重文化内涵的注入；二是文化与居民生活融合共生，通过鲜活、多彩、接地气的文化供给，增强居民的获得感和幸福感；三是文化与产业融合共生，重点建设高质量文化产业集群，增强文化产业竞争力。

“三个融合”进入广大乡村后，群众性文化活动进入千家万户，精彩纷呈。如各级、各类、分层的宣讲团、演出队、培训班等，多路出击，登台讲演，让大量的井冈山历史人物和正能量故事传说，伴随着社会主义核心价值观进入家家户户。把“家国情怀”“从古到今，勤奋为先”的传统理念，变为“脱贫不等不靠”的实际行动，为文化扶贫打下思想基础。在井冈山市，一场反映当年革命斗争史的大型实景演出《井冈山》已上演整整 10 年，参与演出的 600 多名演员都是周边的农民，夜幕降临，村民带着娃、拉着牛，聚拢到井冈山下的红军剧场，演戏的、看戏的一起融入红色传承中，剧里剧外，人民都是最大的受益者。在井冈山市，每 4 人中就有 1 人从事红色旅游相关产业，全市旅游从业人员人均年收入 2.4 万余

元，推动了红色传承入市场、兴产业，成为全国闻名的“金字招牌”。这就是井冈山的特色所在，归根结底是井冈山精神所系。

井冈山市的经验给我们的一个重要启示是：在贫困地区，尤其是革命重点老区，很多县市都有像井冈山这样的红色人文历史、景观，这是一项重要民心工程，是一个县市的精神遗产。在新时代，要将这些宝贵的精神财富留住，继而传承下去，深扎信仰之根，而不能仅仅停留在传统的课堂上、会议上，要走向大众中，让大众参与，让大众认知。只有让这些文化元素更加鲜活多彩，才能使其更接地气。让红色文化“看得见”，让革命故事可呈现，文化的、精神的东西最好能依附于物质的形态，一旦进入产业，一旦融入人民生活，使“高大上”变成“接地气”，文化扶贫之路就会越走越宽，精神传承之路就会越走越远。

专栏 8-5 井冈山精神照亮贫困户自强自立脱贫路

井冈山市的贫困户有的是残疾人，有的是五保户，有的家里缺劳动力，有的身患重病，有的因为年迈，他们贫困的原因各不相同，但在大部分贫困户身上，总能看到勤劳、善良、淳朴的传统美德。在这些贫困户脱贫的道路上，能找到井冈山精神的时代注解。

只要天气好，总能在厦坪镇菖蒲村红旗广场看到一位拄着拐杖的摄影师。因为服务态度好，拍照技术过硬，来往的游客总爱找他拍一张照，留个影。这位摄影师是菖蒲村山田垅组红卡户尹厚根，因患有小儿麻痹症腿部残疾，与年迈的母亲相依为命。作为深度贫困户，尹厚根不仅住上了镇里统一建的爱心公寓，还享受低保、医疗保障和产业扶持资金。“我现在的生活基本无忧，但政府是帮我们，不是养我们，能多做一点就多做一点吧。”尹厚根是这样说也是这样做的。他不仅给游客拍照，还经常用自己的三轮电动车帮助合作社运输农作物，做一些力所能及的事。

茅坪乡神山村蓝卡户张成德，年轻时摔伤了腿，干不了重活儿，家中老母亲体弱多病，想外出务工却脱不开身，但他的妻子能炒一手好菜。于是，张成德与妻子、女儿一起在村里开办了首个农家乐——成德农家宴。地道的农家饭菜，清爽可口，价廉味美，几乎天天都有游客上门品尝。最火爆的节假日，一天要接待近百位客人，一家老小齐上阵，忙得不亦乐乎。山上有茶叶、黄桃分红，家里还养了娃娃鱼，再加上农家乐的收入，张成德一家年收入近10万元。2017年，村里评选低保户，张成德主动放弃了参评资格。

“现在贫困户的觉悟越来越高，我们的工作好做多了。”茅坪乡纪委书记刘卫东说。近年来，井冈山搞村庄整治秀美乡村建设，一项重要工作就是拆违拆临。刚开始，大家想着能占一点是一点，谁都不愿意拆。“我们党员干部带头拆，没想到在这过程中，不少贫困户竟然主动找到我们，表示愿意拆。”刘卫东说。

坝上村的李玉华就是主动拆违拆临的贫困户之一，听说村里在拆破旧危房和牛栏猪圈，他主动找到村里，拆除了自家的正房和杂房。李玉华说：“我们有这样的好日子都要感谢政府；拆两间房，支持政府的工作是应该的。”看到贫困户李玉华都拆了，很多村民受到触动，村里的拆违拆临工作得以顺利推进。

从尹厚根、张成德、李玉华身上，我们能看到贫困群众自信自立自强的精神新貌。井冈山市不断挖掘井冈山精神时代新内涵，选树了88个典型脱贫致富故事，依托“红色讲习所”“乡村大讲堂”等形式进行宣讲推广，充分调动起贫困群众的内生动力，注入了向上、向善、向好的精神力量。

第九章 传承红色基因抓实党建扶贫

井冈山市的脱贫攻坚，与全国重点革命老区一样，是在红色沃土上打一场没有硝烟的人民战争。打赢这场攻坚战，加强党建特别是基层党建是关键。井冈山脱贫攻坚战的决战决胜，充分体现了党是坚强的领导核心，并充分证明，脱贫攻坚，关键在党。

第一节 以红色基因为灵魂抓党建促扶贫

井冈山具有得天独厚的地理位置和独树一帜的红色基因。在新时代条件下，作为中国革命摇篮的地方党组织，井冈山市委坚定理想信念传承红色基因，让这一“软实力”转化为脱贫攻坚的“硬支撑”，使之成为抓党建促扶贫的精神支柱。不忘初心、牢记使命，引导广大党员干部从红色基因中汲取信念和力量，把传承红色基因贯穿于建强基层组织的始终，让党的旗帜在脱贫攻坚阵地上高高飘扬、引领前行。

一、传承红色基因，凝聚党员干部合力攻坚思想共识

脱贫攻坚需要强有力的政治动员和思想发动。井冈山市委从传承红色基因出发，在政治引领、思想发动上注重扬底色、重践行、勇担当，形成脱贫攻坚的强大气场和合力。

（一）从红色基因中汲取不忘初心、奋力攻坚的底色

井冈山历史上曾是至贫至苦之地，这里山高林密、崖陡沟深。当年中国革命处于最艰难时刻，毛泽东“引兵井冈”，创建了全国第一个农村革命根据地，为的是解放穷苦大众，让穷苦大众过上好日子。在革命斗争时期，井冈山牺牲了 4.8 万人，井冈山的贫困，是为新中国建立做出巨大牺牲和奉献后的贫困，是山大沟深等自然条件叠加构成的贫困。如今，在这块洒满烈士鲜血的红色土地上，打一场“向贫困宣战”的人民战争，让老区人民摆脱贫困，过上美好生活，是中国共产党人的初心所系，是告慰先烈的夙愿所归，是抓党建促扶贫的使命所在。

（二）层层动员，坚定为民造福的使命担当

从实施精准扶贫初始，井冈山市委就确立了“精准扶贫、党建先行”的工作原则和推进机制，重视发挥党组织的核心领导和政治引领作用。脱贫攻坚战全面打响后，井冈山市委反复提出“不忘初心、牢记使命”的政治主题，不断强化各级领导干部和全体党员在脱贫攻坚中的使命担当。每年一次的市委全会，人大、政协“两会”，全市脱贫攻坚动员会和年终总结会等，都将“传承红色基因、抓实党建扶贫”作为重要政治内容，纳入年度计划，制定行动方案，并列为年终考评重点内容。

井冈山市近几年深入开展的“两学一做”学习教育，以做实党建扶贫为主线，全市上下开展“身为井冈山共产党员，我要为脱贫攻坚做贡献”“只要党员在，就不让一个贫困群众掉队”的“承诺”“践诺”活动，签订责任状、承诺书、践行单，每名党员个人参与精准扶贫的全部情况，都要接受党组织和当地群众的检查与监督。许多市直机关单位每月开展“党员活动日”，组织党员干部到扶贫一线重温入党誓词，平时工作自觉佩戴党徽，责任区域竖党员牌子、亮党员身份、晒工作职责，使每名党员有标识，让群众“看得见”，让“扶”与“被扶”及监督各方都明白，始终

把“红色的力量”、党建扶贫的力量以及各方监督的力量，挺立在脱贫攻坚的最前沿。

（三）学习践行习近平总书记“作示范、带好头”的殷切嘱托

2016年2月，习近平总书记冒着严寒，第三次来到井冈山，他进村入户，给贫困户送去年货，看望慰问扶贫一线干部，与先烈后代和先进人物代表座谈，作出了井冈山要在脱贫攻坚中“作示范、带好头”的殷切嘱托。对于井冈山而言，这既是期望，也是动力，更是一场大考验。为此，全市上下开展了“为什么要‘作示范、带好头’”“怎样‘作示范、带好头’”的党建扶贫大讨论。全市3200多名党员干部共识共为，进一步统一了初心使命的认识，进一步提振了决战贫困的信心，进一步凝聚了实干攻坚的力量。

二、创办红色讲习所，增强干部群众投身脱贫攻坚的精神力量

借鉴大革命时期“农民运动讲习所”和井冈山革命斗争时期“红军军官教导队”的做法，井冈山市在每个乡镇（场）各创办了1所“新时代红色讲习所”（以下简称“讲习所”），辐射村级讲习点和现场教学基地。其宗旨和目标是，以讲习所为平台，进一步动员各方资源，凝聚各方共识，努力将其打造成“党员教育的基地，干部培训的课堂，群众发动的舞台”。“讲习所”自2016年创办以来，全市已开讲1000余堂课，培训基层党员干部群众3万余人次。全国人大代表左香云，围绕“基层党建助力精准扶贫”主题，已在“红色讲习所”为1600多人进行了现场访谈教学。

（一）讲习阵地设置

讲习阵地建设标准是“五个一”：一个“展示栏”，集中介绍红色讲习所的由来、理念、模式和成果；一个“大讲堂”，配套完善的桌椅、书柜、投影仪等必要设备；一个“学习吧”，拥有相关学习和史料书籍，供学员

自习研读；一个“实习线”，依托革命旧居遗址、学用技术基地、美丽乡村建设点等，形成户外实践优质路线；一个“食宿楼”，仿照井冈山革命斗争时期红军营房布置。同时，利用“井冈组工”微信公众号，将红色讲习所的课堂搬到网上，每周一至周五，定期更新时事政治、红色故事、党务知识等内容，打造网上红色讲习所。

（二）讲习队伍建设

整合全市力量，打造水平较高、专业性较强的师资队伍。在市（县）级层面，建立“金牌教员”队伍，由党史专家、理论学者、专业技术骨干、宣讲团成员组成。在乡镇层面，从党委班子成员、乡土人才、革命后代、脱贫先进人物中，挑选有一定理论水平和实践经验的人员，组成“银牌教员”队伍。据统计，全市 25 个乡镇（场）红色讲习所共有金牌、银牌教员 400 多人。

（三）讲习所运行管理

讲习所由乡镇党委统一领导，建有“教员守则”等相关制度，学员实行半军事化管理，讲习活动与党组织“三会一课”相结合，纳入党员活动日，提高学习的规范性和严肃性。

（四）讲习内容与形式

（1）重点学习内容是习近平新时代中国特色社会主义思想、井冈山革命斗争史、井冈山精神等。通过课堂讲、革命遗址悟、实践点学等方式，丰富教学形式，提高讲习效果。（2）通过专题教学、激情教学、音像教学、现场教学等形式，引导学员进美丽乡村建设点、进产业基地、进脱贫攻坚一线，将课堂所学付诸实践，在学中思、践中悟，提高政治站位，增强扶贫本领。（3）邀请乡村支部书记、革命后代、“最美扶贫人”等群众身边的人来课堂讲课，以讲故事、忆当年等形式，生动地向学员讲述发生在身边的好人好事，传输积极向上向善的社会主义核心价值观。

（五）学员构成

参加“听讲”的学员，主要由党员干部、农民群众（含贫困户）和外地来井冈山培训的学员三类人员构成。通过“讲”和“习”，努力把三类人员培育成“红色传承三大员”：一是把党员干部培育成“领路员”，不断提升发动群众、宣传群众、带领群众脱贫致富的能力；二是把致富能人培育成“技术员”，使之成为群众脱贫致富的榜样、助推发展的能手；三是把来井冈山培训的学员培育成“宣传员”，让他们亲身感受井冈山精神，积极宣传井冈山精神。

讲习所开办两年多来，参训学员较开办初期增长了3倍多。其中，当地农民和外地人员大幅增加。究其原因：一是红色旅游带动大量乡村民宿和贫困户参与，他们要学习红色历史知识，提高自家经营接待的水平和效率；二是当地农民参加红色培训可学到实用技术，熟悉培训内容流程和学员需求，为大量外地参训人员提供经营服务，增加收入；三是培训内容菜单化，讲习教材通俗化，讲习方法本土化，讲习队伍多样化，寓教于乐，吸引了大批外地游客。如茅坪乡红色讲习所，将实用技术培训课搬到黄桃基地，农技师手把手教贫困户种果技术；把贫困户身边的典型例子挖掘出来，通过身边人讲身边事，调动群众的积极性；请已脱贫的贫困人员分享自身脱贫经历，为贫困户增添脱贫信心。

专栏9-1　茅坪乡的“新时代红色讲习所”

茅坪乡“新时代红色讲习所”于2016年成立，与“八角楼理想信念教育基地”合署办公。讲习所成立“红色讲习委员会”，所长由乡党委书记担任，秘书长由乡党委组织委员担任，委员由党委成员组成。下设办公室、教务部、通联部、后勤部，各部配有相关工作人员。每季度召开一次以上工作例会。

教员由井冈山党史专家、革命烈士后代、实用技术人才组成，分金牌教员和银牌教员。同时，邀请“最美茅坪人”到课堂担任教员，“最美茅坪人”通过“一会二评三创”定期评选出来，主要有：最美脱贫户、最美帮扶贫困户、最美保洁员、最美共产党员、最美好媳妇等。学员由群众（含贫困户）、党员干部、来井冈山培训的外地学员构成。

讲习所每月 7 日定期开讲，遇特殊时段，可随时开讲，内容及形式因人、因时、因需制宜。注重用身边人、身边事引导教育身边人，力求案例的鲜活性和实用性。讲习所为教员提供必要条件，确保其专心备课、用心讲课、精心评课。

农村党员讲习班每年不少于 2 期，每期不少于 2 天。村“两委”干部讲习班每年不少于 4 期，每期不少于 3 天。机关单位党员干部和入党积极分子每年轮训、培训不少于 5 天。

讲习所以集中讲习和课堂教学为主，辅之以现场参观、主题活动、社会实践等多种形式。教学内容分室内、室外两种：室内讲课“九个一”：听一堂形势政策课，听一次井冈山精神宣讲，讲好一个红色故事，学唱一首红歌，接受一次廉政教育，上好一次法律课，聆听一次传统文化课，上好一次技能讲习课，点亮一个微心愿。室外体验“五个一”：一次现场讲习，一次实用技术体验，一次志愿服务，一次社会实践调查，一场红军体验教育。

讲习所的定位是坚定文化自信，挖掘文化内涵，讲好井冈山故事，凝聚思想力量。重点讲好井冈山红色故事，传承红色基因，解读攻坚政策，学好实用技术，培育新型农民，培育社会主义核心价值观。

三、传承“支部建在连上”，坚持听党指挥跟党走的宗旨导向

支部建在连上，就是建在心上。井冈山红旗始终不倒，离不开军民同心同向，心连心、共命运。脱贫攻坚战全面打响后，井冈山市委紧紧扣住党建引领这个“牛鼻子”，把支部建在脱贫攻坚的战场上，从井冈山红色党建基因中汲取信念和力量，引领各级党组织和广大党员干部，充分担负起宣传群众、组织群众、带领群众脱贫致富的政治责任，使广大群众在脱贫奔小康的路上听党话、跟党走。

2016年以来，井冈山着力开展“一树两强”（党员树旗帜、组织强堡垒、党建强活力）主题活动。即通过亮身份、展形象，走前列、当先锋，立标杆、做示范——“树旗帜”；通过抓组织、夯基础，抓队伍、严管理，抓保障、增实力——“强堡垒”；通过抓项目、创品牌，抓连心、促服务，抓创新、建机制——“强活力”。“一树两强”主题活动的开展，做到“一个党组织一面旗帜”——脱贫攻坚推进到哪里，党建扶贫工作就跟进到哪里，让一面旗帜带动一方富；“一名党员一盏灯”——扶贫项目实施到哪里，党员就出现在哪里，让一盏灯照亮一群人。这些主题活动的开展，使各级党组织牢记使命担当，心系人民群众，真正成为脱贫攻坚的领导核心。

传承“支部建在连上”的红色基因，关键要内化在党群关系上，落实在密切联系群众上。井冈山市委坚持宗旨导向、目标导向和问题导向，创新“抓党建、促脱贫”活动载体，引导广大党员干部深入群众，了解群众，与群众同甘苦、共患难。先后开展了“访民意、解民忧、促脱贫”“助力脱贫、情暖基层”“干部下学”等主题走访活动，每个党员干部每月三次以上户访结对贫困户，谈心交心，收集意见，填写《扶贫工作日志》。脱贫攻坚期间，全市党员干部共走访了3.8万人次，收集意见建议1200余条，形成

调研报告 115 份，大大提高了解决问题的针对性和实效性。

纵观井冈山率先脱贫路径及井冈山模式创新的方方面面，传承红色基因，抓党建促脱贫是最基础、最具有井冈山特色的行之有效的脱贫攻坚模式。实践证明，它能凝聚广大群众的斗志和力量，激活久久为功、决战决胜的决心和信念。

第二节　构建脱贫攻坚组织保障体系

构建脱贫攻坚组织保障体系，是加强党对脱贫攻坚的领导、做实“县抓落实”的基础支撑和根本保证。在这方面，井冈山的主要做法是：（1）实行五级书记抓扶贫；（2）强化脱贫攻坚指挥系统；（3）创新党建扶贫活动载体；（4）落实领导扶贫责任制。井冈山抓党建促扶贫的做法，曾在中央组织部主办的“深度贫困地区抓党建促脱贫工作经验交流会”上作典型发言，受到与会代表的好评。

一、五级书记抓井冈山脱贫攻坚

（一）江西省两任省委书记挂点井冈山

脱贫攻坚期间，江西省先后两任省委书记鹿心社、刘奇都把井冈山作为自己的扶贫联系点。原省委书记鹿心社履职之后，首站外出调研，选择了井冈山，实地考察和指导脱贫攻坚。现任省委书记刘奇先后 15 次到井冈山调研，精心指导脱贫攻坚和脱贫摘帽后的巩固提升工作，提出了“要实现红色最红、绿色最绿、脱贫最好，在全面小康征程中实现高质量跨越发展”的目标要求。

（二）吉安市委书记重视井冈山扶贫

现任吉安市委书记胡世忠，多次深入井冈山调研指导脱贫攻坚工作，调研党建扶贫，进村入户走访慰问困难党员和群众，强调牢固树立党的一切工作到支部的鲜明导向，要求全方位发挥先锋模范和示范带动作用。

（三）井冈山市委书记以上率下抓扶贫

2015 年 5 月，时任中共吉安市委常委、井冈山管理局党工委书记、井冈山市委书记龙波舟，带领工委、市委“一班人”，动员“五大家”（井冈山管理局工委、市委、人大、政府、政协），在江西省率先有计划、有组织地开展“党员干部进村户，精准扶贫大会战”，打响了井冈山市的脱贫攻坚战。现任井冈山管理局党工委书记、市委书记刘洪，曾先后担任过 2 个贫困乡镇和 3 个贫困县市的党委书记。2016 年调任井冈山市后，全身心扑在精准扶贫上。攻坚战打响以来，他对一线干部关心与督导并举，与全市科级以上干部谈心谈话全覆盖。每月都要进村入户调研，所有贫困乡（镇）村都留下了他的足迹。他率领 3200 多名党员干部，一村一户大走访，分门别类对贫困户采取“扶起来”“带起来”“保起来”“建起来”“靓起来”等一整套治贫举措，带领全市人民一步一步地实现脱贫摘帽、巩固提升目标。

（四）乡、村书记在一线真抓实干

全市 25 个乡（镇、场）党委书记，106 个村支部书记，作为脱贫攻坚的第一责任人，一直在精准扶贫第一线真抓实干、埋头苦干、甘于奉献，努力在思想引领、组织动员、工作推进、措施落实上发挥着领导核心作用，为率先脱贫和巩固脱贫成果殚精竭虑、攻坚克难。

二、强化脱贫攻坚指挥系统

2015 年以来，井冈山市按照中央、江西省、吉安市的部署和要求，把脱贫攻坚作为头号政治任务来抓，建强指挥系统，健全管理模式，完善组织架构，形成市、乡、村三级联动的推进体系，确保纵向畅通，横向融合，保障有力。

（一）市级层面

市委、市政府成立“井冈山脱贫攻坚工作指挥部（脱贫攻坚巩固工作指挥部）”，由市委书记担任指挥长，市长任第一副指挥长，市人大常委会主任、市政协主席、市委副书记、市委常委、分管副市长任副指挥长。指挥部实行“周、月、季”工作推进调度机制，协调解决问题。指挥部下设综合办公室、党建工作、经济发展、产业发展、基础设施建设、社会事业、社会保障、“志智双扶”、驻山单位协调、考核督查10个工作小组（室），由相关主管部门的一把手任组长，也是组织各行业门类攻坚的第一责任人，负责市委、市政府各项攻坚部署和具体事项的执行落实。

全市脱贫攻坚指挥系统，体现了党委领导、政府主导、动员社会参与的原则，构建起党领导下的组织推进工作体系：

1. 在全市范围。由3200名党员干部组成25个扶贫团、126个驻村帮扶工作队（含分场、队、社区），分赴精准扶贫第一线，做到乡乡都有扶贫团，村村都有帮扶队，一村选派一个“第一书记”，一个贫困户确定一名以上帮扶责任人。采取一名领导、一支队伍、一个方案、一抓到底的方式，对所有乡镇、场、村、社实行全覆盖。

2. 在市直机关范围。建立“321”帮扶责任机制，即县处级以上领导干部帮扶3户，科级干部帮扶2户，一般党员干部帮扶1户，全市3200多名党员干部联系帮扶4638户贫困户。每名帮扶干部都制作结对帮扶工作牌，张贴到户，使每名帮扶干部有标识、认得出，每月至少开展2次以上走访。贫困户不稳定脱贫，帮扶工作不脱钩。

3. 市外及驻山单位范围。包括江西省、吉安市的市直部门，国家、军队及大型国有企业，由指挥部“驻山单位协调工作组”联络，统一安排驻村包户，配合所在部门单位，了解参与帮扶工作情况，协调解决工作中遇到的问题（见图 9-1）。

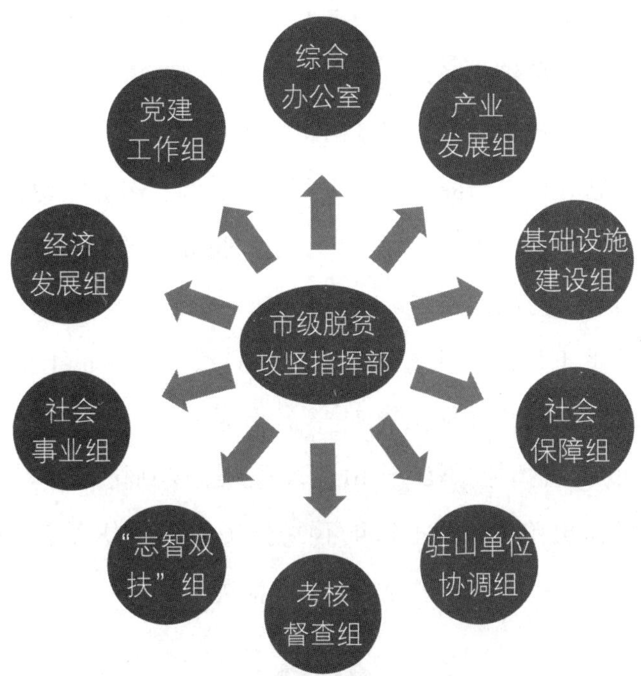

图 9-1　井冈山市级脱贫攻坚工作指挥部系统

（二）乡镇层面

各乡（镇、场）把脱贫攻坚纳入重要议事日程，切实履行精准扶贫主体责任，成立脱贫攻坚指挥部，由乡（镇、场）党委书记担任指挥长，乡（镇、场）长任第一副指挥长，班子成员任副指挥长。指挥部对应市指挥部下设办公室及工作小组 9 个。各乡（镇、场）还指定一名副职领导专职抓精准扶贫。

1. 乡镇扶贫办。各乡镇成立扶贫工作站，明确乡镇扶贫工作站为市扶贫办管理的股级全额拨款事业单位，固定编制人员 3 名。同时，每个乡镇成立“脱贫攻坚帮扶中心”，中心设立政策咨询、产业、安居、保障、就业创业、爱心救助 6 个工作站，安装连接 126 个村（含分场、队、社区）

的“扶贫系统触摸屏”，实行扶贫信息、技术服务全覆盖。

2. 驻乡扶贫团。扶贫团由县级以上领导任团长，所挂乡党委书记任副团长，各联村帮扶单位和乡镇班子成员为成员。市派驻乡扶贫团统一管理乡（镇、场）内驻村工作队。扶贫团团长每月召开一次由相关部门主要负责人参加的联席会议，研究解决需要多部门协调、多层联动的问题，把各种政策、资金、项目、力量统筹起来，投入脱贫攻坚第一线，落实指挥部及各工作小组下达的帮扶工作。

3. 驻村扶贫工作队。队长原则上由副科级以上党员干部担任并兼任驻村第一书记，扶贫工作队员由 1—3 名干部组成。建立干部常态化帮扶机制，队员每月驻村时间不少于 10 天，每月至少到村开展 4 次帮扶工作。每个工作队的派出单位原则上每年不少于 10 万元帮扶资金。扶贫工作队和驻村第一书记，一定两年不变，不拔穷根决不收兵（见图 9–2）。

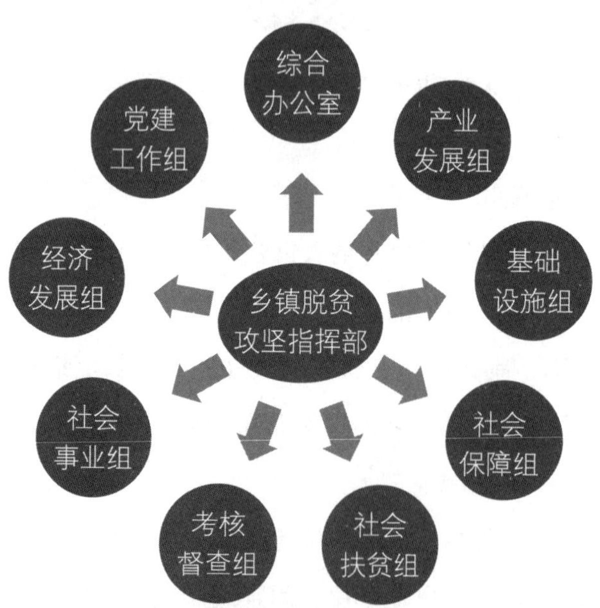

图 9–2　井冈山各乡镇脱贫攻坚工作指挥部系统

（三）村级层面

全市126个行政村（含分场、队、社区），成立帮扶工作组和脱贫扶贫帮扶工作站。

1. 党员干部帮扶。副科级以上干部（含乡镇机关及派驻单位干部）帮扶红卡特困户，一般干部（含村书记、主任）帮扶蓝卡贫困户。帮扶人员不足部分，由乡扶贫团内部调剂，实现贫困户帮扶全覆盖。

2. 第一书记派驻。由市脱贫攻坚指挥部统一安排派驻，对村党组织工作负总责，实现第一书记驻村全覆盖。

三、创新党建扶贫活动载体

为了做实党建促扶贫，井冈山市创新党建扶贫活动载体，引导广大党员干部，投身脱贫攻坚，建功精准扶贫。重点推进了以下五个活动：

（一）“党员干部进村户、精准扶贫大会战”活动

井冈山市委、市政府下发了《关于开展“党员干部进村户、精准扶贫大会战”实施意见》，实行市领导挂乡（镇）、单位联村、党员干部包户、党政主要领导负总责的工作机制，构建市、乡、村三级书记一起抓扶贫，层层落实责任制的攻坚格局。

（二）“双联系双服务”活动

一是机关联系服务基层，重点做好“三帮”：帮产业发展，实现“输血”帮扶与“造血”帮扶有机结合；帮文明建设，关爱贫困户、残疾人、孤寡老人、留守儿童；帮基层组织，在脱贫攻坚中强基固本。二是党员干部联系服务群众，重点做好“三到户”：民情家访到户，听民意诉求；与贫困群体结对子到户，年内办成两件以上实事；矛盾调处到户，重点排查涉农、涉贫、涉诉问题。

（三）基层组织整顿提升活动

按照精准扶贫打好基层组织建设“阵地战”的要求，从2015年开始，坚持党建扶贫项目化。每年按照建制村总数10%的比例，完成薄弱村的党支部场所维修改造；每年按照建制村总数不低于10%的比例，整顿软弱涣散党组织，三年内实现全部晋位升级；实施贫困村“造血摘帽”项目，每年消除三分之一以上集体经济“空壳村”，三年内全面解决“无钱办事”问题。目前，已实现106个村的“党员群众服务中心建设”“红色讲习所建设”“集体经济经营性收入5万元以上”三个全覆盖。

（四）“百千万”党建活动

围绕精准扶贫，开展“百场专题培训下基层”，推进大规模培训农村党员和贫困乡村干部；“百名农村实用人才培养计划”，提升党建扶贫示范带动作用；“百名党支部书记轮训”，对贫困村支部带头人实行目标管理。“千名党员干部结对帮扶促提升”，围绕巩固提升，组织党员干部大走访，推动一批疑难复杂问题的解决。“万个‘微心愿’认领”，面对弱势群体征集“微心愿”，搭建认领平台，有条件的党员干部至少认领4个以上“微心愿”，帮助贫困群众解决“关键性小事”和生产生活困难。据统计，2016—2018年3年间共有3300多名困难群众的1.1万个微心愿得到认领和实现，其中留守儿童微心愿2683个。

（五）2018年巩固脱贫成果“三大行动”

一是“春季攻势”。聚焦“两率一度”和“两不愁、三保障”，集中时间、资源、力量，推进问题整改、责任落实、机制创新。二是“夏季整改”。延续“春季攻势”的强劲势头，重点推进政策落实、工作落实。三是“秋冬会战”。围绕实现贫困发生率降至0.25%以内的目标，坚持问题导向，聚焦脱贫质量，攻克深度贫困，强化巩固提升。

四、实行严格考评制度

2017 年初，国务院扶贫开发领导小组委托第三方，对井冈山脱贫情况进行评估验收，各项指标全部达到标准，脱贫的数据与贫困群众的感受高度吻合。这一结果，源于井冈山市委、市政府在脱贫攻坚中一以贯之的严格考核，自始至终层层压实各级责任。

（一）单位考评

建立脱贫攻坚目标考核体系，把精准扶贫纳入各地各部门年度综合考核。对照地方党政领导班子政绩考核体系，强化脱贫考核权重，将乡镇和市直部门（单位）脱贫攻坚考核权重提高到 60%，设立脱贫攻坚先进单位奖、专项奖，出台《井冈山脱贫攻坚重点工作督查问责办法》，发挥考核“风向标”和“指挥棒”的作用，引导各级各部门把工作重点和主要精力聚焦到脱贫攻坚上来。

（二）干部考核

井冈山市坚持把脱贫攻坚工作纳入经济社会总体发展规划，作为各乡镇、各部门主要领导政绩考核的重要依据。把脱贫退出考评结果，作为干部评先评优、提拔使用的重要依据。考核注重常态化、智能化，所有帮扶干部都注册了江西省脱贫攻坚大数据平台开发的“精准脱贫”App，每一次帮扶行动通过手机 App 录入全省大数据平台，确保每季度不少于 50 次。经过严格考核，使苦干实扶的干部脱颖而出。截至 2018 年，全市有 62 名成绩突出的帮扶干部提拔重用，200 余名党员干部受嘉奖以上表彰。旗帜鲜明地为攻坚者鼓劲、为实干者撑腰，鼓励推动广大党员干部在扶贫一线作表率、当先锋，让帮扶有思路、致富有门路、脱贫有实绩的党员干部有奔头、有位子。

（三）考评办法

市委、市政府出台《井冈山乡镇场脱贫攻坚工作考核办法》及《考核指标细则》。加强平时责任考核，层层签订“军令状”，实行“一月一调度、一季一督查、一年一结账”。强化日常督查，通过现场推进会、工作交流会、督查通报会等多种方式，推进脱贫攻坚整体工作上台阶、上水平。

第三节　建强基层组织促乡村治理完善

井冈山市各级党组织树立“党的一切工作到支部”的鲜明导向，坚持抓乡强村、夯实基础，始终把党的基层组织建设挺立在脱贫攻坚第一线，在脱贫攻坚中充分发挥党组织的政治优势、组织优势和先锋模范作用。

一、建强基层党组织带头人队伍

（一）选好配强乡镇班子

井冈山市把乡（镇、场）党委、政府作为攻坚决战的“桥头堡”“突击营”，赋权提责，承上启下，一线出征。有针对性地选配政治素质高、工作能力强、熟悉三农和扶贫工作的干部到乡镇任职，注重年龄、知识、阅历等要素，确保乡镇领导有坚定的政治立场、丰富的实践经验、旺盛的体魄精力投入基层一线战斗。全市新选任的169名乡镇班子成员中，平均年龄降至37.99岁，大专以上学历164人，具有两年以上乡镇工作经历的146名；36名党政正职中，有28名从乡镇产生。同时，从村党支部书记、大学生村官、乡镇事业单位中选拔了29名乡镇班子成员。一大批懂农技、法律、规划、财务的党员干部，充实到脱贫攻坚一线，激发基层干事创业的激情。

（二）选优配强村“两委”班子

全市建立基层党组织书记信息库，加大攻坚力量配备。通过“选、聘、派”等途径，不断拓宽党组织书记选拔渠道。按照村干部职数 1∶1 的要求，建立后备干部台账，注重从退伍军人、返乡创业人员、乡土人才、产业致富带头人中储备村级后备干部，全市储备村级后备干部 305 名。结合村“两委”班子换届选举，全市从致富能力、乡土人才、合作社负责人等实用型人才中，选出 721 名懂经营、善管理、创新意识强的能人任村干部，调整了 132 名不符合条件的村“两委”成员。全市新当选的村支部书记，平均年龄 47.3 岁，比上一届下降 1.8 岁，有 44 个村（社区）实现书记、主任一肩挑。同时，开展“百名支部书记引领”活动，加大村党组织书记培训，确保每个村党支部书记掌握 1 门以上实用技术，每个村至少培养 1 名党员致富带头人进入村“两委”班子。通过换届选举，着力解决了一些村党组织的突出问题，全市基层党组织战斗堡垒作用进一步增强，率领群众脱贫攻坚的能力显著提升，一个以村级党支部为基础、以乡镇党委为核心、以驻（联）村部门单位党组为助力的党建扶贫新格局基本形成。

（三）培育好党员人才队伍

市委、市政府每年拿出 80 万元，围绕全市茶、竹、果富民工程，实施“百名实用人才培养”，共培训 147 期 4000 余人次。积极吸收致富能人、年轻骨干进入基层党组织，村级每两年发展 1 名以上党员，不断改善基层党员队伍结构。开展“三培两带”工作，注重从技术能人、产业强人、退伍军人、创业达人中，发现和培育优秀党员人才。打造“乡村能人工作室”，大力引进外地人才、鼓励本地外出务工能人回乡投资、创业，领办经济实体，培养壮大本土帮贫带弱的力量，不断提高党员、能人在脱贫攻坚中的服务力和帮带力。实施“党员示范带动工程”，注重把乡土人才中的优秀能人培养成党员，把党员中的乡土人才培养成致富带头人，把致富带头人培养成村组干部，以党员“先走”带动群众“一起走”。据统计，截至2018年，全市共举办各级各类农村党员培训班52期2380人次，从乡土人才中发展党员73名，培养入党积极分子235名，重点培养了100名“茶竹果”产业实用人才，25名党员致富能人，党员模范作用和带动能力不断得到提升。

二、择优选派驻村第一书记

驻村第一书记，是连接贫困村与外界的重要纽带，是村“两委”组织脱贫攻坚工作的重要力量。井冈山市委以“连心、强基、模范”三大工程为抓手，结合“党员干部进村户、精准扶贫大会战”，从局直、市直机关下派125名优秀副科级以上党员干部到村（场）任党组织第一书记，着力帮助村级党组织强基固本，促进当地经济发展，努力实现率先脱贫的目标。

（一）选好人

坚持把“政治、品行、廉政、能力”作为选派第一书记的基本标准，遵循三个原则：（1）三优先原则。即后备干部或工作表现突出且发展潜力大的年轻干部优先，有农村工作经验或有涉农方面专业技术特长的优先，愿意回原籍原乡原村任职的优先。（2）六不派原则。即政治素质不强的不派，对农村工作不熟悉的不派，组织协调能力不强的不派，对群众感情淡漠的不派，工作作风不实的不派，政策法纪观念不强的不派。（3）适用选派原则。即在征询乡村意见的基础上，对班子软弱散的村，选派熟悉党务、协调能力强的干部；对经济发展滞后的村，选派涉农部门的干部；对矛盾突出的村，选派善于解决复杂问题、善做群众工作的干部。

通过上下联动、分门别类、双向选择，最终选派了一批政治素质好、熟悉农村环境、有较强服务意识、善于做群众工作、事业心和责任心强的第一书记入职。以第二次全市选派的第一书记统计，大专以上学历 110 名，本地干部 47 名，部分第一书记更是主动要求返乡任职，为家乡发展贡献力量。

（二）立好身

做到三个明确：（1）明确主体，解决“由谁管”问题。市委出台了《驻村第一书记管理办法》，明确规定第一书记驻村工作期间，由市脱贫攻坚指挥部办公室统一管理，各乡镇扶贫团、乡镇党委直接管理，确保 125 名下派第一书记“有娘家”，杜绝人事管理“两头空”现象。（2）明确目标，解决“管什么”问题。明确规定第一书记对村党组织工作负总责，具体负责学习宣传党的扶贫方针政策、调查研究、贫困户精准识别、指导建立专业合作社、落实政策保障、基层民主建设、基层组织建设 7 个方面的工作，建立相关帮扶台账，实行销号管理。（3）明确纪律，解决“怎么管”问题。要求制订驻村工作计划、村级脱贫计划、个人帮扶计划，建立联村工作制度、工作例会制度、信息报送制度、巡查督查制度、重大事项报告制度 5 项工作制度，做到驻村帮扶有章可循。

（三）扎好根

实行 3 个强化：（1）强化培训。选派前，组织好岗前培训；任职期间，组织好专题培训。重点学习农村政策、扶贫政策、扶贫业务、法律法规、村务管理、民俗乡情等方面知识，促进第一书记尽快适应和转换角色，不断提高履职尽责能力。（2）强化保障措施。将第一书记工作经费列入市级财政预算，确保其工资、待遇、福利等与单位一致，并对第一书记驻村期间给予伙食补助。同时，要求第一书记派出单位对驻点村给予项目、资金帮扶和支持。2016 年以来，各派出单位已累计为驻点村争取项目资金 1000 余万元。（3）强化用人导向。2016 年以来，有 4 名第一书记和13名副书记得到提拔重用，激发了党员干部在基层一线干事创业的热情。

三、构建基层党组织运行保障体系

（一）建阵地，提高服务功能

筹集资金，按照行政村阵地建设标准，规范建设全市行政村（社区）"党员群众服务中心"，做到规范动作不走样，自选动作有特色。每年拿出55万元，对村级阵地进行改造升级。整合脱贫攻坚、卫生医疗、文化书屋等项目进村，着力打造便民服务窗口，落实村干部坐班制，把"党员群众服务中心"建成集办公、学习、会议、娱乐、服务为一体的多功能场所。完善决策和服务类工作台账，实行跟踪问效。

（二）保运行，加大财政投入支持

构建以财政投入为主、村集体收入投入为辅的村级组织运行保障体系，既做到"有人管事"，又做到"有钱办事"。井冈山在现有村级转移支付的基础上，实行三年提标计划，力争每个行政村达到15万元。统筹涉农资金，每个行政村增加服务群众经费2万元。每年设立100万元党建项目化发展专项经费，围绕"探索创新、典型示范、制度推广"，设计一批党建项目；村级主要干部待遇不低于全市农民人均可支配收入的2倍，同时为每名村干部缴纳社保。

（三）抓创收，壮大集体经济

井冈山出台了《发展壮大村级集体经济实施意见》，决定统筹6000万元，扶持村级集体经济发展。实施"扶贫撬动、产业带动、资产经营、资源开发、服务创收、互利合作"6种创收发展模式，制定6个方面的奖励优惠政策。每年还拿出500万元财政资金作为奖励金，支持发展村级集体经济。脱贫摘帽当年，全市106个村集体经济收入全部达标。2018年，

106 个村的集体经济经营性收益均达到 5 万元以上。

井冈山发展壮大村集体经济的一个重要途径是，扶持建立光伏扶贫电站。为节省农村用地和光伏电站的管理成本，探索以乡（镇、场）为单位，引进企业投资，建设一批集中式光伏扶贫电站。政府协调相关财政资金和帮扶资金作为贫困村集体入股，所得分红收益归贫困村集体所有，并拿出一部分对建档立卡贫困户进行收益分配。全市 35 个重点贫困村中，过去集体经济“空壳村”占了较大比例，自从兴建光伏电站后，每年村集体增收达到 5 万元以上。

四、完善乡村治理制度

村党支部和村民委员会是履行乡村治理职责的最基层组织，是联系村民最紧密的桥梁，掌握着最齐全的基层扶贫信息。井冈山市脱贫攻坚指挥部利用社会对井冈山关注度高的优势，统一布局，及时开通了行政村的社会扶贫信息服务，不断发布基层资源供给、贫困户需求信息等，搭建社会各界参与脱贫攻坚的网络互动平台。

面对多元、多层级社会需求，井冈山一些红色旅游发展较快的乡村，按照国务院颁布的《社会组织登记管理条例》，有序组建乡村农家乐协会、旅游协会、民办民宿协会等乡村民间社会组织。这些民间社会组织不断完善了内部规章制度，如会员代表大会制度、理事会制度、监事会制度、财务管理制度等，建立起规范化工作体系。协会对村内的乡村旅游实行统一管理、统一协调，共同自律和维护市场秩序，推动民营经济健康发展。

如茅坪乡坝上村近两年红色旅游培训火爆，曾在接待、餐饮、民宿等经营中出现无序竞争现象。为规范发展，坝上村党支部组织各私营主体，成立“坝上村红色旅游协会”，选举村内经营主体和德高望重的“村贤五老”（老干部、老党员、老教师、老模范、离退休老同志）为协会组织成员，由本村原老支书担任理事长。协会对前来村里培训的学员和游客，实行统一登记、统一管理，由协会均衡安排到村内各经营户住宿、就餐，协会统一对外结账开发票。派送客人前，协会均对各承接户的民宿卫生条件、食材安全、厨具消毒等逐一进行查验，达标后方能派送安排；每月张榜公布，接受村民监督。平时加强巡查，发现违反规定情况，如使用隔夜菜等，立即除名，杜绝了以次充好、坑蒙游客的现象发生。协会在服务中收取承接户很少的服务费用，年底向村党支部上缴约 4 万元经费，作为村集体经济收入，用于本村解决民生和扶贫问题。如外地学员安排到农户家自做红军餐 33 元 / 人，其中协会收取管理费 1 元，开票上缴税款 1.2 元，承接经营户实得 30.8 元，仅此一项，经营农户年均纯收入达 2 万元以上。

坚持自治、法治、德治相结合。在行政村成立村民理事会、村务监督委员会、村民说事室，形成民事民议、民事民办、民事民管的村级协商治理体系。为加强扶贫资金监管和村级自治组织建设，采取了聘请相关领域专家指导、委托第三方机构审计，并组织驻村干部、大学生村官、扶贫志愿者等，开展定期、不定期的检查等措施，监管扶贫资金使用和项目实施，及时提出改进意见建议，有效地维护了村民合法权益。利用好群众说事室，化解矛盾纠纷，做到小事不出村、大事不出乡。脱贫攻坚开始以来，群众上访事件大幅减少，村民满意度不断提高，农村社会稳定度显著提升。2017 年，井冈山市荣获全国信访“三无”县称号，第 6 次成功创建全国双拥模范城。在 2017 年全省公众安全感满意度测评中，井冈山位列江西省 100 个县（市、区）第一名，连续三年第一。

第四节　扎实开展脱贫攻坚支部结对共建

为加强农村基层党组织建设，构建城乡一体党建格局，近两年井冈山在全市开展“支部结对共建”活动，全面提升了基层党建水平，进一步彰显做实党建促扶贫的井冈山特色。

一、实行城乡共建村村全覆盖

市委、市政府高度重视“支部结对共建”，作为巩固脱贫攻坚成果的重大行动来抓。突出以城带乡，实行共建共享，坚持注重实效，促进城乡党建在脱贫攻坚中有机融合，共建项目在脱贫攻坚中落地实施，党建扶贫水平在结对共建中显著提升。市委党建工作领导小组印发了“开展结对共建活动”的通知，制定下发了《关于开展百个支部结对共建实施方案》，对活动的指导思想、活动原则、目标任务、具体措施、工作要求等进行了细化安排。

全市共组织125个机关、71家企业和15个发达地区，采取“一对多”或“多对一”的形式，与126个村党支部结对共建。实现乡乡都有领导和企业“结对子”，村村都有机关单位“搞共建”，实现村村共建全覆盖。此外，井冈山市还组织动员43家驻井冈山单位、51家非公有制企业与贫困村结成共建对子，进村入户参建援建。

为保证乡村“结对共建”工作运行，推动机关、企业和发达地区产业投资、扶贫资源向村级倾斜，市委、市政府专门给每个乡镇增加30万元，给每个村增加3万元转移支付，帮助解决在招商引资、项目结对中所需的经费开支，促进结对共建中各项工作的落实与运行。

二、做实共建活动五项内容

遵循上下联动、资源共享、优势互补、注重实效的原则，主要开展以下五个方面的共建：

（一）支部阵地共建

结合共建双方优势，按照“一树两强”主题活动要求，推进活动场所规范建设，支部阵地创特色。坚持把活动场所与党员学习、为民服务、决策议事、文体娱乐等功能融为一体。注重帮助村级党组织创新村级治理模式，落实“四议两公开”“一事一议”等工作制度，充分发挥基层党组织在脱贫摘帽和巩固提升中的作用。

（二）党员结对共助

结对党组织双方，按照“1+1”“1+N”或“N+1”的方式结成对子，“千名党员结对”。其中，双方支部书记、支委成员之间相互结对。机关等联村单位党组织，结合自身特点，对农村党员进行知识、技术、政策等方面的帮助，力所能及解决生产生活困难。农村党员帮助机关等联村单位，了解农村实际情况，提高其服务基层、服务群众的能力。邀请农村党员到机关，了解机关任务、职责和工作流程。以“党员活动日”为载体，推动党员人才共育，扩大对农村乡土人才、致富能人、后备干部的结对力度，帮助培育农村脱贫致富带头人。

（三）组织生活共过

结对共建双方党组织，共同健全完善“三会一课”、民主评议党员等党内生活制度。每季度至少共上一堂党课，共过一次组织生活，共开展一次“党日活动”。组织机关等联村单位党员，进农村讲党课、送政策、传技术。与此相对应，组织农村党员中的革命后代、老村干部、致富能人等，进机关讲红色故事，谈农村工作，体验机关组织生活。

（四）集体经济共抓

结对共建双方党组织，合力厘清发展思路，制定完善村级集体经济发展规划。机关等联村党组织，通过资金支持、技术帮助、人力投入等，帮助发展村级集体经济。每季度共同走访调研一次，了解村集体经济发展情况和群众的意见建议，针对问题，及时制定措施，逐项加以整改。机关等联村单位党组织，在资源、技术、信息等方面，对村集体经济发展进行支持帮助，努力清除集体经济“空壳村”，带动村里 80% 以上的困难群众增收，集体经济收入增长 10% 以上。

（五）困难群众共帮

结对双方党组织，每月定期组织一次党员志愿服务，深入村组和贫困户家中，开展助老、助残、助弱、关爱留守儿童和卫生整治、纠纷调解等志愿服务。结对党员共同走访困难群众，收集、认领微心愿，帮助解决生产生活上的困难和问题。有条件的党员，每月联系、走访困难党员和群众不少于 2 次，帮助完善、更新村级“百姓档案”，每季度点亮一个微心愿。同时，积极引导机关等单位党组织，根据自身特点，在农村设岗定责，承诺践诺，推动脱贫攻坚提升工作在基层落地落实。

三、共建取得实实在在效果

（一）实现“五个好”目标

一是班子建设好。党组织班子全部调整到位，各类职责明确，党务运行规范。二是阵地建设好。村级场所功能健全，各项硬件设施完备。三是组织生活好。“三会一课”、民主评议、整改措施有效落实。四是作用发挥好。党员意识增强，队伍结构合理，培育了一批党员人才队伍。五是集体经济好。村级产业全面升级，集体经济稳步增长，带动农民增收。如在“集体经济共抓”中，全市先后打造了 10 个“能人工作室”，培育了 130 余名农村致富带头人。据统计，实施结对共建以来，双方共开展活动 446 次，帮助基层解决问题 1243 个。

（二）一批共建项目落户乡村

华润集团在罗浮援建“井冈山华润希望小镇”。规划土地 3000 亩，投资 1 亿元，全力推进罗浮旅游扶贫试验区建设。对江南、土山、坪头三个村进行立体改造和环境整治，使 176 个农户、641 人直接受益。上海市长宁区与龙市镇第二轮结对共建，援建 6 个帮扶项目，投入帮扶资金 300 万元，支持相公庙村、龙市村集体经济发展，建立了 100 万元助学基金库。

（三）军地共建成绩斐然

为贯彻落实习近平总书记“做好军民融合式发展”和“决不让一个苏区、老区掉队”的重要指示，井冈山人武部协助原南京军区所在“五省一市”的 9 个百强县人武部，与井冈山 9 个乡镇结对共建，开展“三联活动”（联创先进党组织、联建精神文明、联学创新理论）。2017 年 4 月，井冈山巩固提高工作拉开序幕后，“三联活动”拓展为“支部结对共建”活动。“五省一市”的 9 个发达城市与井冈山 9 个乡镇开展“支部结对共联”。多年的军地共建，为井冈山 9 个乡镇落实项目 90 个，落实帮扶资金 1.0485 亿元，一大批路桥、安全饮水、环境改造、基础设施、产业基地共建项目建成，直接受益群众达 6 万余人。

第五节　传承红色基因抓实党建扶贫的启示

井冈山市抓党建促脱贫的成功实践，不仅为井冈山市率先脱贫摘帽奠定了坚实的组织基础，而且具有一定的典型意义，从中给我们带来一些启示。

一、抓党建促脱贫攻坚理念在井冈山得到充分体现

2015 年 11 月 27 日，习近平总书记在中央扶贫开发工作会议上强调：“越是进行脱贫攻坚战，越是要加强和改善党的领导。脱贫攻坚战考验着我们的精神状态、干事能力、工作作风，既要运筹帷幄，也要冲锋陷

阵。”2016年2月，习近平总书记在井冈山考察时提出了“井冈山要在脱贫攻坚中作示范、带好头”的殷切嘱托。2018年2月12日，习近平总书记在凉山考察脱贫攻坚工作时强调：“打赢脱贫攻坚战，特别要建强基层党支部。村第一书记和驻村工作队，要真抓实干、坚持不懈，真正把让人民群众过上好日子作为自己的奋斗目标。”

井冈山市认真学习贯彻习近平总书记的重要讲话精神，牢固树立“围绕扶贫抓党建，抓好党建促扶贫，检验党建看脱贫”的理念，重点围绕“抓班子、强队伍，树导向、增活力”出实招、干实事、见实效，在做实抓党建促扶贫攻坚方面狠下功夫，打造了“井冈山样板”。如在深入推进“两学一做”学习教育常态化、制度化中，全市3200多名党员干部进村户，参与精准扶贫大会战；在“一树两强”（党员树旗帜、组织强堡垒、党建强活力）主题活动中，全市基层党组织带领群众脱贫攻坚的战斗堡垒作用全面提升；在学习践行习近平总书记“作示范、带好头”的殷切嘱托中，广大党员争当表率，在群众中发挥了“主心骨、贴心人、顶梁柱”作用，为打赢脱贫攻坚战提供了强有力的组织保证。

回顾井冈山脱贫攻坚过程，切实做到了“党建引领，全程贯通”。各级党组织、广大党员干部以党建扶贫的显著成效，践行了习近平总书记关于抓党建促脱贫攻坚的重要指示精神，充分体现了“脱贫攻坚，关键在党、关键在人”的科学命题，充分说明打赢脱贫攻坚战关键要靠党的坚强领导，要靠各级党组织的责任担当。

二、传承红色基因使井冈山聚集了脱贫攻坚最强的“精气神”

革命战争时期，我们党在井冈山创建了全国第一个农村革命根据地和农村党组织。传承红色基因，在脱贫攻坚中传承好、发扬好这一革命传统，对于基层党组织强基固本、引领攻坚具有重要现实意义。井冈山各级党委在攻坚决战中，创新组织动员方式，在每个重要节点和重大行动中，结合脱贫攻坚，旗帜鲜明地大力推动系列红色传承活动，唤起全市党员干部不忘初心，守好精神家园，以当共产党员为荣，以建功脱贫攻坚为耀，把信仰信念的力量转化为脱贫攻坚的强大动力。

在井冈山，市委、市政府一份份文件、一项项部署，如同冲锋号、动员令，让广大党员干部群情激奋、斗志昂扬奔赴脱贫攻坚主战场。市委、市政府的各项决策、部署和动员，之所以能够凝聚人心，能迅速付诸行动，得益于井冈山红色基因传承和党建引领的常态化、长效化。在脱贫攻坚中，这种看似红色传承的软实力，都能通过具体的项目和载体，得到有力有效的落地。如在每个乡镇各创办一个“新时代红色讲习所”、遍布城乡的各类红色培训、延伸到广大基层乡村的红色宣讲团等，都能让“静”的红色历史在引领脱贫攻坚中“动”起来，有许多还做成了产业。红色基因传承完全没有那种“空对空”的感觉，而是内化于心、落实于行，使广大干部群众激发出摆脱贫困的昂扬斗志，凝聚起众志成城的磅礴力量。基层普遍反映，贫困群众的腰包鼓了起来，党员干部的形象树了起来，脱贫攻坚的内生动力明显增强。

纵观井冈山率先脱贫摘帽路径，红色基因在抓党建促脱贫中的传承，彰显了对现实问题的解释力和指导力，彰显了实际运用的有效性，从而形成强大的凝聚力和引领力。实践证明，它能凝聚起广大群众的斗志和力量，激活起久久为功、决战决胜的决心、信念和不竭精神动力。

三、将党建引领融入扶贫第一线是打赢脱贫攻坚战的根本保证

2017 年 6 月 23 日，习近平总书记在深度贫困地区脱贫攻坚座谈会上指出，扶贫干部要真正沉下去，扑下身子到村里干，同群众一起干，不能蜻蜓点水，不能三天打鱼两天晒网，不能神龙见首不见尾。习近平总书记

强调，这方面，各级党组织和组织部门要管好抓紧，确保第一书记和驻村干部用心用情用力做好帮扶工作。井冈山市各级党委正是遵循习近平总书记这一指示精神，实行“三级书记抓扶贫”，选配能打硬仗的干部到攻坚战的最前沿，大规模精准选派干部驻村帮扶。

全市由3200名党员干部组成25个扶贫团、126个驻村帮扶工作队，分赴精准扶贫第一线，做到乡乡都有扶贫团，村村都有帮扶队，一村选派一个“第一书记”，一个贫困户确定一名帮扶责任人。把党组织建在扶贫产业链、移民安置区、专业合作社、龙头企业中，全市农村专业合作社及产业协会、43个移民集中安置点实现党的工作全覆盖。形成市领导挂点抓、组织部门牵头抓、选派后备干部蹲点抓、部门单位帮扶抓、乡镇班子成员具体抓的“五位一体”帮扶格局。这种“一级带着一级干，一级做给一级看”的党建扶贫模式，在基层有效形成了看齐意识和以上率下的力量，产生了放大效应。

当前，在井冈山农村，坚持一切工作到支部，一名驻村干部是一个标杆，一名党员是一面旗帜。脱贫攻坚推进到哪里，党的坚强领导就落实到哪里，党建引领和保证作用就跟进到哪里。他们充分发挥先锋模范作用，干给群众看，带着群众干，汇聚起脱贫攻坚浩浩荡荡的生力军，让党的旗帜在脱贫攻坚每一个阵地上高高飘扬！

2017年初，井冈山脱贫摘帽验收迎来“最严国考”。井冈山实践作出了有力回答：井冈山在全国率先脱贫摘帽是“干”出来的。这一结论的“底气”，来自井冈山党建工作深度融入脱贫攻坚，来自市委对打赢脱贫攻坚战的坚强领导。井冈山的实践证明，只有强化党的领导，充分发挥党的政治优势、组织优势和密切联系群众优势，坚持脚踏实地、艰苦奋斗、奋发有为、真抓实干，才能打赢脱贫攻坚战。

第十章 迈上巩固提升脱贫成果新征程

井冈山市在全国率先脱贫摘帽，是江西省人民政府于2017年2月26日向社会作出的正式宣布。井冈山市委、市政府把宣布脱贫摘帽看作新的起点，看作脱贫攻坚工作重心由“脱贫摘帽”向“巩固提升”转变。也就是说，从2017年2月26日开始，井冈山市的脱贫攻坚正式迈上巩固提升脱贫成果新征程。

第一节 凝聚共识：率先摘帽不是终点而是新起点

巩固提升脱贫攻坚成果，是继脱贫摘帽后的一场新战役。为了打好这场新战役，井冈山市委的做法是，首先统一各级领导干部思想，深化对推进巩固提升脱贫攻坚成果的认识，坚定做好巩固提升工作的信心和决心。在江西省人民政府举行新闻发布会后的第三天，即2017年2月28日，井冈山市委召开四届三次全会，主要议题是统一思想认识，明确新的奋斗目标，共商巩固提升脱贫攻坚成果大计，对开启巩固提升工作进行部署动员。针对部分干部存在“脱了贫、摘了帽，可以松口气”的思想情绪，井冈山市委着重强化全市党员干部的使命担当意识、对标补短意识、敢为人先意识，为巩固提升脱贫攻坚成果扫除思想障碍，自我加压，自我定标，在巩固提升过程中继续努力“作示范、带好头”，继续争当排头兵。

一、强化使命担当意识：为让老区人民过上美好生活而不懈奋斗

井冈山市委四届三次全会要求全市党员干部，不忘初心，牢记使命，强化担当意识，为让老区人民过上美好生活而不懈努力、不懈奋斗。井冈山斗争时期，毛泽东等老一辈无产阶级革命家带领群众闹革命、打土豪、分田地，集中体现了我们党为人民群众谋幸福的初心。党的十九大强调，带领人民创造美好生活，是我们党矢志不渝的奋斗目标。井冈山市委、市政府认识到，井冈山虽然已经脱贫摘帽，但这只是实现了一个阶段性目标，贫困人口的脱贫只是现行标准下的脱贫。况且，实现脱贫摘帽并不等于已经确保“稳定脱贫不返贫”，并不等于实现了全面建成小康社会一个不掉队。切实落实习近平总书记视察井冈山时提出的“老区在全国建小康的征程中，要同步前进，一个也不能少”的要求，还需继续努力，绝不可松劲，绝不可懈怠。

牢记和践行习近平总书记“井冈山要在脱贫攻坚中作示范、带好头”的嘱托，不仅要在脱贫摘帽中“作示范、带好头”，而且要在巩固提升中“作示范、带好头”，继续争当排头兵。井冈山市委提出，到2020年以前，将继续以脱贫攻坚统揽全市经济社会发展全局，通过推进巩固提升，破解影响“稳定脱贫不返贫”的各种难题，清除全面小康征程上的各种“拦路虎”，让改革发展成果更多更公平惠及全体人民，让老区人民过上更加美好的生活。

二、强化对标补短意识：找准巩固提升着力点

井冈山虽然已经脱贫摘帽，但市委、市政府始终保持清醒头脑和科学态度，坚持“两个导向”（以目标为导向、以问题为导向），重点围绕建立长效机制，确保贫困人口稳定脱贫不返贫的底线目标，找薄弱环节、找工

作短板；围绕2020年全面建成小康社会目标，找发展差距、找补短重点。

市委、市政府对井冈山扶贫开发形势和发展现状的基本判断是：尽管井冈山已经整体脱贫摘帽，但欠发达的基本市情并没有根本改变，经济总量偏小，产业层次不高，经济整体实力不强，基本公共服务和民生保障与群众期待还有差距，巩固脱贫成果确保贫困人口稳定脱贫不返贫和小康路上不掉队，面临的任务仍然艰巨。

脱贫摘帽后，在巩固脱贫攻坚成果期间，主要有五个方面短板和弱项需要补强：

一是扶贫产业的“造血”功能需要进一步加强。脱贫户收入不稳的问题在一些地方不同程度存在。在特色农业产业发展上，与每户达到“四个一”（一户一丘茶园，一户一片竹林，一户一块果园，一户一人务工）的目标要求，尚有一定距离；已建起来的“231”产业基地，有的产业化、组织化程度不高，有的专业合作社经济实力和管理水平有限，抗风险能力较弱，缺乏稳定增收、持续带贫的能力。正在快速发展的旅游产业，对贫困人口覆盖面和增收拉动作用仍然有限。

二是确保脆弱性脱贫户稳定脱贫不返贫的长效机制尚不健全。尤其对于缺劳、弱劳、失能、患重症大病脱贫户和低收入边缘户，需要建立一套与经济社会发展阶段相适应、可持续的防范返贫的长效机制和保障制度。

三是农村基础设施和基本公共服务仍相对滞后，不平衡问题依然存在。一些脱贫村所建基础设施标准不高，需要提升；已建基础设施项目后续维护管理亟待加强。一些非贫困村的基本公共服务和基础设施建设滞后的问题亟须解决。

四是一些脱贫户的内生动力仍显不足，自我发展能力较差。有的存在依赖政府的“等、靠、要”思想，自立脱贫致富的志气、本领不强，扶志、扶智、扶技工作需继续强化。

五是基层组织建设和治理能力需进一步加强。基层组织战斗力、致富带头人培育、乡村治理能力有待提升，部分村集体经济尚未建立起稳定增收长效机制。

这五个方面，构成了井冈山巩固提升脱贫成果补短板、强弱项、夯基础、建机制的重点和着力点。

三、强化敢为人先意识：积极探索巩固提升新路子

井冈山是在全国率先脱贫摘帽的，摘帽后如何巩固提升脱贫攻坚成果，全国没有先例，没有标杆，没有可借鉴的现成模式。井冈山市委、市政府要求各级领导干部弘扬跨越时空的井冈山精神，敢为人先闯新路，不等不靠，主动作为，勇于探索巩固提升新路子。

井冈山市委、市政府在“强基固本、提升能力、建立长效机制”的工作实践中，逐步形成了具有井冈山特色的工作思路和基本做法。我们将井冈山推进巩固提升的工作思路和基本做法，归纳为“坚持五个‘为’，实行五个‘全覆盖’，提升五个能力”（或简称为“三五制”巩固提升工作模式）：

——坚持产业为根，实行特色产业全覆盖，提升“造血”功能和持续增收能力。

——坚持立志为本，实行“志智双扶”全覆盖，提升内生动力和自我发展能力。

——坚持机制为要，实行“遇困不返贫”保障机制全覆盖，提升脆弱性风险防范能力。

——坚持强基为重，实行“两基”补短全覆盖，提升衔接乡村振兴的基础条件支撑能力（“两基”即贫困村与非贫困村的基础设施、基本公共服务）。

——坚持党建为先，实行党建引领全覆盖，提升组织保障和乡村治理能力。

围绕“三五制”，井冈山着力实施了十项巩固提升工程：（1）产业扶贫巩固提升工程；（2）就业扶贫巩固提升工程；（3）“志智双扶”巩固提升工程；（4）教育扶贫巩固提升工程；（5）健康扶贫巩固提升工程；（6）社会保障扶贫巩固提升工程；（7）农村基础设施巩固提升工程；（8）安居和搬迁扶贫巩固提升工程；（9）村庄整治美丽乡村建设扶贫巩固提升工程；（10）生态保护扶贫巩固提升工程。

在组织保障和政策措施上，井冈山市委、市政府提出了“摘帽四不摘”“力度四不减”——即摘帽不摘责任，摘帽不摘政策，摘帽不摘帮扶，摘帽不摘监管；党员干部帮扶力度不减，整合上级资金力度不减，本级财政投入力度不减，争取社会支持力度不减。

上述这些，构成了井冈山巩固提升脱贫成果的基本思路、主要做法和工作模式。

第二节　规划引领：扎实推进十项巩固提升工程

一、产业扶贫巩固提升工程

（一）继续培育壮大特色产业

井冈山市坚持生态优先、绿色发展，咬定“231”特色产业（20万亩茶园、30万亩竹园、10万亩果园）目标不放松，采取差异化奖补政策，鼓励农民群众继续大力发展茶、竹、果特色产业。到2018年底，全市茶、竹、果面积共达29.42万亩。目前，井冈山的特色农业产业对有劳动能力贫困户的覆盖率已高达99.5%。

（二）继续实施光伏电能扶贫工程

井冈山在脱贫攻坚巩固提升期间，大力推进光伏发电扶贫取得明显成效。2017—2018 年，全市共实施光伏扶贫发电项目 89 个，总装机规模 12507.44 千瓦，累计完成投资 9600 万元左右，预计年均发电量 1250 万度，年均发电收益 1096 万元，扣除征占用土地费用、场地租金、名类税费保险、电站用电、运营维护等费用后，每年可从光伏资产收益分红中分配 720 万元，用于帮助全市 78 个贫困村、1875 户建档立卡贫困户、4196 个贫困人口脱贫增收，可确保每个贫困村获年均发电收益 5 万元，且持续获益 20 年以上。

专栏 10–1 联村兴办“渔光互补”，建立长效机制

井冈山市紧紧围绕“户脱贫、村增收”这一核心，采用“光伏 + 贫困户 + 村集体”的资产收益扶贫方式，联合 25 个贫困村，整合扶贫资金 2056 万元，利用坳里乡渡陂村 1 处 70 余亩的河滩地，因地制宜开发建设了 1 个总装机规模 2500 千瓦的“渔光互补”式光伏电站。也就是将该光伏电站场地建成了 1 个高标准的 60 亩鱼塘。

目前，渡陂村联村电站已建成并网发电，预计年均发电量 250 万度，按 0.85 元 / 度上网电价核算，年均发电收益 212.5 万元。该光伏扶贫电站产权归 25 个贫困村村集体所有，发电收益全部用于扶贫，主要用于受益贫困村开展公益岗位扶贫、小型公益事业扶贫、奖励补助扶贫等。同时，新开发的 60 亩鱼塘无偿提供给贫困户特种养殖，既提高了土地利用效率，又新开辟了一条扶贫渠道，实现了生态效益、经济效益和扶贫效益的多重叠加。

（三）继续大力推进乡村旅游扶贫

继续拓展红色旅游和红色教育培训，重点推进以茨坪镇为中心，梨坪、罗浮、拿山厦坪、黄坳、龙市、茅坪6个乡镇为辐射的“1+6”特色旅游小镇建设。大力发展休闲观光农业、体验农业、乡村旅游等新型业态，将有资源、有条件的贫困村打造成为具有井冈山特色的旅游村。继续推进实施全域旅游战略，吸纳更多的贫困人口、低收入人口从事旅游服务，扩大增收渠道。

（四）继续强化产业扶贫支持政策

井冈山市财政继续每年拿出1000万元资金对新增扶贫产业基地进行奖补。建立扶贫产业保险机制，尽量降低扶贫龙头企业和专业合作社的生产风险，对带动贫困户增收作用明显的种植养殖、乡村旅游、农产品加工项目等农业企业、电商企业、农民合作社，继续享受贷款贴息政策。贫困户脱贫后继续享受扶贫小额信贷贴息政策，享受企业或合作社提供发展所需的种苗、畜禽、技术信息和市场服务，享受创办微型企业补助和后续扶持补助。到2018年底，井冈山市共发放贷款1335笔共计10055万元，贫困户获贷率为28.98%。从2018年开始，对贫困户自主发展产业规模在1—20亩（含20亩）的，由市财政为其全额购买农业保险。

二、就业扶贫巩固提升工程

继续实施和完善各项就业扶贫政策，增加贫困人口就业机会。2017年制定了乡村精准扶贫公益性岗位管理实施细则，规范了全市779个扶贫公益性岗位，将扶贫公益性岗位补贴标准提高到每月300元/人，实现就业岗位制度有保障，贫困人口就业增收可持续。引导扶贫龙头企业在乡村设立了35家扶贫车间，帮助劳动力较弱的贫困户、低收入户实现在家门口就业，现已吸纳167名贫困劳动力就业增收。继续加大技能培训力度，定向开展园区、景区、“农家乐”等培训，确保培训一人、就业一人。

三、“志智双扶”巩固提升工程

继续深入实施“志智双扶”工程，推进扶贫同扶志、扶智相结合，努力激发贫困群众脱贫致富的内生动力，提升贫困群众的自我发展能力。在“扶志”方面，积极宣传像彭夏英、尹厚根等一批自立脱贫典型贫困户的先进事迹，用“身边人、身边事”对贫困群众进行教育引导，帮助其提升自力更生、自主脱贫的志气，树立“宁愿苦干、不愿苦熬”的观念，增强靠自身努力改善生活的信心。建立积分激励机制，对自主参与村集体公益劳动、获得先进表彰的群众给予一定积分，并能够用积分兑换贫困群众所需的生活用品，激励贫困群众自主脱贫的积极性和主动性。

在“扶智”方面，围绕“231”富民产业、全域旅游建设和用工企业所需的技术、工种，因地制宜地开展“雨露计划”“新型农民职业培训”和订单式技能培训，帮助贫困群众提升就业和创业技能，提升自主脱贫的能力。

四、教育扶贫巩固提升工程

（一）继续落实和加大贫困生资助力度

原有的建档立卡贫困户子女在学前教育阶段、义务教育阶段、高中教育阶段、大学及职业院校教育阶段各项资助政策不变。通过对贫困子女从幼教到大学的教育资助全覆盖，确保每一位贫困家庭的孩子不因贫困失学。2018年，对义务教育贫困家庭寄宿生，每年再增加500元补助；对考取全日制大学、高等职业院校的贫困家庭学生给予的补贴分别提高至8000元和9000元。

（二）继续完善定向培养招生激励政策

为消除贫困代际传递，继续对初中毕业年级的建档立卡贫困户子女实施定向培养人才的政策。从2018年开始，在中招师范“三定向”招生指标中切出30%的名额，专门用于招收建档立卡贫困户子女，对报考中招水利、农业“三定向”的建档立卡户子女享受20分的加分政策。

（三）以开展“美丽校园”创建活动促办学条件提升

继续实施“全面改薄”等教育项目，全面改善义务教育薄弱学校办学条件，营造良好的育人环境，创建一批“美丽校园”，让学校美起来、亮起来，使农村学校办学条件有明显提升。

（四）继续挖掘社会力量参与教育扶贫

尽量争取让每一位建档立卡贫困户学生至少享受一种以上资助，着力构建覆盖全市所有贫困家庭的扶智脱贫工作机制，唤醒社会公众力量全面参与教育扶贫。积极拓展社会爱心人士及团体加大对井冈山贫困学子的资助力度；吸引各类团体加大对井冈山市优秀教师的奖励与帮扶。深入开展“强校＋弱校”及“1+N”的模式，继续争取各级各类名优学校加大对井冈山薄弱学校的结对帮扶。

五、健康扶贫巩固提升工程

对已脱贫的建档立卡贫困人口参加城乡基本医疗保险个人缴费部分，继续实行财政全额补贴。对脱贫人口继续实行基本医疗、大病保险、医疗救助、附加保险“四道防线”倾斜支付政策，力保贫困人口大病住院个人负担费用不超过10%。将建档立卡贫困人口由政府补贴纳入意外伤害保险、重症疾病险的范围，继续实行门诊报销优惠，采取综合措施有效防止因病致贫返贫。

在市、乡两级医疗机构设立扶贫床位，对住院的建档立卡贫困人口减免相关费用，实行“三免四减半”政策，全市乡镇卫生院及二级医院对建档立卡贫困患者免收普通门诊挂号费、注射手续费（或实行一般诊疗费由医保基金支付）、换药手续费；住院期间的血液、大小便常规检查费，胸片检查费、普通床位费、护理费等费用减半。实行先诊疗后付费。贫困患者在市内定点医疗机构住院实行先诊疗后付费和“一站式”即时结算，贫困患者只需负担自付医疗费用。

六、社会保障扶贫巩固提升工程

（一）继续加强农村低保与扶贫开发制度有效衔接

坚持应保尽保、应扶尽扶，做到农村低保制度和扶贫开发政策对农村贫困人口的全覆盖。坚持分类保障、动态管理。对能够通过扶贫开发脱贫的农村贫困人口，给予扶贫政策支持；对不适合扶贫开发扶持的，经审批符合农村低保条件的纳入低保范围。2017 年初，通过动态调整，将剩余 1.6% 未脱贫建档立卡贫困人口中符合低保条件的纳入最低生活保障范围。

（二）加大兜底保障力度

井冈山市委、市政府决定，“十三五”期间按年均 12% 的增长幅度提高农村低保标准，并按照低保标准的提高幅度，同比例提高“红卡户”市级低保补助水平（见专栏 10–2），确保农村低保对象实际兜底收入增幅略高于全省农村居民人均纯收入增幅。

专栏 10–2　井冈山在巩固提升阶段实行低保扩面提标

2018 年，井冈山市对 1938 名红卡户低保人口，实施市级低保提标政策，即每月提标 60 元；对 3074 名未享受低保的红卡户人员，继续纳入市级低保生活补助，每人每月发放市级低保金标准由上年度的 100 元增加到 120 元。同时，对未脱贫蓝卡贫困家庭，参照红卡户低保补助标准实行政策叠加兜底。2018 年，全年共发放市级低保提标补贴和市级低保金共计 611.74 万元，其中低保对象提标 1869 人，全年提标补助金额为 138.36 万元；非低保对象补助 3327 人，全年补助金额为 473.38 万元。

（三）健全多方位风险救助机制

增强临时救助的针对性，适当提高救助标准，优化救助程序，增强救助时效，完善临时救助对贫困群众的救急救难功能，缓解农村因各种原因造成的短期返贫问题。对突遇不测、因病因灾陷入生存困境的贫困群众及时实施“救急难”，实行“一门受理、协同办理”联动机制，及时把新增的困难群众纳入相应的社会救助范围。

七、农村基础设施巩固提升工程

农村基础设施巩固提升工程覆盖范围，既包括 78 个贫困村，还包括 28 个非贫困村，以促进基础设施建设均等化、全覆盖。一是提高乡村道路通行质量。2017—2018 年，投入 630 万元完成 35 个贫困村的通组道路硬化；投入 2691 万元用两年时间完成非贫困村 25 户以上自然村的道路硬化。截至目前，全市高标准实施 150 个美丽乡村基础点和 30 个美丽乡村精品点的道路建设，实现了所有农村公路串联全市所有旅游景点的目标。二是提高水利保障质量。按照全面建成小康社会和城乡公共服务均等化对农村水利的总体要求，已为所有未通安全水或自来水到户的农户实现通水入户。继续建设高效节水灌溉工程，改造高效节水灌溉，修复贫困村水毁河堤。三是提高广电通信网速。继续做好城区光纤网络优化和农村光纤网络资源的扩容和延伸，大力推广百兆高速光宽带的使用；加快 800M 低频 LTE 4G 网络建设，实现全网覆盖、连续覆盖、深度覆盖、厚度覆盖。四是提高电力保障能力。近两年全面完成中心村电网升级改造项目，并根据电网设备运行和当地经济发展需求，全面梳理和启动农村电网升级改造储备项目。

八、安居和搬迁扶贫巩固提升工程

2017年继续开展“消灭危旧土坯房，建设美丽乡村”攻坚行动，完成拆除危旧土坯房的扫尾工作，并对全市建档立卡贫困户的住房安全进行“回头看”（见专栏10-3）。注重引导扶贫搬迁向中心村镇、工业园区和城区有序转移。对贫困户继续实施搬迁奖补，人均补助两万元；针对特困户继续采取政府统建“爱心公寓”的交钥匙工程进行集中安置。全力提升安置地配套设施水平，确保住得稳。改善安置和搬迁对象生产生活条件和发展环境，完善水、电、路、气、网等基本生产生活条件，配套建设教育、卫生、文化等公共服务设施，增强移民安置区的基本公共服务功能。推动移民安置地的就业工作，依托罗浮开发区、瓷城工业园等带动搬迁贫困群众就业，使有劳动力的贫困移民户增加务工收入。

专栏10-3　井冈山2017年对贫困户住房安全进行“回头看”

为了确保所有贫困群众住上安居房、放心房，在干干净净、漂漂亮亮的居住环境中脱贫奔小康，井冈山市于2017年对所有贫困户的住房进行了“回头看”，进一步摸排出35户有待完善住房的问题户，并采取政府代建的方式启动了35套保障性住房建设。目前，35户贫困人口已入住新房。同时，继续推进美丽乡村建设，启动了150个村点建设，全面改善村庄环境、完善基础设施建设，让群众拥有生态宜居美丽家园，对接乡村振兴美好生活。

九、村庄整治建设扶贫巩固提升工程

以贫困村村庄整治为重点，全面完善农村基础设施建设。按照“突出重点，分类实施”的工作方针，结合贫困村现状，按照“缺什么、补什么”的要求，完成贫困村的交通、水利、住房、电力通信、文化卫生室等设施建设，打通扶贫“最后一公里”。围绕“生态美、村容美、庭院美、生活美、乡风美”的要求，打造美丽乡村精品示范点。以“清净整洁、和谐宜居”为建设重点，全面提升农村公共服务水平。2018 年，继续对 78 个贫困村共安排建设项目 434 个，投入项目资金 6118 万元。

十、生态保护扶贫巩固提升工程

坚持林业生态建设项目和资金向贫困村、贫困户倾斜的政策不变。继续在全市组织实施林业生态重点工程项目，优先将项目实施范围覆盖到贫困农户，提高贫困户补偿收入、劳务收入和造林收益，实现贫困户持续增收。全面贯彻落实国家关于森林生态保护及林业扶贫相关优惠政策，积极为贫困群众提供林业就业岗位，帮助贫困群众持续增加就业收入。2017 年市林业部门为建档立卡贫困人口提供生态护林员岗位 210 个，2018 年增加到 247 个，2019 年计划增加到 269 个，且岗位待遇为每人每月 800 元。继续调整完善全市村级森林防火巡护员岗位，确保贫困人口村级森林防火巡护员人员总数和工资待遇稳定。

为了确保上述十项巩固提升扶贫工程落地实施，井冈山市强化了五项保障措施：（1）每项工程建立健全部门实施协调小组，明确牵头部门和参与部门责任。（2）每项工程制定了专项巩固提升实施方案。（3）完善扶贫资金整合投入机制。继续统筹整合中央、江西省、吉安市、本市四级财政安排的用于农业生产发展和农村基础设施建设等方面的资金，确保巩固提升工程所需资金。（4）完善巩固提升考核机制。制定相应的年度巩固提升脱贫攻坚工作考核办法，将脱贫攻坚巩固提升工作考评结果纳入乡镇场、局市直单位科学发展观综合考评，分别占 40% 和 20% 的权重。（5）强化督查问责。由市纪委、市委组织部、市扶贫办等部门形成常态化专项督查，重点督查各级各单位履行脱贫攻坚巩固提升责任情况。

第三节　基本经验："三五制"巩固提升推进模式

总结、研究井冈山巩固提升脱贫成果的主要做法，其基本经验可提炼为"坚持五个'为'，实行五个全覆盖，提升五个能力"，简称"三五制"井冈山巩固提升模式。(1) 坚持产业为根，实行特色产业全覆盖，提升"造血"功能和持续增收能力。(2) 坚持立志为本，实行"志智双扶"全覆盖，提升内生动力和自我发展能力。(3) 坚持机制为要，实行"遇困不返贫"保障机制全覆盖，提升脆弱性风险防范能力。(4) 坚持强基为重，实行"两基"补强全覆盖，提升衔接乡村振兴的基础条件支撑能力。(5) 坚持党建为先，实行党建引领全覆盖，提升组织保障和乡村治理能力。正是通过实施"三五制"巩固提升工作模式，井冈山在"强基固本，提高能力，建立长效机制"方面，取得了显著成效。

一、坚持产业为根，实行特色产业全覆盖，提升"造血"功能和持续增收能力

产业是脱贫之基、强市之本、致富之源。产业不兴旺则经济不兴旺，产业不兴旺则增收缺来源。贫困地区、贫困人口之所以贫困，主要原因就是产业发展滞后，自我"造血"功能较弱，缺乏可持续的增收来源或能力。我国长期坚持开发式扶贫方针，其主要目的之一，就是通过政策引导和扶持，帮助贫困地区、贫困人口发展产业、做大做强产业，旨在增强其自我"造血"功能，提高可持续的自我增收能力。

井冈山市委、市政府抓住了扶贫开发的这一根本着力点，在脱贫

摘帽攻坚中，一直强调“产业为根”，一直下气力抓扶贫产业发展。自2017年初转入巩固提升阶段后，市委、市政府继续一以贯之强调“坚持产业为根”，提出深入推进特色产业增收全覆盖，力争实现村村有脱贫产业，户户有增收项目，促全市村集体经济收益再创新高，促贫困户可持续增收。

井冈山立足本地资源优势，持之以恒地力推“231”茶、竹、果产业扶贫工程，力推旅游主导产业和“旅游+”相关配套产业发展，使井冈山市的自我“造血”功能明显增强，广大农民尤其是贫困农民的可持续自我增收能力有了较大提升。2012年以来，井冈山市的农民人均可支配收入增幅明显高于全国、全省平均水平，以及有劳动能力贫困户的收入明显增加，其重要增长点就是来自产业经营收入和与市域产业发展紧密相连的就业收入。

经过两年巩固提升后，井冈山继续整合财政、扶贫等涉农项目和资金，加大对“231”茶、竹、果产业的支持力度。井冈山提出的特色产业全覆盖的2020年目标是，扶持每户有劳动能力的贫困户拥有1亩以上致富产业，每个乡镇至少建一个500亩以上产业基地，每个村至少建一个100亩以上产业基地；确保到2020年，实现打造20万亩茶叶、30万亩毛竹、10万亩果业的产业发展目标。

井冈山积极推进农旅融合，将“231”产业发展与美丽乡村建设、乡村旅游发展相结合，由政府免费提供果树苗，动员贫困户利用房前屋后、空闲地、荒坡地、自有林地等种植果树，发展庭院经济。在达到种植条件的新农村点，用果树做提亮工程，既扩大了富民产业工程规模，又美化了村庄环境。鼓励农业经营主体将“231”富民产业基地打造成采摘观光园，吸引游客来山里休闲采摘。

二、坚持立志为本，实行“志智双扶”全覆盖，提升内生动力和自我发展能力

习近平总书记在党的十九大报告中强调：“注重扶贫同扶志、扶智相结合。”扶志，就是扶志气、扶志向、扶精神，消除精神贫困，克服“等、靠、要”依赖思想、懒汉思想；激发内生动力，培育自力更生、艰苦奋斗、劳动光荣、勤劳致富的优良品质。扶智，就是扶智力、扶技术、扶技能，消除能力贫困，提高科技文化素质，增强劳动本领、生产技术、就业技能和自我发展能力。

脱贫攻坚摘帽，靠扶志扶智；现在搞巩固提升，同样靠扶志扶智。井冈山市委、市政府始终把扶志扶智摆在重要位置，把帮助贫困人口立志气、立志向、激发内生动力，作为扶贫之基、脱贫之本。在市委、市政府的工作部署中一直强调“坚持立志为本”；在工作落实中推行“志智双扶”面向贫困村、面向贫困户全覆盖，着力提升贫困人口的内生动力和自我发展能力。在这方面，井冈山富有成效的做法是：

（一）把弘扬跨越时空的井冈山精神，作为激发基层干部群众内生动力的根本法宝

这几年，井冈山精神不仅广泛宣传普及到机关、学校、工厂、社区、商店，而且还广泛宣传普及到农村、农户、田头场坝、院坝。井冈山始终坚持用井冈山精神武装人们的思想、教育基层干部群众，用井冈山精神激励贫困人口立志气、立志向，培育自力更生、艰苦奋斗、自强自立、劳动光荣的精神品质。

（二）继续全面实施“志智双扶”

由市委组织部牵头，市委宣传部、市文化广播电视新闻局、市扶贫办和各乡镇场参与，深入推进“志智双扶”活动向贫困村、贫困户全覆

盖。强化教育引导，不定期地组织群众召开小组会、院落会、田埂会，举办多种形式的讲习班、培训会和现场教学，激发内生动力，增强致富本领。

（三）总结树立一批身边脱贫致富典型，教育激发贫困群众

井冈山十分注重发现、总结、挖掘脱贫攻坚中涌现出的自强不息、自立脱贫、劳动致富的贫困户先进典型，采取报告会、媒体宣传、节目表演等多种形式进行广泛宣传，用身边人、身边事来教育、感染、激励贫困群众，收到较好效果。

三、坚持机制为要，实行“遇困不返贫”保障机制全覆盖，提升脆弱性风险防范能力

巩固脱贫攻坚成果的关键任务之一，就是防止已脱贫人口返贫。而要真正做到脱贫不返贫，建立防范返贫的长效机制十分重要。中共中央、国务院印发的《乡村振兴战略规划（2018—2022 年）》在部署“巩固脱贫攻坚成果”时强调：“研究建立促进群众稳定脱贫和防范返贫的长效机制。”井冈山市根据中央精神，结合本市巩固脱贫攻坚成果实际，提出“坚持机制为要”，把建立健全稳定脱贫不返贫的长效机制作为工作重心，尤其把建立“遇困不返贫”保障机制，提高应对贫困群众脆弱性风险的防范能力，作为巩固脱贫成果的重点之一。

“遇困不返贫”，即遭遇风险冲击或特殊困难时而不会返贫。脱贫不久的贫困人口或低收入人口，大多是脆弱性人口，他们是容易返贫的高危人群。一旦遭遇自然灾害、市场波动、意外伤害、重大疾病，以及其他突发事件等不可控风险冲击或特殊困难时，他们很有可能重新陷入困境而返贫。为了确保已退出的贫困户“遇困不返贫”，井冈山提出“打好保障组合拳，织密扎牢社会保障网”，积极建立防范脆弱性风险、确保不返贫的

综合保障机制。这些机制主要包括以下八个方面：（1）应进则进、应退则退、应扶尽扶，精准扶贫建档立卡动态管理机制。（2）应保尽保、逐步提高最低生活保障标准的低保兜底机制。（3）教育资助扩面，防止贫困代际传递治本机制。（4）健康扶贫多重保障制度化，防止因病返贫长效机制。（5）临时困难、应急救助全覆盖的社会救助保障机制。（6）意外伤害保险补偿机制。（7）普遍推行农业保险，实行保费财政补贴。（8）完善自然灾害救助制度，防止因灾返贫。

四、坚持强基为重，实行“两基”补强全覆盖，提升衔接乡村振兴的基础条件支撑能力

“两基”即贫困村和非贫困村与贫困群众生产生活密切相关的基础设施、基本公共服务。这“两基”是贫困地区、贫困群众赖以生存和发展的基础条件。强“两基”对于贫困县来说，既是实现脱贫摘帽的基础条件，也是巩固提升脱贫攻坚成果的基础条件，更是脱贫攻坚与乡村振兴相衔接、实现可持续发展的基础条件。

井冈山市无论是在脱贫摘帽攻坚期间，还是在巩固提升脱贫成果以来，都十分重视乡村特别是贫困村的基础设施建设和基本公共服务体系建设。2017 年 2 月以来，针对农村基础设施建设和基本公共服务存在的短板、弱项和档次较低等问题，井冈山市委、市政府对“两基”补强（即补短板、强弱项、提档次）作出了新的部署和安排，在项目安排上倾斜力度不减，在资金投入上支持力度不减，在工作措施上推进力度不减。两年多来，井冈山将农村基础设施巩固提升工程、安居和搬迁扶贫巩固提升工程、村庄整治美丽乡村建设扶贫巩固提升工程、生态保护扶贫巩固提升工程等，均纳入每年的扶贫项目投资计划，推动农村基础设施条件全面提档升级，促进村庄整治人居环境普遍改善。

五、坚持党建为先，实行党建引领全覆盖，提升组织保障和乡村治理能力

在2015年开始打响精准扶贫摘帽攻坚战时，井冈山市委就提出了“党建为先”的理念和工作原则。几年的实践有力证明，井冈山率先实现脱贫摘帽，“党建为先”的政治优势和组织保证发挥了主导作用。毫无疑问，在巩固提升脱贫攻坚行动中，仍须“坚持党建为先”，强化党的核心领导地位，充分发挥党建引领的主导作用。这是实现巩固提升工作目标的重要法宝和根本保证。

在巩固提升脱贫攻坚行动中，坚持党建为先，通过发挥党的政治引领功能和服务功能，发挥基层党组织的战斗堡垒作用和党员的先锋模范作用，提升农村基层组织的保障能力和乡村治理能力。只有这样，才能将党的政治优势、组织优势转化为扶贫优势、发展优势，才能不断推动脱贫攻坚巩固提升，带领群众共同致富奔小康。“党建为先”实际上是“党建+”的理念，用党建统领其他诸方面。这两年，井冈山的主要做法是：

（一）继续强化“三级书记一起抓”的扶贫领导责任制

做到市、乡、村三级抓巩固提升“力度不减、劲头不松”，坚持以脱贫攻坚巩固提升统揽经济社会发展全局。

（二）实行党员干部帮扶工作常态化

井冈山市委决定，在巩固提升期间，原有的“321”帮扶机制不变（县处级以上领导干部帮扶3户贫困户，科级干部帮扶2户贫困户，一般党员干部帮扶1户贫困户），形成常态化帮扶机制。

（三）坚持工作队驻村和第一书记制度

井冈山市委要求，驻村帮扶不因贫困村脱贫而松懈，做到“队伍不

撤、力度不减”。驻村工作队和第一书记的工作重心转到巩固提升脱贫成果上来。

（四）实行建强村级组织全覆盖

井冈山全面推进贫困村、非贫困村的基层组织建设，选优配强村“两委”班子，注重吸引高校毕业生、农民工等返乡创业人员到村任职。加强农村党员队伍建设，注重在农村现有优秀人员中和外出农民工的优秀分子中培养发展党员。健全从优秀村党组织书记中选拔乡镇领导干部、考录乡镇机关公务员、招聘乡镇事业编制人员制度。为贫困村着力打造一支带不走的工作队。

（五）进一步壮大村级集体经济

井冈山市的农业产业项目和支农资金安排向集体经济组织倾斜，对符合条件的村级集体经济项目在信贷优先支持并给予利率优惠。井冈山市鼓励支持村委会通过集体自办、能人领办、入股联营等方式，兴办经济实体，增加村级集体经济收入。鼓励以合法合规方式将分散闲置农地回流到村级集体，通过招商引资、规模经营，发展村集体经济。

（六）全面推行“自治、法治、德治”融合

进一步健全村民自治机制，加强村民理事会自治组织建设，引导农民自我约束自我管理。推行村民会议、村民代表会议、村民议事会、村民监事会等村级民主协商制度，形成民事民议、民事民办、民事民管的多层次基层协商格局。深入开展农村法治宣传教育，增强农村基层干部群众的法治观念和法治素养，实施乡村德治工程，淳化乡风民风，提高乡村文明水平。

六、对井冈山“三五制”巩固提升模式内在逻辑的思考

第一，每一个“要件”体系内的坚持、全覆盖和提升，三者之间都

存在内在的逻辑关系。我们将“三五制”的五个方面（产业、立志、保障机制、基础条件、党建），称为巩固提升的五个“要件”。对于五个“要件”中的任一个“要件”体系，“坚持”表达的是工作原则和思想指导，并通过“为”来体现其在五个“要件”体系中的地位、作用和角色定位。“坚持”即不改变，不动摇，始终如一，体现了井冈山市委、市政府对这五项工作原则在脱贫攻坚两个阶段中（即脱贫摘帽和巩固提升两个阶段）的一以贯之。“全覆盖”体现的是工作方式、方法和路径。“提升能力”，则体现的是工作落脚点或所达到的具体目标。从巩固脱贫成果、建立长效机制来看，“提升能力”远比“给钱给物”更重要、更长效。

第二，五个坚持、五个全覆盖、五个提升是一个有机整体。在脱贫攻坚巩固提升中，“党建为先”，表示党建处于引领、核心地位；“产业为根”，表示产业处于根基、载体和收入之根源的地位；“立志为本”，表示扶贫必须以人为本，通过扶志扶智把人的主观能动性调动起来，这才能扶到根、扶到本；“机制为要”，表示建立健全稳定脱贫不返贫的长效保障机制处于关键位置；“强基为重”，表示改善基础设施条件和基本公共服务仍至关重要，是支撑农村特别是贫困村持续发展、实施乡村振兴的基本条件，处于打基础、管长远的支撑地位。这五个方面是一个有机整体，其中党建处于引领和核心地位（见图 10–1）。

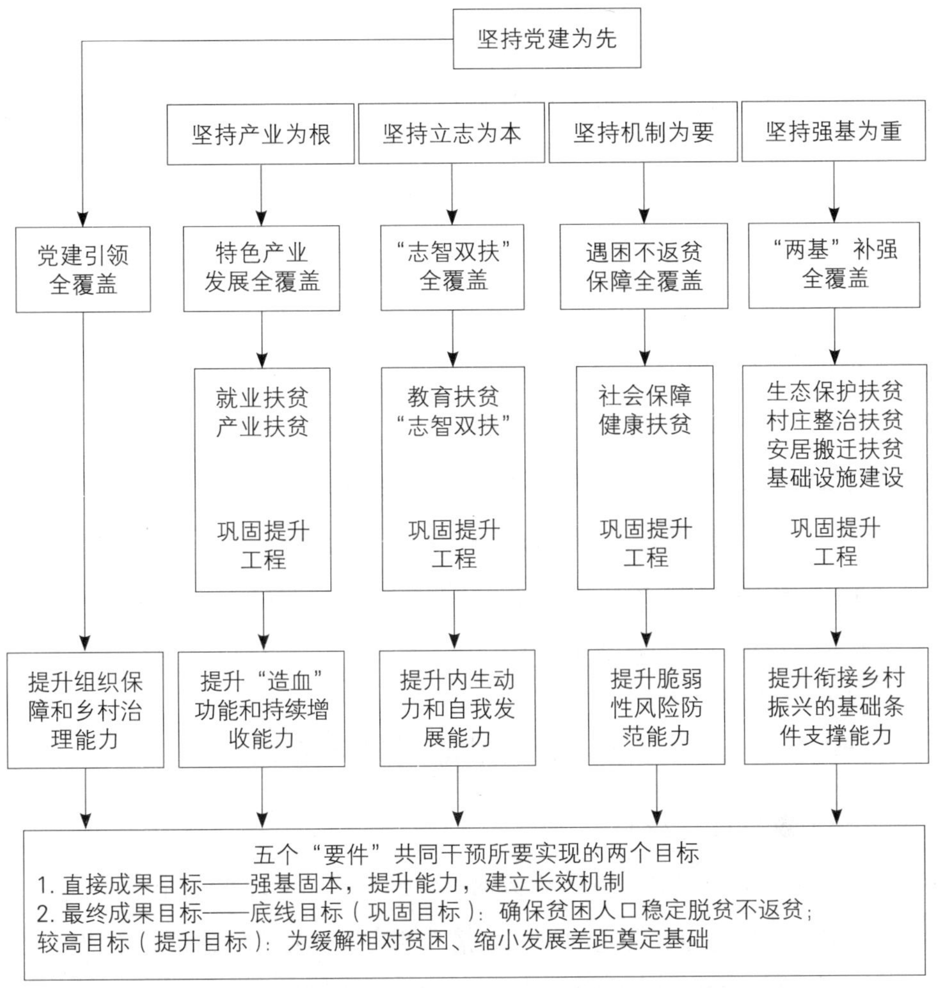

图 10-1　井冈山巩固提升脱贫成果"三五制"模式框架

第三，在"三五制"的共同干预或共同作用下，实施巩固提升脱贫成果所要达到的目标有两个。(1) 直接成果目标，达到"强基固本，提升能力，建立长效机制"的目的。(2) 最终成果目标，有两个层次：一是确保贫困人口稳定脱贫不返贫，这是底线目标；二是在稳定脱贫不返贫基础上，为缓解相对贫困、缩小发展差距奠定基础，这是提升目标。这两个成果目标，是针对不同的贫困人口确定的不同目标定位。

第四节 统筹衔接巩固提升与乡村振兴

《中共中央、国务院关于打赢脱贫攻坚战三年行动的指导意见》提出“统筹衔接脱贫攻坚与乡村振兴”；明确要求“脱贫攻坚期内，贫困地区乡村振兴主要任务是脱贫攻坚。乡村振兴相关支持政策要优先向贫困地区倾斜，补齐基础设施和基本公共服务短板，以乡村振兴巩固脱贫成果”。对于已脱贫摘帽的贫困县，在脱贫攻坚期内（2020 年底以前）如何统筹衔接脱贫攻坚与乡村振兴？井冈山市的基本思路是：坚持以脱贫攻坚统揽全局，以巩固脱贫成果为抓手推进乡村振兴，以推进乡村振兴巩固脱贫成果。2018 年以来，井冈山市采取了“五统筹、四衔接”的做法，取得了巩固脱贫成果推进乡村振兴的整体效果。

一、五个统筹：统一部署巩固提升与乡村振兴

（一）规划设计统筹

2018 年中央一号文件《关于实施乡村振兴战略的意见》印发以后，井冈山市委、市政府为贯彻党的十九大精神和中央一号文件精神，于 2018 年 3 月出台了《关于巩固脱贫成果推进乡村振兴的工作意见》(井发〔2018〕1 号)。这个文件无论从标题还是从内容，都充分体现了井冈山市委、市政府认真贯彻落实中央关于“脱贫攻坚期内，贫困地区乡村振兴主要任务是脱贫攻坚”的部署要求，体现了以巩固脱贫成果为主要任务、主要抓手，实行巩固脱贫成果与乡村振兴统一规划、统筹布局、统筹推进的思想。

井冈山 2018 年一号文件提出的目标是：到 2020 年，长效脱贫机制全面建成，现行贫困标准下动态识别的贫困人口全部脱贫，在贫困地区脱贫致富奔小康的进程中继续作示范、带好头。乡村振兴取得重要进展，制度

框架和政策体系基本形成，与全国、全省、全市同步建成小康社会。现代农业发展稳步推进，粮食生产稳定在8.5万吨以上，“231”富民产业总面积达到60万亩，农业供给质量和效益有效提升。城乡差距逐步缩小，新农村村庄整治建设基本实现全覆盖，农村基本公共服务能力不断增强。农村基层组织建设进一步增强，自治、法治、德治相结合的乡村治理体系基本建立。这一目标，体现了巩固脱贫成果与实施乡村振兴的相互融合、统筹推进、梯次推进的基本思路。

（二）组织保障统筹

井冈山市成立了“巩固脱贫成果推进乡村振兴工作领导小组”，由井冈山管理局党工委书记、市委书记任组长，井冈山管理局局长、市人民政府市长任第一副组长，市委、市政府分管领导任副组长，市直各有关部门主要负责人为领导小组成员。领导小组下设办公室，办公室设在市委农工部。由领导小组负责统筹推进全市的巩固脱贫成果和乡村振兴工作。各乡镇党政一把手是巩固提升、乡村振兴的第一责任人。

（三）产业布局统筹

按照乡村振兴“产业兴旺”的要求，井冈山市将贫困村的扶贫产业与非贫困村的特色产业发展进行统一规划、统筹布局，形成“231”富民产业整体布局。按照全域旅游发展目标，将红色旅游景区、旅游名镇、乡村旅游景点进行统一规划，统筹布局，连线成网；并向有乡村旅游发展潜力的贫困村倾斜，形成全市旅游“一盘棋”。通过产业布局统筹，促进了贫困村的产业发展和提升，朝着“产业兴旺”目标迈进。

（四）资金整合统筹

根据脱贫攻坚巩固提升资金整合工作需要，于2018年5月新成立了“井冈山市财政涉农扶贫资金整合工作领导小组”，领导小组组长由井冈山管理局局长、市人民政府市长担任，领导小组办公室设在市财政局。2018

年，井冈山市整合财政涉农扶贫资金16982万元，用于以下脱贫攻坚项目：村庄整治项目6118万元，美丽乡村建设点4830万元，交通基础设施建设2236万元，农村安全饮水项目800万元，高标准农田建设1830万元，山水田林路综合治理工程83万元，产业扶贫信贷通600万元，九丰农业基础设施及技术推广400万元，雨露计划50万元，项目评估、档案管理等35万元。用于乡村振兴的其他项目资金，从一般性涉农财政整合资金中统筹安排。

（五）项目安排统筹

尤其是农村基础设施建设项目，根据巩固脱贫成果和乡村振兴实际需要，以及前几年项目建设完毕情况，对贫困村和非贫困村进行统筹安排，使非贫困村的贫困人口和其他群众也能从项目中受益。如2018年，使用统筹资金安排的农村道路建设项目共涉及14个村，其中贫困村11个，非贫困村3个；使用统筹资金安排的农村安全饮水项目共涉及40个村，其中贫困村13个，非贫困村27个；使用统筹资金安排的高标准农田建设项目共涉及23个村，其中贫困村7个，非贫困村16个。

二、四个衔接：有序有效推进巩固提升与乡村振兴

（一）目标任务分段梯次衔接

根据中央关于“脱贫攻坚期内，贫困地区乡村振兴主要任务是脱贫攻坚”的精神，脱贫摘帽后的井冈山，将2020年前的乡村振兴主要任务，仍然聚焦定位为脱贫攻坚，所不同的是从脱贫攻坚“摘帽退出阶段”转为“巩固提升阶段”。从摘帽退出阶段迅速转为巩固提升阶段，这本身就是一个目标任务层次的有序衔接。从井冈山市106个行政村来看，市委、市政府明确，2020年前78个贫困村的乡村振兴主要任务，是巩固提升脱贫攻坚成果；28个非贫困村的乡村振兴主要任务，是努力补齐发展现代农业短

腿和乡村建设短板，并朝美丽宜居乡村目标迈进。从农民脱贫致富梯次目标来看：（1）对已脱贫贫困人口，其首要目标是确保稳定脱贫不返贫，这是底线目标。（2）对已经稳定脱贫且有劳动能力的贫困人口，其发展目标是加快致富奔小康步伐，缩小与其他农民的生活水平差距。（3）对其他农民来说，在确保全面小康基础上向生活富裕迈进。

（二）硬件建设分类定标衔接

脱贫攻坚与乡村振兴中的硬件建设，包括特色产业基地建设、水电路基础设施建设、村庄环境整治配套建设等。井冈山市对贫困村脱贫攻坚中实施的特色产业基地建设和水电路基础设施建设等项目，与非贫困村同类建设项目，实行相同质量标准衔接。这样做的目的是保证贫困村的项目建设质量标准，提高扶贫资金使用效益，确保项目长期受益。对于村庄人居环境整治，井冈山市本着“因村制宜、分类定标、分类施策、量力而行”的原则，不搞“一刀切”，不依据贫困村与非贫困村搞双重标准。对发展乡村旅游潜力大的贫困村，在村庄整治人居环境配套建设方面，直接衔接“生态宜居”目标要求“一步到位”，以达到发展乡村旅游业的水平。这样做的目的是避免因起步标准过低而导致“推倒重来、二次建设”，造成人力、物力、财力浪费。对其他贫困村的村庄整治人居环境建设，不搞高起点、高标准，因村定标、量力而行，体现建设标准的梯次性。

（三）软件建设统一对标衔接

脱贫攻坚、乡村振兴中的软件建设，主要是指精神是文明建设、基层组织建设、乡村治理体系建设等。井冈山市对贫困村脱贫攻坚中的软件建设目标，要求同非贫困村的软件建设一道，统一与乡村振兴战略所提出的“乡风文明”“治理有效”总要求实行对标衔接。培育文明乡风、良好家风、淳朴民风，提高村民道德文明素质；加强村党组织建设、基层党员队伍建设，发挥基层组织战斗保垒作用；加强乡村治理体系建设，促进自治、法治、德治有机结合。提高治理能力等方面，井冈山市对贫困村和非贫困村的要求都一视同仁，不搞双重标准、梯次标准。

（四）产业扶持政策差异化衔接

在脱贫攻坚、乡村振兴中，对一般农户和贫困户发展特色产业，特别是发展“231”扶贫致富产业（“十三五”期间，全市力争打造20万亩茶叶、30万亩毛竹、10万亩果业），井冈山市将差异化、有衔接的激励发展产业政策扶持到户。针对种植“一茶四果”（即茶叶、井冈蜜柚、猕猴桃、黄桃、柰李）的农户，实施普惠+重点的差异化奖补政策，对一般种植户和贫困户实行差异化奖补。以茶叶奖补为例，贫困户1亩以上开始奖补，非贫困户是5亩以上；贫困户每亩奖补1200元，非贫困户每亩奖补800元。对贫困户发展产业规模在1—20亩（含20亩）的，为其购买全额农业保险；对龙头企业、农村专业合作社、种植大户和其他个体经营组织发展的农业产业种植面积在20亩以上的，为其购买80%农业保险。以农业保险的形式降低群众和贫困户发展“231”富民产业的风险。

第五节　对2020年后扶贫的若干探讨

井冈山是全国著名革命老区，是国家扶贫开发工作重点县和罗霄山连片特困地区片区县，在全国具有一定的代表性。通过对井冈山市脱贫攻坚案例的实地调查和系统研究，本课题组对2020年后继续深入推进扶贫开发的一些战略性问题及政策机制，进行了一些初步探讨和思考。

一、2020年后扶贫转入缓解相对贫困阶段符合客观实际

按照这几年的减贫进展和2018年末全国贫困人口存量，到2020年，我国能如期完成预定的脱贫攻坚目标任务，实现消除绝对贫困的历史壮

举。据国家统计局公布的数据[①]，2018年末，全国农村贫困人口达1660万人，比上年末减少1386万人；贫困发生率为1.7%，比上年下降1.4个百分点。从分省情况来看，2018年农村贫困发生率降至3%及以下的省份有23个，包括北京、天津、河北、内蒙古、辽宁、吉林、黑龙江、上海、江苏、浙江、安徽、福建、江西、山东、河南、湖北、湖南、广东、海南、重庆、四川、青海、宁夏。

2012年至2018年末，全国农村贫困人口从9899万人减少至1660万人，累计减少8239万人；贫困发生率从10.2%下降至1.7%，累计下降8.5个百分点。尽管从理论上说，减贫速度一般会呈现出递减趋势（因为越是到最后减贫难度会越大），但就全国贫困人口存量规模而言（只剩下1660万人），如期实现农村贫困人口脱贫目标是有把握的。届时，我国将实现中华民族发展史上消除绝对贫困、全面建成小康的历史壮举。

那么2020年后，我国还要不要继续深入推进扶贫开发？或者进一步说，2020年后我国扶贫将进入一个什么样的新阶段？这是两个相互联系的重大问题。

关于“2020年后还要不要继续深入推进扶贫开发”的问题，这与我国基本国情是紧密联系在一起的。对此，党的十九大报告已经有了十分明确的科学论断。习近平总书记在十九大报告中指出：“中国特色社会主义进入新时代，我国社会主要矛盾已经转化为人民日益增长的美好生活需要和不平衡不充分的发展之间的矛盾。”他强调说：“必须认识到，我国社会主要矛盾的变化，没有改变我们对我国社会主义所处历史阶段的判断，我国仍处于并将长期处于社会主义初级阶段的基本国情没有变，我国是世界

---

① 国家统计局网：《2018年全国农村贫困人口减少1386万人》，2019年2月15日。

上最大发展中国家的国际地位没有变。”这两个“没有变”的科学判断和国情定位，意味着2020年后，扶贫开发仍将任重而道远。

关于“2020年后我国扶贫将进入一个什么样的新阶段”的问题，党的十九大报告和近两年中央一系列文件已经有了明确阐述。如十九大报告提出的开启全面建设社会主义现代化国家新征程的第一个阶段（2020—2035年）战略目标，关于提高人民生活水平目标定位的表述是：“人民生活更为宽裕，中等收入群体比例明显提高，城乡区域发展差距和居民生活水平差距显著缩小，基本公共服务均等化基本实现，全体人民共同富裕迈出坚实步伐。”毫无疑问，从2020年到2035年，要实现“城乡区域发展差距和居民生活水平差距显著缩小，基本公共服务均等化基本实现，全体人民共同富裕迈出坚实步伐”这一战略目标，就必须把缓解相对贫困，缩小三大差距（城乡发展差距、区域发展差距和居民生活水平差距），促进基本公共服务均等化，作为新阶段扶贫开发的主要任务。从这个意义上来说，2020年后，对于已经消除绝对贫困的地区，谋划“缓解相对贫困”，应早日提上日程。

事实上，中央在一些重要文件中对2020年后的中国扶贫，已经有了一些大致的明确的阐述。如中共中央、国务院在《乡村振兴战略规划（2018—2022年）》中明确要求：“加快建立健全缓解相对贫困的政策体系和工作机制，持续改善欠发达地区和其他地区相对贫困人口的发展条件，完善公共服务体系，增强脱贫地区‘造血’功能。”这段话已经很明确地将2020年后的扶贫，定位为“缓解相对贫困”，要求围绕“缓解相对贫困”建立健全相应的政策体系和工作机制，并把持续改善相对贫困人口的发展条件、完善公共服务体系、增强脱贫地区“造血”功能，作为2020年后扶贫工作的主要任务，作为实施乡村振兴的重要任务。

从井冈山市的脱贫攻坚案例来看，经过“脱贫摘帽、巩固提高”两个攻坚阶段以后，到2020年末，井冈山市不仅可以有底气地宣布消除了绝对贫困，而且通过“强基固本、提升能力、建立长效机制”，确保“稳定脱贫不返贫”，确保全面建成小康社会路上没有一人掉队。那么，2020年后井冈山市扶贫工作的主要任务不会再是消除绝对贫困，而是缓解相对贫困，缩小三大差距，促进基本公共服务均等化。井冈山市的脱贫攻坚和全面建成小康社会实践及客观现实，充分证明2020年后扶贫转入缓解相对贫困阶段，是符合客观实际的。

二、缓解相对贫困应坚持我国长期积累的宝贵扶贫经验

2020年后缓解相对贫困，是在长期扶贫开发和打赢脱贫攻坚战的基础上展开的。尽管新阶段缓解相对贫困的扶贫标准、对象范围、目标任务、工作方法会有所不同，但我国在长期扶贫开发实践中，特别是在脱贫攻坚实践中所创造积累的并在实践中证明行之有效的宝贵经验，应当继续坚持，并在不断丰富完善的基础上发扬光大。

通过对井冈山脱贫攻坚案例的研究，特别是对井冈山脱贫攻坚的经验总结分析，我们认为，以下几条经验在2020年后扶贫工作中应继续坚持和发扬。

（一）坚持党的领导，发挥政治优势

习近平总书记于2015年6月18日在部分省区市扶贫攻坚与“十三五”时期经济社会发展座谈会上指出：“坚持党的领导，发挥社会主义制度可以集中力量办大事的优势，这是我们最大的政治优势。”[①] 坚持党对扶贫开发、脱贫攻坚的领导，就是建立起“中央统筹、省负总责、市县抓落实”的管理体制；就是发挥各级党委总揽全局、协调各方的作用；就是落实脱

① 中共中央党史和文献研究院编:《习近平扶贫论述摘编》，中央文献出版社2018年8月第1版，第35页。

贫攻坚一把手负责制，省、市、县、乡、村五级书记一起抓；就是建强基层党组织，为脱贫攻坚提供组织保证。正是由于我国发挥了自己最大的政治优势，即坚持党的领导，发挥社会主义制度可以集中力量办大事的优势，才使得中国扶贫取得举世瞩目的巨大成就，才取得打赢脱贫攻坚战的全面胜利。

“坚持党的领导，发挥政治优势”，这是中国特色扶贫的最根本经验。这一根本经验在井冈山脱贫攻坚实践中，同样得到充分验证。在 2020 年后的新阶段扶贫开发中，“坚持党的领导，发挥政治优势”，仍是我们必须继续坚持的根本经验和原则遵循。

（二）坚持政府主导，构建广泛参与的大扶贫格局

我国的扶贫事业，是在党的统一领导下，由政府主导、社会参与协同推进的一项伟大事业。政府主导体现了政府对扶贫的行政管辖、统筹规划和执行落实责任，体现了政府对公共扶贫资源尤其是财政预算的配置责任和投入的主导性。在强化政府主导性责任的同时，积极引导市场主体、广泛动员社会力量共同参与扶贫开发，构建“政府、市场、社会”协同推进的大扶贫格局，形成多元化投入的反贫困治理体系。这是具有中国特色的扶贫开发基本经验之一，也是打赢脱贫攻坚战的重要力量保证。当然，这也是 2020 年后我国扶贫开发仍需继续坚持的。

（三）坚持统筹配置，将扶贫纳入经济社会发展规划

扶贫是否能纳入各级政府经济社会发展中长期规划，这不仅仅是扶贫工作“是否写进了规划”的问题，而是是否纳入了各级政府发展总体布局，是否获得应有的资源配置和投入统筹问题。将扶贫工作纳入各级政府经济社会发展中长期规划，并根据总体发展规划，制定具体的扶贫专项规划和年度计划，这是改革开放以来我国有计划、有组织、大规模统筹推进扶贫开发的一贯做法，也是我国扶贫事业取得巨大成功的基本经验之一。

当然，这也是2020年后新阶段扶贫应必须坚持的。

（四）坚持精准扶贫，实行“两轮”驱动

精准识别、精准施策，是我国打赢脱贫攻坚战、消除绝对贫困的成功经验，也是重要扶贫创新成果之一，得到了国际社会的充分肯定和高度认可。2018年12月20日联合国大会通过的《消除农村贫困，落实2030年可持续发展议程》决议草案，将中国倡导的“精准扶贫”“合作共赢”“构建人类命运共同体”等理念，明确写入联大决议，表明国际社会高度认可中国在减贫领域所取得的成就和经验。

在2020年后缓解相对贫困新阶段，为提高扶贫的针对性和有效性，仍需对相对贫困人口（即低收入人口）采取相应的精准帮扶特惠政策。如对有劳动能力的相对贫困人口，实施到户到人的免费技能培训、就业扶持、创业支持和优惠贷款支持等；对弱劳动能力和无劳动能力的脆弱性相对贫困人口，实行到户到人的风险保障防范机制，防止因病、因残、因特殊困难而返回绝对贫困状态。精准帮扶特惠系列政策，是建立在扶贫对象精准识别基础之上的。我们不可能完全或主要指望市场的“涓滴效应”，以及无目标对象瞄准，来自动地解决相对贫困问题。在缓解相对贫困新阶段，我们没有理由放弃这些年来积累的精准扶贫宝贵经验（当然我们可以根据形势发展需要完善其中的一些方式方法）。

鉴于我国仍然是一个发展中国家，仍然处于社会主义初级阶段，所以2020年后的扶贫，在对相对贫困人口继续实施到户到人精准识别、适度精准扶持的同时，还应继续对革命老区、少数民族地区、边疆地区、欠发达地区实行倾斜扶持政策，帮助这些地区逐步解决“发展不平衡不充分”的问题，缩小“老少边欠”地区与发达地区、与全国平均水平的发展差距。总之，新阶段的扶贫，应继续坚持实行“精准扶贫到人到户”与“支持老少边欠地区加快区域发展”的“两轮驱动”战略。

（五）坚持开发扶贫，实行两项制度有效衔接

开发式扶贫，是我国改革开放以来宝贵的扶贫工作经验之一，得到国际社会公认。开发式扶贫是相对救助式或保障式扶贫而言的，它是我国农村扶贫的“两个轮子”之一。在今天，开发式扶贫的内涵包括：改善贫困群众基本生产生活条件，以及产业扶贫、就业扶贫、教育扶贫、人力资源开发、精神扶贫等。一句话，开发式扶贫就是发展式扶贫，是以改善、提升或增进贫困人口发展条件、发展动力、发展能力和发展机会为目标的“治本式”扶贫。而社会保障制度（如低保制度、社会救助等）的扶贫，主要是为了帮助贫困人口特别是那些无劳动能力、弱劳动能力的贫困人口应对各种不确定、不可控的风险，对其基本生活进行兜底保障。救助式、保障式扶贫主要解决的是化解风险“不返贫”和兜底保障“保底线”问题。

扶贫开发与社会保障“两项制度”有效衔接，是我国扶贫经过40年探索而得到的宝贵经验。通过“两项制度”有效衔接，可以对有劳动能力和无劳动能力这两大类贫困人口全覆盖；可以对贫困治理实行“标本兼治”。2020年后扶贫，在我国仍处于“发展不平衡不充分”的情况下，没有理由放弃开发式扶贫，而走单一的保障式扶贫路子。坚持开发扶贫，实行两项制度有效衔接，仍是我们必须继续坚持的。

（六）坚持以人为本，实行扶贫同扶志扶智相结合

政府和社会（或称外界力量）给予贫困人口的一定帮助是完全必要的，但这只是外因或外力。毛泽东在《矛盾论》中指出：“外因是变化的条件，内因是变化的根据，外因通过内因而起作用。”[①] 习近平总书记在东西部扶贫协作座谈会上的讲话强调：“用好外力、激发内力是必须把握

① 《毛泽东选集（第一卷）》，人民出版社1991年6月第2版，第302页。

好的一对重要关系。对贫困地区来说，外力帮扶非常重要，但如果自身不努力、不作为，即使外力帮扶再大，也难以有效发挥作用。只有用好外力、激发内力，才能形成合力。”[①] 在我国，农村贫困的成因越来越呈现出个性化差异，贫困人口自身内在的发展动力或努力，自身对待生活的态度和行为模式（如贫困文化现象），以及自身的综合素质、知识水平和劳动技能等诸多内因，越来越成为脱贫的主要制约因素之一。在内在精神动力缺乏和自我发展能力低下的情况下，外界给予再多的物质帮助，对于贫困人口自立脱贫、稳定脱贫、长效脱贫将无济于事，不仅如此，反而容易滋生“等、靠、要”依赖思想。因此，扶贫必须扶人、扶根本，解决内因问题。

习近平总书记在党的十九大报告中强调：“注重扶贫同扶志、扶智相结合。”这就是一种以人为本的扶贫理念，不仅要扶智（扶知识、扶文化、扶技术、扶能力等），而且要扶志（扶精神、扶志气、扶信心、扶动力等）。井冈山的脱贫攻坚实践充分证明，扶贫同扶志、扶智相结合是完全正确的，是十分有效的。因此，在2020年后的扶贫阶段，仍应坚持以人为本的扶贫理念，坚持扶贫同扶志扶智相结合，注重激发贫困人口的内生动力，提高他们的自我发展能力。这同样是缓解相对贫困的关键所在。

以上几个方面的经验，只是我们的初步认识。诚然，各地在扶贫开发、脱贫攻坚中积累了许多行之有效的成功经验，但从宏观大局层面来看，或许上述六个方面的经验是最基本的，也是2020年后新阶段扶贫应当继续坚持的。

---

① 中共中央党史和文献研究院编：《习近平扶贫论述摘编》，中央文献出版社2018年8月第1版，第139页。

三、对建立健全缓解相对贫困政策机制的若干探讨

通过对井冈山市脱贫攻坚案例的研究，特别是对井冈山市两年多来巩固提升脱贫攻坚成果的实践及趋势研究，我们认识到加快建立健全缓解相对贫困的政策体系和工作机制，有许多研究性工作要做。其中包括相对贫困标准测定、扶贫对象及范围界定、扶贫工作目标、扶贫重点内容和途径、扶贫推进方式、扶贫政策体系、扶贫组织保障，等等。这当中，一个最大的变化趋势，或许是扶贫工作将面临转型，由“攻坚战”转变为“常态化”。那么，作为一个整体上消除绝对贫困的发展中大国，如何采取常态化方式缓解相对贫困，这在世界上没有现成的经验和模式可借鉴，仍需我们自己来探索。我们的初步认识是，在坚持我国多年来扶贫实践创造的、行之有效的成功经验的同时，下一步应考虑对以下几个方面进行深入研究和探讨。

（一）关于相对贫困人口建档立卡管理常态化问题

这里有三个问题：一是相对贫困人口规模问题。建议按常住人口数量的 15% 左右控制或掌握。从井冈山 2014 年情况看，13.8% 的贫困人口比例有些偏低，农村贫困人口数量只有 1.69 万人。虽然这是由于井冈山市农村人口总量偏小所致，但覆盖面仍略显有限，一些贫困标准边缘的困难人群难以覆盖。当然，西部地区可高于 15%，东部地区可低于 15%。据国家统计局公布数据，2018 年末我国农村常住人口为 56401 万人（15% 是 8460 万人）。可以预计，到 2020 年末我国农村常住人口规模还将有所减少，如按常住人口 15% 左右规划农村相对贫困人口数量，其规模可能在 8300 万人左右。这样的扶贫对象规模，一方面从我国财政支付能力上来看，应该是可以承受的；另一方面，扶贫对象覆盖面稍大一些，能较充分体现共享改革发展成果，有利于缩小社会贫富差距和居民生活水平差距。

二是对贫困人口建档立卡的“进出”实行常态化管理。对贫困人口“出卡”实行每年全面核查、动态调整一次，即对贫困人口年收入增加且超过相对贫困标准的，据实进行“出卡”调整，实行“应退则退”。每年“出卡”人数可不作为行政性考核指标或主要考核指标。对家庭遭遇特殊变故使收入或生活水平下降到相对贫困标准以下的新增贫困人群（主要因天灾人祸、因重症大病、因残等丧失劳动能力，导致家庭收入骤减、生活水平骤然下降等），可按每季度个案核查、“进卡”调整一次。新“进卡”实行“按标进卡、实事求是、应进则进”，不搞指标限制。

三是建立规范的相对贫困人口“进出卡资格”专业核查与仲裁机制（如井冈山市和云南省师宗县经验）。相对贫困人口的认定，在基层民主推荐下，由专业人员进行核查；有争议的采用仲裁机制。这样，可以避免基层出现推诿扯皮、相互攀比等现象，或因政策理解偏差和把握不准而引起基层矛盾。

（二）关于扶贫绩效评价问题

扶贫绩效考核评价是指挥棒、风向标，它对一系列的扶贫工作制度、机制和推进方式，产生着决定性影响。从理论上来说，相对贫困是一种长期存在的社会现象；缓解相对贫困，主要是缓解相对贫困程度，提高贫困人口生活质量，缩小相对差距。从这个意义上来说，在常态化扶贫境况下，评价缓解相对贫困的公共减贫绩效或政府绩效，可不以相对贫困人口数量减少了多少和贫困发生率下降了多少作为评价指标（这是一种评价消除绝对贫困的“算减法”方法）；而应以相对贫困人口的收入增加了多少（算加法），以及相对贫困人口内部和与外部的收入差距缩小了多少，基本公共服务均等化是否分享获得等为评价指标。这种关注相对贫困人口收入增加了多少、收入差距缩小了多少的评价方法，即“算加法不算减法”，恰恰符合“缓解相对贫困”的本质含义和目标指向。

显然，一旦将扶贫绩效考核指挥棒、风向标，由“减少人头”转变为“收入水平是否增加、收入差距是否缩小、基本公共服务均等化是否分享获得”，这必然要求对某些扶贫工作机制，包括贫困人口收入评价机制、扶贫考核机制、扶贫推进方式等，作相应的改革和调整。

（三）关于“缓解相对贫困”的扶贫重点问题

2013 年 7 月，习近平总书记强调：“努力让人民过上更好生活是党和政府工作的方向，但并不是说党和国家要大包大揽。要鼓励个人努力工作、勤劳致富，要创造和维护机会公平、规则公平的社会环境，让每个人通过努力都有成功机会。”[①] 2015 年 11 月，习近平总书记在中央扶贫开发工作会议上再次强调：“贫困群众是扶贫攻坚的对象，更是脱贫致富的主体。党和政府有责任帮助贫困群众致富，但不能大包大揽。”[②] 领会和贯彻习近平总书记的讲话精神，需要深入思考的问题是：既然政府搞扶贫“不能大包大揽”，那么政府的扶贫责任边界是什么？在扶贫“扶什么”的问题上，哪些应有所为，哪些应有所不为？

可以预料，2020 年后的相对贫困人口，仍然主要是两种基本类型：一类是没有劳动能力或丧失劳动能力的特困人群，他们大多是老弱病残、鳏寡孤独人员；另一类是有劳动能力且家庭收入—消费水平低于相对贫困标准的贫困人群。

第一类贫困人群，主要是因没有劳动能力或丧失劳动能力这一“个人非可控性因素”而导致的贫困。这类贫困不属于“个人选择性贫困”，而是一种劳动力资源生命周期分配性贫困或生理资源禀赋先天性不足。因此，政府有义务对这类因没有劳动能力或丧失劳动能力而陷入贫困的人

---

① 中共中央党史和文献研究院编：《习近平扶贫论述摘编》，中央文献出版社 2018 年 8 月第 1 版，第 132 页。

② 中共中央党史和文献研究院编：《习近平扶贫论述摘编》，中央文献出版社 2018 年 8 月第 1 版，第 134 页。

群，承担起社会救助或基本生活保障的责任。

第二类有劳动能力的相对贫困人口，致贫一般有两种原因：一种是个人主观因素，即个人选择性因素。他们或选择不工作、不劳动，自愿失业、偏好闲暇，或有些不良嗜好等，从而导致家庭收入不济、个人生活困难。这类贫困属于“个人选择性贫困”。从“扶贫不扶懒”的价值取向来看，这类贫困对象不应成为政府实施物质救助的扶贫对象。但政府和基层组织有责任教育引导他们克服不良习气，走上靠劳动脱贫致富的正轨。另一种是由外部环境因素或“个人不可控制因素”而导致的贫困。如交通条件不便、基本公共服务获得性较差、健康状况不佳、素质能力低下、缺乏贷款机会、缺乏就业机会、市场信息不灵、自然灾害冲击、家庭突发不测事件等等。对于相对贫困人口来说，如果是因上述外部环境因素或“个人不可控制因素”而导致的收入低下或陷入相对贫困，那么，政府有责任帮助他们、扶持他们。

接踵而来的问题是：对这类因外部环境因素或“个人不可控制因素”而致贫的相对贫困人口，政府开展扶贫究竟应“扶什么”？主要是针对他们的外部环境因素或个人不可控制因素，进行以下几个方面扶持和帮助：（1）改善发展环境条件。即我们通常所说的改善贫困人口的基本生产生活条件、基础设施条件或基本公共服务设施条件等。这一点，对于那些交通条件落后的边远地区尤为重要。（2）激发内生动力。帮助贫困人口强精神、立志气、树信心、定志向，改变他们的“贫困文化”生活方式和行为模式，强化自强不息、艰苦奋斗、勤劳致富意识。（3）提高发展能力。包括通过实施教育培训、医疗保健等人力资本投资，以及推进基本公共服务均等化，帮助贫困人口增加知识，提高劳动力和人口素质，掌握必需的生产技能，以及建立保障机制以增强抵御各种风险冲击的应对能力等。（4）促进增加机会。即促进贫困人口利用自身资源和劳动能力，增加参与市场、获得更多收入的机会，包括获得新的生产技术机会、产业化组织带动机会、生产性贷款机会、转移就业机会、公益岗位机会、以工代赈机会等等。

从理论上说，政府对有劳动能力相对贫困人口的扶贫，应从上述四个方面（改善发展环境条件、激发内生动力、提高发展能力、促进增加机会）来创造和维护“起点公平”和“程序公正”，而不是在“最终收入分配结果”上做文章，进行不合宜的政策干预而追求“结果公平”。政府如果过多地在“最终收入分配结果”上进行干预，譬如，对有劳动能力的贫困人口搞政策性收益分红，或简单地“送钱送物”等，就会超出政府扶贫的责任范围，容易导致扶贫对象出现“道德风险”，助长贫困人口滋生“坐等分红白拿钱”“等、靠、要”思想。这种“道德风险”，是政府在确定自身扶贫责任、制定扶贫政策和设计扶贫工作机制时，需要尽量避免的。

此外，对于一些确实需要通过财政现金直接对有劳动能力贫困人口实行转移支付且带有兜底性质的保障式扶贫政策或项目，应把握其“度”并充分考虑和评估以下三个方面因素：（1）是否会带来扶贫对象的“道德风险”，助长其对政府产生“等、靠、要”的福利依赖。（2）是否会导致横向不公平，或产生新的社会不公平，影响非受益对象的社会情绪、工作效率和劳动积极性。（3）是否超出财政自身承受能力而导致这一扶贫政策或项目不可持续。因为，这类采取财政现金直接转移支付且具有兜底保障性质的扶贫政策，实质上是对“社会最终收入分配结果”进行干预。所以，除社会特困或特定保障人员以外，对一般有劳动能力和低收入贫困人口应尽量少采用或不采用。即使采用，也应采取“有条件的现金转移支付”方式，可设置一些门槛或限制条件，如限定贫困家庭将“有条件的现金转移支付”用于对儿童或未成年人进行人力资本投资等。

此外，对于处于相对贫困线边缘的低收入脆弱性人口，建立确保“遇困不返贫”的风险防范综合保障机制是十分必要的。构建“关口前移，防患于未然”的保障机制，使这部分脆弱性人口在遇到特殊困难、突发事件、天灾人祸、大额刚性支出等不确定风险冲击时，能及时获得保障救助，而不致返回贫困状态。返贫风险防范保障政策手段的运用，要科学设置门槛条件和认定程序，实行“一例一议”、公开透明，不能变成一种“政策福利”。

（四）关于扶贫政策体系制度化、长效性建设问题

按照中共中央、国务院在《乡村振兴战略规划（2018—2022年）》中提出的“加快建立健全缓解相对贫困的政策体系和工作机制”的要求，从现在开始就应思考和研究缓解相对贫困的政策体系问题。到2020年后，根据新阶段扶贫工作需要，应对攻坚时期的扶贫政策进行全面梳理和系统分析，该坚持的坚持，该完善的完善，需调整的调整，需退出的退出。适应常态化的缓解相对贫困的工作需要，需在扶贫政策供给的稳定性和制度化方面下功夫，使之具有长效性和可持续性。

（五）关于探索建立城乡统筹扶贫机制问题

提出2020年后探索建立城乡统筹的扶贫工作机制，主要基于以下四点考虑：一是城镇化步伐加快，农村常住人口占比迅速下降。到2020年，我国农村常住人口将下降到40%以下（2018年为40.42%），城镇常住人口将达到60%以上。如井冈山市，2018年城镇化率已达到65.96%，农村人口仅占34.04%。城乡人口结构的变化，促使扶贫对象覆盖范围有所变化，客观上要求我们从城乡统筹的视角来考虑我国的扶贫问题。二是多年的扶贫开发特别是这几年的脱贫攻坚，使得农村贫困人口的政策获益与城市贫困人口相比较，在某些方面更倾斜更实惠，有的甚至出现了城乡“悬崖效应”。统筹研究和平衡制定城乡扶贫政策很有必要。三是大量农村流

动人口在城镇务工生活，但他们多数在城镇就业和居住并不稳定，属城镇边缘人口，往往成为城镇和农村社会政策（包括某些公共服务、扶贫救助等）的“两不管”群体。对于这一问题，需要通过建立城乡统筹扶贫机制来加以解决。四是2020年后，农村绝对贫困已经消除，农村和城镇所面临的都是相对贫困问题。这一历史性变化，使我们有条件逐步改变长期以来的扶贫体制机制“二元结构”，可以从城乡统筹大局来通盘考虑如何缓解相对贫困，探索建立适应新时代发展需要的中国扶贫政策体系和工作机制。

后 记

2018 年 12 月，受国务院扶贫办及全国扶贫宣传教育中心委托，华中科技大学减贫与发展研究院荣幸地承担了江西省吉安市井冈山脱贫攻坚案例研究工作。

华中科技大学减贫与发展研究院成立了“井冈山脱贫攻坚案例研究”课题组，由全国扶贫宣传教育中心副主任刘晓山（已调任国务院扶贫办开发指导司副司长）牵头指导，谭诗斌（国务院扶贫开发领导小组专家咨询委员会委员、华中科技大学减贫与发展研究院副院长）、陈平路（华中科技大学减贫与发展研究院副院长、教授）担任课题组组长。课题组主要成员有：洪绍华（华中科技大学减贫与发展研究院副院长）、王忠贤（华中科技大学减贫与发展研究院扶贫评估中心主任）、罗光（华中科技大学管理学院副教授）、王静（华中科技大学医药卫生管理学院副教授）、郑长军（华中科技大学管理学院副教授）、钱宁宇（华中科技大学管理学院讲师）、王尚武（全国扶贫宣传教育中心干部）。

2018 年 12 月中旬，课题组起草了《井冈山市脱贫攻坚案例研究项目实施方案》，上报全国扶贫宣传教育中心领导审定。2018 年 12 月中下旬，课题组赴井冈山进行实地调查，分 10 批次举行了有市领导、市直相关部门、部分乡镇和驻村工作队参加的调研座谈会，并收集相关资料。对 10 个行政村及 100 户农户（其中贫困村 6 个，建档立卡贫困户 60 户），开展进村入户问卷访谈调查，现场察看了 20 多个扶贫开发项目和产业基地。

2019年2月下旬，课题组完成了《井冈山：精准扶贫精准脱贫（征求意见稿）》(以下简称《井冈山卷》)的撰写工作。3月上旬，课题组再赴井冈山，征求井冈山市相关方面对书稿的修改意见。2019年3月下旬，课题组完成了《井冈山卷（送审稿）》的修改工作并正式上报。2019年4月上旬，国务院扶贫办及全国扶贫宣传教育中心召开专家评审会，对《井冈山卷（送审稿）》进行评审，专家们在充分肯定的基础上提出了宝贵的修改意见。课题组根据评审会专家意见，对《井冈山卷》作了进一步的修改和完善，形成了此付梓书稿。

本书各章写作分工为：概要、第三章由谭诗斌撰写；第一章、第二章由王忠贤撰写；第四章、第五章由罗光撰写；第六章由王静撰写；第七章由郑长军撰写；第八章、第九章由洪绍华撰写；第十章由陈平路撰写。本书的编写大纲设计、统稿和修改及后续完善工作，由谭诗斌完成。本书的实施方案起草和课题研究组织安排等工作，由陈平路负责。国务院扶贫办全国扶贫宣传教育中心副主任刘晓山对本书的组织协调、实施方案、编写提纲和修改工作等进行了全面指导。

全国扶贫宣传教育中心干部王尚武、华中科技大学管理学院讲师钱宁宇，以及华中科技大学管理学院博士生、硕士研究生黄斯唯、李秀美、李艾春、刘青、李佳、杨丽、周红成、邓菲菲、陈臻、张星睿、崔亚乐、何志远、余里浩等，参加了赴井冈山实地调研、入户调查、资料收集和数据整理等工作。

《井冈山：精准扶贫精准脱贫》的出版发行，是向中华人民共和国成立70周年的献礼。在本书付梓之际，课题组十分感谢国务院扶贫办及全国扶贫宣传教育中心对华中科技大学减贫与发展研究院的信任和支持，将井冈山脱贫攻坚案例研究这项光荣任务委托给我们。同时，课题组对全国扶贫宣传教育中心黄承伟主任（已调任中国扶贫发展中心主任）、刘晓山副主任（已调任国务院扶贫办开发指导司副司长）及干部培训处的全体同志，对本案例研究编写工作的具体领导和精心指导，对井冈山市委、市政府领导和井冈山市扶贫办、市直相关部门及相关乡镇对本案例研究工作的大力支持和全力配合，对各位评审专家对本书稿提出的宝贵修改意见，对中国出版集团研究出版社对本书的编辑、审稿、校对、出版、印刷等所付出的辛勤劳动，一并表示衷心的感谢！

由于我们水平有限，本书难免有缺陷和不足之处，恳请读者不吝赐教。

本书编写组

2019年7月